U0472354

上海对外贸易学院成人教育学院推荐教材
国际经济与贸易专业继续教育系列教材

进出口货物贸易实务

张永安　高运胜　沈克华　主编

上海财经大学出版社

图书在版编目(CIP)数据

进出口货物贸易实务/张永安,高运胜,沈克华主编.—上海:上海财经大学出版社,2010.4
(国际经济与贸易专业继续教育系列教材)
ISBN 978-7-5642-0690-1/F·0690

Ⅰ.①进… Ⅱ.①张… ②高… ③沈… Ⅲ.①进出口贸易-成人教育:高等教育-教材 Ⅳ.①F740.4

中国版本图书馆 CIP 数据核字(2010)第 015945 号

责任编辑 李成军
封面设计 钱宇辰

JINCHUKOU HUOWU MAOYI SHIWU
进 出 口 货 物 贸 易 实 务
张永安 高运胜 沈克华 主编

上海财经大学出版社出版发行
(上海市武东路 321 号乙 邮编 200434)
网 址:http://www.sufep.com
电子邮箱:webmaster @ sufep.com
全国新华书店经销
上海印刷十厂印刷
上海望新印刷厂装订
2010 年 4 月第 1 版 2010 年 4 月第 1 次印刷

700mm×960mm 1/16 19.25 印张 335 千字
印数:0 001—4 000 定价:32.00 元

国际经济与贸易专业继续教育系列教材
上海对外贸易学院成人教育学院推荐教材
编 委 会

主 任 徐小薇

副主任 聂 清

委 员 邹 益　张永安
　　　　 石士钧　张 鸿
　　　　 顾寒梅　高远胜
　　　　 史龙祥　沈克华
　　　　 罗清亮

总 序

21世纪以来，随着国际分工的不断深化和全球多边贸易体制的调整，国际贸易的形式和内容正在发生着深刻的变化。与此同时，随着我国对外开放的进一步深入，我国经济日益全面融入全球经济的范畴，出现了许多新的情况、面临着许多新问题，不同行业的人们对于掌握国际贸易及相关学科领域的基本理论和基本知识的渴求也与日俱增。为了满足这种需求，我们决定面向有志于从事国际贸易实践的人士，编写一套较为全面反映国际分工与国际贸易最新进展、国内外国际贸易最新研究成果的国际经济与贸易专业继续教育系列教材。

作为一所以培养应用型对外经济贸易人才为主的高等学校，上海对外贸易学院在近50年的办学历程中，一直孜孜不倦于教学的改革，在因材施教上不断探索创新，形成了独具特色的教材建设思路和办法。我们认为因材施教既需要有与"材"相适应的教学方法和教学手段，也需要有与"材"相吻合的教材、教学文件以及网络教学资料库。经过多年的实践，我们在教学内容建设中积累了许多宝贵的经验、获得了诸多体会，也取得了明显的成效。本套系列教材的编写，以我校多年的教学内容改革成果为基础，结合成人教育的特点，具有较强的适应性和实用性。本套教材的特点具体体现在：

1. 结构严谨、通达。为便于读者全面掌握本学科的基本知识，本套教材中的每一本教材均以简明清晰的文字，描述章与章、节与节之间的逻辑关系，每章结尾均采用知识结构图向读者系统解释学科的基础知识架构。

2. 内容安排紧凑、易学。为使成人学习者在较短时间内掌握相关课程的基本内容，本套教材有意压缩了理论、模型、公式等方面的繁琐解释，增加了以事例、图表、通俗易懂的文字等阐述相关理论和知识的篇幅。

3. 教学案例丰富、适当。根据成人受教育对象自学能力强，但存在工学矛盾的特点，本套教材注意根据各章节的内容，配置相应的案例资料，以期通过案例的讲解和学习，提高成人受教育对象运用基本理论和基础知识，发现和分析问题的能力。

4. 教辅材料多样、实用。本套教材向读者配备了PPT课件，在其中列出每章的学习目标、重点内容、复习思考题等材料，以方便成人受教育者自学，并通过自学更加深入、全面地理解和掌握相关的基本理论和知识，特别是重点、难点部分的理论和知识。

由于这是我们首次尝试以成人为对象编撰国际经济与贸易专业继续教育教材，在教材的体例、编写方法等方面肯定存在不少需要进一步完善之处，我们衷心期望使用本套教材的教师和学员能不吝赐教，多提真知灼见，以激励我们不断提高继续教育系列教材的编写质量。

非常感谢上海财经大学出版社的李成军编辑对本套教材出版给予的大力支持。没有李成军编辑的努力，本套教材的出版还将多费时日。

上海对外贸易学院成人教育学院
国际经济与贸易专业继续教育教材编委会
2008年7月

前　言

进出口贸易是中国经济发展的重要推动力,随着中国经济的发展,我国已经成为世界贸易大国。尽管随着中国经济的发展,我国的经济增长方式将发生重大变化,对外贸易依存度也将下降,但无论如何进出口贸易的重要性是应得到肯定的。

为了使接受继续教育的学生以及对此问题有兴趣的人士在一个有限的时间里,能够基本掌握进出口业务的一般做法,我们在参考国内已经出版的教科书的基础上,结合我们长期从事教学与研究的经验,编写了这本教材。

本书系统而周到地介绍进出口货物贸易的基本做法,深入浅出地讲解了在进出口货物贸易的各个环节所涉及的技术性问题。

为了能够更好地帮助读者用好本书,我们在编写本书时,尽可能简明扼要地进行表述,力争避免繁琐。在每一章的开始部分,都设置了开篇案例,在末尾则设置了案例研究,以让读者带着问题进入正文和进行思考。

本书在写作时,参考了一些国内已经出版的著述,以及从已出版的著述中选择了一些案例。对于这些参考文献和引用,我们在文中已就出处做了注释或列入了参考文献目录,在此向有关作者表示感谢。

本书由张永安负责总体设计、统阅、修改和定稿,并负责第一章的写作,高运胜负责第二、第四、第八、第九、第十、第十一章,沈克华负责第三、第五、第六、第七、第十二章。

在写作过程中,得到了上海对外贸易学院成人教育学院邹益先生和罗清亮先生的指导和帮助,在此表示感谢。

另外,为了方便教师的教学,上海财经大学出版社备有教师教学用的课件。如有需要,请致电或 E-mail 联系。联系人:李成军,电话:021—65904706,E-mail:littlelcj2@163.com。

编　者

上海对外贸易学院

2010 年 1 月

目 录

总序 ·· 1

前言 ·· 1

第一章　进出口货物贸易概述 ·· 1
　　第一节　进出口货物贸易的基本作用 ··· 2
　　第二节　进出口货物贸易适用的法律法规 ································· 4
　　第三节　进出口货物贸易的特点 ··· 6

第二章　商品的品质、数量和包装 ····································· 11
　　第一节　商品的品质 ··· 12
　　第二节　商品的数量 ··· 16
　　第三节　商品的包装 ··· 19

第三章　国际贸易术语 ··· 27
　　第一节　有关贸易术语的国际贸易惯例 ··································· 28
　　第二节　国际贸易术语介绍 ··· 33
　　第三节　贸易术语的理论基础 ··· 48
　　第四节　贸易术语的选用 ··· 50

第四章　进出口产品成本核算与报价 ································ 55
　　第一节　出口商品价格构成 ··· 56

第二节　进出口成本核算 ·· 61
　　第三节　佣金与折扣 ·· 67
　　第四节　价格换算 ··· 70
　　第五节　进出口商品定价方法 ·· 71

第五章　国际货物运输 ··· 78
　　第一节　国际货物运输方式 ·· 79
　　第二节　运输条款 ··· 88
　　第三节　运输单据 ··· 94

第六章　国际货物运输保险 ··· 106
　　第一节　货物运输保险的承保范围 ································ 107
　　第二节　海洋货物运输保险 ·· 110
　　第三节　其他运输货物保险 ·· 116
　　第四节　国际货运保险实务 ·· 120

第七章　国际贸易结算与融资 ··· 132
　　第一节　贸易结算票据 ·· 133
　　第二节　贸易结算方式 ·· 139
　　第三节　贸易融资方式 ·· 165

第八章　贸易纠纷的处理 ·· 181
　　第一节　货物的检验 ··· 182
　　第二节　索赔 ··· 187
　　第三节　不可抗力 ··· 190
　　第四节　仲裁 ··· 193

第九章　国际货物买卖合同的商定 ······································· 200
　　第一节　交易磋商的一般程序 ······································ 202
　　第二节　合同的订立 ··· 209

第十章　国际货物买卖合同的履行 ······································· 218
　　第一节　出口合同的履行 ··· 219

| 第二节 进口合同的履行 | 228 |

第十一章 贸易单据 | 236
    第一节 结汇单证 | 237
    第二节 进口单证 | 244

第十二章 进出口货物贸易的基本方式 | 257
    第一节 国际贸易方式 | 259
    第二节 电子商务在国际贸易中的应用 | 268

附录 | 274

参考文献 | 292

第一章　进出口货物贸易概述

学习目标

通过本章学习,你应能够:
了解进出口货物贸易的基本作用;
了解进出口货物贸易适用的法律法规和国际贸易惯例;
熟悉进出口货物买卖的特点。

开篇案例

一个美国人了解文化的影响

吉姆在一家美国大型金融公司的伦敦分公司工作,在其国际机构中任职。该机构在尼泽尔——一位毕业于伊顿公学和牛津的经理——指导下很有起色。吉姆对伦敦分部的职责包括在伦敦的梅泛尔区——伦敦高级区域——建立办公室;招募协助工作的员工。他计划雇用一名办公室经理组织日常事务并监督4个职员的工作,这4个职员中有3个是新员工,尼泽尔同意了该计划,但拒绝参与实施。

吉姆找到了一位非常出色的办公室经理人,她在伦敦东区长大,有工作经验且在函授大学学习。当尼泽尔告知他的选聘不合适时,可以想象吉姆的吃惊程度。为什么呢?因为她的口音不合适,尼泽尔也确实因吉姆的这一选择吃了一惊。吉姆与尼泽尔在饭桌上几杯啤酒下肚后,了解到口音在英国划分某人的阶层和出身时起到重要作用。尼泽尔不希望从伦敦东区来的人在其伦敦高尚区的办公室工作。

> 吉姆为自己的无知而道歉,解释说认识并重视各地的差别是美国公司价值观的核心。办公室经理被留了下来,尼泽尔向在美国的副董事长汇报了此事,得到同样的答复。
> ——资料来源:查尔斯·W.L.希尔著,曹海陵、刘萍译:《当代全球商务》,机械工业出版社2004年版。

第一节 进出口货物贸易的基本作用

进出口货物贸易对于一个国家或地区的国民经济发展来说,是不可或缺的重要推动力。不仅可以通过进出口贸易发挥本国的比较优势,将本国具有竞争力的产品推向国际市场,获得本国国民经济发展所需要的外汇,也可以获得本国难以自行生产或自行生产成本较高的产品、资源,从而可以优化生产要素的配置效率。

一、国民经济发展的推动力

国民经济各个部门在经济发展过程中,需要保持一定程度的协调发展。面向国际市场的生产部门可以将本国具有竞争力的产品推向市场,从而获得本国经济发展所需要的外汇资金。发展中国家在工业化进程中,需要大量进口国外生产的先进机械设备,推动本国其他生产部门的生产技术水平的先进化,从而推动本国生产整体水平的提升。

即便是经济发达国家,进出口货物贸易也成为经济发展不可或缺的动力。包括美国、欧盟、日本在内的世界发达经济体,无一不将进出口货物贸易列为本国经济发展的动力源。

早在前资本主义时期,人们就认识到一个国家的对外贸易(主要是指出口贸易)可以为一个国家带来财富。在资本主义生产方式得到确立之后,欧洲国家对于进出口货物贸易的重视程度更是有增无减。古典经济学的代表人物亚当·斯密、大卫·李嘉图曾完整地阐述了自由贸易可以提高一国的劳动生产效率。其后的经济学家都从不同角度阐释了贸易如何可以为本国获取利益。

在现代国际社会中,国家的进出口货物贸易同样受到重视。保证一国的进出口货物贸易实现平衡并获得适当顺差,成为一国对外贸易政策的重要目标。

在第二次世界大战结束之后,国际社会为了推动各国之间的贸易的发展,更是倾注全力予以推动,1947年成立《关税与贸易总协定》,成为推动各国之间实现贸易自由化的重要力量。1995年世界贸易组织成立,使国际多边贸易体系有了一个永久性的国际经济组织,为各国之间更好地发展贸易提供了保障。

进出口货物贸易对于一国的重要性不仅体现在经济平稳发展时期,在经济出现剧烈波动时,各国对其的关注程度更是有增无减。2008年下半年由美国的次级贷款危机引发的金融危机开始迅速席卷世界各地,使各国更加关注本国进出口货物贸易能否正常进行。事实上,在相当长的历史时期里,世界各国政府、企业界、学术界在论及贸易应当如何发展,一直存在两种截然不同的政策设计思想和实践,即维持自由贸易还是实施保护贸易。在第二次世界大战后,推动自由贸易发展的思想和政策占据了主流,但阻碍国家间进出口贸易发展的政策并没有消失,特别是经济不景气时,更是具有相当的市场。例如,2008年2月美国国会通过的一项应对金融危机刺激经济发展的法案里就明确规定"在不违反美国政府承诺的国际义务前提下,必须购买美国货"。

考察进出口货物贸易对于一国国民经济的重要性,还可以从一国的对外贸易依存度,以及与此相关的出口贸易依存度和进口贸易依存度进行考察。发达国家的对外贸易依存度通常在30%以上。我国国民经济正在经历转型过程,对外贸易依存度比一些发达国家要更高一些。

上述从正反两方面说明了进出口货物贸易对于一个国家的重要性。

二、可以发挥本国的比较优势

一般而言,人们认为进出口货物贸易可以互通有无,即出口本国有竞争力的产品,进口本国不具有竞争力的产品。这种表述,实际上体现了通过进出口货物贸易发挥本国比较优势的思想。

通常情况下,一国出口的是本国具有成本优势的产品,或者是本国具有资源优势的产品。例如,中国是发展中的社会主义大国,经过30年的改革开放历程,资本存量有了很大增加,我国的比较优势也有了很大改变。我国不仅出口传统的具有竞争优势的产品,例如纺织品和服装,高技能的加工贸易也成为我国进出口货物贸易的一项重要表现方式。在进口货物方面,不仅进口资源,也大量进口资本货物。这些都体现了我国的比较优势。

因此,观察一国的进出口货物贸易结构,可以了解这个国家的比较优势所在。同时也可以考察一国在国际经济和国际贸易中所处的位置。

发挥本国的比较优势,并不是一句空话,而是对于本国基本国情的把握,最大限度利用国际市场实现本国生产要素的合理配置。中国是人口众多的发展中国家，劳动力资源丰富，经过30多年的改革开放，工业化水平已经有了大幅度提高，加强进出口货物贸易，可以充分发挥我国加工能力优势，为国内提供更多的就业机会，同时也能够获得国内经济发展急需的原材料、机械装备等物资。

第二节 进出口货物贸易适用的法律法规

进出口货物贸易是在法律法规的规范下进行的。由于进出口货物贸易需要同国外贸易商合作进行，因此在适用法律法规等方面同单纯的国内贸易有很大的不同。国内货物买卖只能适用国内法律，而与外商订立的进出口货物买卖合同除了可以适用中国法律法规以外，还可能适用中国法律以外的其他国家法律、国际法和国际贸易惯例，只要这种适用不违反中国法律。

一、可以适用外国法

按照我国《合同法》的规定，进出口货物贸易在适用法律方面，只要不违背中国法律，通常可以适用外国法，当然也可以适用中国的法律，进出口货物买卖合同的双方需要在合同中明确加以规定。需要特别指出的是，如果适用外国法，必须要保证不违反中国法律的强制性规定和中国的公序良俗。这里的外国法，一般是指贸易合同双方指定的某一国法律，往往是合同一方所在国家的法律或者是与合同有紧密关系的国家的法律。[1] 如果合同未作规定，一旦在履行合同中发生争议，就将由受理解决争议的机构（法院、仲裁机构）依照合同的本意和具体情况采用与合同有最密切关系的国家的法律，作为解决争议的法律依据。由此，在进出口货物合同中明确规定所适用国家的法律（表现在合同中就是所谓的"法律选择条款"）是很重要的。

二、可以适用国际贸易惯例

国际贸易惯例（internation trade practice）亦称国际商业惯例（interation commercial practice），是在进出口货物贸易中得到广泛使用的一种习惯做法。事实上称它为"习惯做法"只是一种相对于法律而言的说法。国际贸易惯例一般是指，在长期的商业实践中产生的，为广大的商人所广泛采用的一种类似于行为规范的准则。由于商人所在地域的限制，就产生了不同地区可能存在不

---

[1] 参见《中华人民共和国合同法》第126条。

同的惯例,显然会对各国商人开展贸易活动形成障碍。因此,对于国际贸易惯例的进一步理解,可以表述为在长期的商业实践中产生,为广大的商人所采用,并且经过国际经济组织或商业团体成文的规则、准则。

国际贸易惯例在进出口货物买卖中有着很重要的地位,它可以规范商人的行为、节省磋商时间,弥补法律法规的不足。

国际贸易惯例的性质属于任意性规范。任意性规范是强制性规范的对称。即进出口货物买卖合同的双方当事人可以自由选择认为合适的国际贸易惯例适用于合同,并且可以在双方达成一致的基础上,对所选择的国际贸易惯例的条文进行添加、限制或修改。作为一种任意性规范,如果要使之适用于合同,当事人双方还需要在合同中明确指明所适用的惯例,称之为"明示适用"。

还需注意的是,由于国际贸易惯例的影响面非常广泛,因此如果考虑到合同的特殊性,需要在任何情况下不允许适用某一或某几种国际贸易惯例,甚至于不允许适用任何国际贸易惯例,就应当在合同中予以明示排除。这是因为国际贸易惯例的影响已经扩展到世界各地,如果不做前述"明示排除",一旦在解决有关问题有争议时,有关的公正的第三方就有权以国际贸易惯例为依据对问题做出判断。

在进出口货物买卖中常用的国际贸易惯例,一般有国际商会制定的《国际贸易术语解释通则》、《跟单信用证统一惯例》、《托收统一规则》等。

三、可以适用国际经济条约

进出口货物买卖合同在签署和履行过程中,可能还会涉及某些国际经济条约,包括双边的和多边的条约。双边的条约是指合同双方所在国家签署的、对于合同的签署和履行具有影响的条约。多边条约则往往是指合同双方所在国家参加缔结的由多个国家缔结的国际条约,对于进出口货物买卖具有重要影响力的是我国加入的联合国《国际货物销售合同公约》。

中国在 1986 年正式签署了联合国《国际货物销售合同公约》,成为这个公约的正式缔约方。需要注意的是,中国政府在签署这个公约时,对于公约的第 1 条(1)款(b)项和第 11 条以及与 11 条有关条款做出了保留。

第 1 条(1)款(b)项涉及扩大公约适用的地域范围。按照我国对于第 1 条(1)款(b)项的保留,我国只承认适用公约的范围仅限于货物买卖合同双方所在国家(地区)必须是公约的缔约方。

第 11 条涉及合同的形式。公约指出,销售合同无须以书面订立或书面证明,在形式方面也不受任何其他条件的限制。销售合同可以用包括人证在内的任何方法证明。

《国际货物销售合同公约》是国际贸易中应当引起重视的一项国际多边条约,在国际上具有广泛影响。从事进出口货物贸易工作的人员应当予以关注。

第三节 进出口货物贸易的特点

进出口货物贸易同国内货物买卖相比,有许多不同的特点。这些特点的一个总的描述是进出口货物买卖同国内货物买卖相比的不同主要表现在"环境的不同"。由于"环境不同",导致许多在国内货物买卖中不会发生的事情出现。概括起来有以下几个方面。

一、法律环境不同

如前所述,进出口货物买卖不仅可以适用中国法,也可以适用与合同有联系的外国法或者国际条约和国际贸易惯例。因此,从事进出口货物买卖的人员有必要了解同本公司有较多贸易联系的国家或地区的相关法律,以便能够较好地避免由于法律问题而带来的困扰,特别是在发生合同纠纷时,尤其显得重要。对于一些规模较大的公司而言,设立专司法律事务的工作岗位能够提高公司的工作效率。了解主要贸易伙伴所在国家(地区)的法律,最直接的好处就是可以避免合同条款违反有关法律规定。

二、语言环境不同

从事进出口货物买卖涉及与不同国家(地区)人士打交道,并且在通常情况下要签订书面合同。在进行商务磋商时,一般使用英语或者双方同意使用的某一语言。这就要求从业人员具有较好的外语应用能力。不仅需要准确表述本公司的立场,也需要准确理解对方的观点。这里强调的是"准确表述"和"准确理解",即在具体用语和条款的理解上,要考虑不同的国家或地区的生活习俗和语境,防止发生误会。合理的做法是遇到不肯定的问题时,不妨多问一个为什么或者请对方解释。

三、受国际政治与经济变动的影响较大

一个国家的贸易政策历来是国家对外政策的组成部分。如果进出口货物买卖的出口目的地或者进口来源地的政治局势发生变化,就可能影响到贸易合同的履行。因此必须关注相关地区政治局势的变化,防止受到不利影响。除此

之外，两国之间的关系动向也应当引起公司的重视，尽可能做到未雨绸缪。

同样，进出口货物买卖也容易受到经济形势变化的影响。这包含两个层面：一是全球经济大形势变化，将可能导致具体进出口货物买卖受到影响，例如原油供求关系的变化，可能会影响许多商品价格的变动；二是合同交易商品行情的变动，可能会影响合同的履行。对于这些可能存在的风险，业务人员应当保持充分的警惕，并且做好应对突发事件的预案。

四、需要关注贸易合作伙伴的资信

进出口货物买卖双方地处不同国家或地区，双方进行贸易磋商也往往采用函电方式，也就因此加大了贸易风险。在以往的进出口货物买卖中，我国贸易商遭遇商业欺诈的报道也时有所闻，对此应当提高警惕。对于来自境外的贸易伙伴，要设法了解其资信，并且在交易技术和支付手段上采取有效措施进行预防。

提醒您

必须关注进出口贸易的环境

进出口货物贸易对于一个国家而言具有重要意义。由于买卖双方通常处于不同国家和地区，因此有着诸多不同的差异要引起注意。

微型案例

商务磋商中的文化差异

非口头语言指非口头的交流。我们交流时都会通过非口语的暗示进行。许多非口语的提示与文化相联系。没有理解另一文化习惯中的非口语暗示则会导致交流上的误解。如用拇指和食指形成个圈在美国是友好的手势，但在希腊和土耳其则是丑陋的性挑逗的意思。大多数美国人和欧洲人用打响指表示"没问题，OK"；而在希腊，这个手势是淫秽的。

非口头语言交流的一个方面是个人空间，即人在相互交谈时感觉舒服的距离。在美国，生意谈判双方礼貌的距离是5~8英尺；在拉丁美洲，这一距离是3~5英尺。结果，许多北美人下意识地认为拉丁美洲人在"侵犯个人空间",因而在谈话中离席而去。而拉丁美洲人把这种离席而去的行为解释为冷淡的态度。结果很遗憾,没能在不同文化背景下达成生意上的互惠。

——资料来源:查尔斯·W. L. 希尔著,曹海陵、刘萍译:《当代全球商务》,机械工业出版社2004年版。

小 结

关键术语

货物贸易　进出口货物贸易特点　适用法律

本章小结

1. 进出口货物贸易对于一个国家或者地区而言,是经济发展不可或缺的动力。

2. 进出口货物贸易涉及货物在不同国家之间的移动,货物买卖双方的营业场所又不在同一个国家,由此产生诸多同一国内部货物交易所不同的特点。

3. 在进行进出口货物贸易时,涉及法律法规的适用时,可以适用与具体货物贸易相关的一国法律,也可以适用本国所参加的某一国际条约,同时与贸易有关的国际惯例也会对贸易产生重大影响。

知识结构图

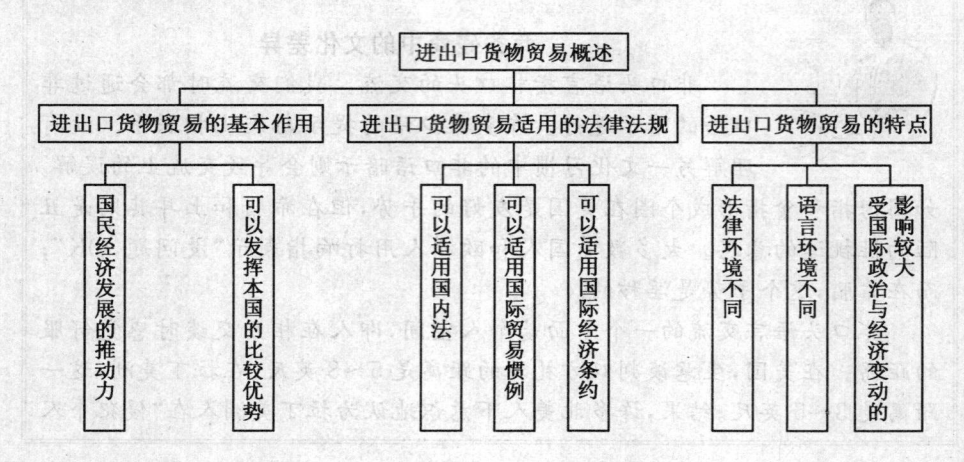

```
                    进出口货物贸易概述
    ┌───────────────────┼───────────────────┐
进出口货物贸易的基本作用  进出口货物贸易适用的法律法规  进出口货物贸易的特点
 ┌──────┬──────┐    ┌──────┬──────┬──────┐    ┌──────┬──────┬──────┐
国民经济  可以发挥  可以适用  可以适用  可以适用  法律环境  语言环境  受国际政治
发展的    本国的    国内法    国际贸易  国际经济  不同      不同      与经济变动的
推动力    比较优势            惯例      条约                          影响较大
```

应 用

案例研究

买方利用软条款改变信用证性质案

A 公司向境外 B 公司出口一批货物,合同规定采用信用证结算。

境外开证行开来的信用证在特别条款中规定:"a certificate issued by the beneficiary and countersigned by buyer's representative Mr. Jeremiah, his signature must be verified by opening bank, certifying the quality to conform to sample submitted on 7th June,2006."

A 公司根据装运期的要求办理了租船订舱,并按上述信用证条款于 7 月 26 日发电邀请对方代表来装运港验货,但时过半个多月一直未见买方代表来到。由于未验货导致无法装货,只好向船方退载,结果向船方支付空舱费 1 000 多美元。A 公司又连续几次向 B 公司催促派代表,直至 9 月 20 日买方代表杰里迈亚(Jeyenial)先生才来到装运港,经过认真与样品核对认为符合要求并同意装船。A 公司随即出具证书,证明货物品质符合 2006 年 6 月 7 日提供样品的品质。该证书由买方代表杰里迈亚先生会签。

A 公司于 9 月 30 日装运完毕,10 月 3 日备齐所有单据向议付行交单办理议付。但开证行于 10 月 15 日提出因单证不符而拒付:"第×××号信用证项下你方单据中,关于货物品质符合样品的证书,虽然已由买方代表杰里迈亚先生会签,但其签字并非本人签字,经与我行备案的签字存样对照,根本不一致,所以不符合信用证要求。单据暂在我行保管,速告处理意见。"

A 公司接到开证行上述拒付电后,认为开证行纯属无理挑剔,欲追问买方代表但此人已离开回国了。经研究只好于 10 月 17 日通过议付行向开证行答复如下:"你 15 日电悉,关于我们出具的证书,证明货物品质符合 2006 年 6 月 7 日提供的样品问题,该证书已经由买方代表杰里迈亚先生检验货物后并由其本人亲自会签了,如何能说签字非本人所为?你信用证要求受益人出具证书,我按信用证要求的内容出具了;信用证要求由买方代表杰里迈亚先生会签,我们也已由其本人会签了。杰里迈亚先生只有一个人,怎能出现不同的签字呢?因此我们完全不同意你行的意见,你行应该接受我单证一致的单据,按时付款。"

开证行于 10 月 21 日又来电提出:"你 17 日电悉。对于品质符合样品的证书由买方代表签字问题,我银行不管其买方代表杰里迈亚先生是一个人还是两个人。但提请你方注意,我信用证规定'……his signature must be verified by openin bank'。申请人在开立信用证时曾提供其签字的样本在我行存案,而且信用证明确规定你方出具的证书会签的签字必须由我行核实,所以只有你方提交证书会签的人签字与我行存案的签字样本完全相符,该证书才能生效。但你方所提交证书的会签人的签字完全与我行存案的签字不符,所以不符合信用证要求。速告单据处理意见。"

A公司根据开证行上述意见与有关人员研究,从事件本身来说,对方毫无道理,因为本来就是本人签字而偏要说成是非本人签字;但从开证行来说,因为信用证条款就是这样规定的,你提供证书的签字与其存样不一致,就是单证不符。这已无法再反驳对方。A公司又直接发电责问B公司,为何杰里迈亚先生的签字与开证行存样的签字会不一致?但买方一直不答复,而开证行又再三催促如何处理此事。A公司为了避免货物再遭到更大的损失,只好委托我驻外机构直接在当地处理了货物而结案。

——资料来源:刘德标、余世明著:《外销员资格考试辅导》,中国商务出版社、暨南大学出版社2004年版。

[分析]

国际贸易相对于国内贸易,出口商要承担很多方面的风险,通常认为采用信用证交易会有银行信用为基础,相对风险较小,但是出口商还要防范信用证中的软条款。该条款要求出口商出具的商检证书由买方代表签字,确认出口方所交货物和之前提交的样品相一致,但是该人签字和在银行备份的不一致,构成单证不符,开证行拒付。同时也改变信用证作为单据业务或者象征性交货的性质。

所以在国际贸易中,除了了解基本的业务技能之外,还要了解进口商的信用、开证行的信用等,一着不慎,全盘皆输,从而给自己的交易带来非常大的风险。

复习思考题
1. 国际贸易和国内贸易有何异同?
2. 国际贸易可能有哪些方面的风险?
3. 国际货物贸易有哪些特点?

第二章　商品的品质、数量和包装

学习目标

通过本章学习,你应能够:
掌握品质、数量和包装的相关概念;
了解品质的表示方法和品质条款;
了解数量的表示方法和溢短装条款;
了解包装种类、唛头、中性包装和定牌的概念。

开篇案例

商品数量短缺和规格不符合合同买方拒收案

我某出口公司与匈牙利商人订立了一份出口水果合同,支付方式为货到验收后付款。但货到经买方验收后发现水果总重量缺少10%,而且每个水果的重量也低于合同规定,匈牙利商人既拒绝付款,也拒绝提货。后来水果全部腐烂,匈牙利海关向中方收取仓储费和处理水果费用5万美元,我出口公司陷于被动。

[案例评析]　出口方需要按照合同约定的数量和规格向对方提交产品,否则构成违约行为。交付货物质量、规格不符合合同规定,进口方可以拒收货物,并提出索赔。本案中出口方交付货物数量短缺,规格与约定不符,匈牙利商人有权宣布合同无效,拒收货物并拒付货款。水果全部腐烂的相关费用也应该由我方承担。

——资料来源:袁永友著:《国际贸易实务案例评析》,湖北人民出版社1999年版。

进出口货物买卖合同中的品质、数量和包装是货物买卖合同中的重要条款,并且这些内容在进出口单证中也有描述。

第一节 商品的品质

进出口货物买卖合同是在国际间转移标的物所有权的合同。但是由于涉及商品种类繁多,每一种都需要表现为具体的名称和一定的质量,这既是双方交易的物质基础和基本依据,也是货物买卖合同中的主要交易条款。因为国际贸易中往往在买方付款之前很少会亲眼看见实际的货物,而是凭单据中对于货物必要的描述来确定交易标的是否符合合同的约定,故交易的标的物条款是合同中不可或缺的条件。若卖方所交付的实际货物不符合规定的品名或者说明,根据联合国《国际货物销售合同公约》的规定,是属于根本性违约的内容,受到损害的对方不仅可以提出索赔,而且还可以有权要求卖方修补货物、提交替代商品,甚至拒收货物或者解除合同。

一、商品的名称

商品的名称(name of commodity),又称品名,在一定程度上体现了商品的自然属性、用途以及主要性能,同时也用来区分其他同类产品。对交易标的的描述,是构成货物描述(description of goods)的重要构成部分。

合同中商品名称条款的规定,主要取决于商品的品种和特点。通常除了列举名称,往往还需要对具体的规格、等级或者型号进行进一步限制,则不仅仅是品名条款,而是品名和品质条款的合并,构成完整的货物描述。商品的命名方法主要考虑其主要用途、使用的主要原材料、主要成分、制造工艺或者外观造型等。

国际货物买卖合同中的品名条款的制定应该注意要明确而且具体,力求避免空洞宽泛,也便于合同的履行。同时尽可能选用国际通用的名称,否则双方难以达成一致。在采用外文名称时,不仅要考虑到翻译的准确生动,还要考虑国内外的风俗习惯;交易中做不到或者不必要的描述性语句,不应该列入品名条款;同时尽可能选用对我方有利的适当品名,避免由此而引起相关税费增加。

二、商品的品质

商品的品质(quality of goods)是指商品内在质量和外观形态的综合。前者包括商品的物理性能、机械性能、生物特征、化学成分等自然属性构成的技术指标和要求,如回潮率、光洁度、菌类含量等;后者指可以通过人们的感官直接获得的商品外在特征,包括商品的外形、色泽、款式或者透明度等。

(一)商品品质的意义

商品品质的优劣直接决定该商品的使用价值和价格,优良商品品质能反映出该国的技术水平和经济发展水平。同时,虽然当前产品进口关税水平不断降低,但国家间的贸易摩擦不断,很多国家在安全卫生和环境保护方面对进口产品的要求越来越高,故提高商品质量也是跨越贸易壁垒、提高其在国际市场竞争能力非常重要的非价格竞争手段。

(二)表示商品品质的方法

由于双方交易习惯以及商品本身特点的不同,导致有很多表示商品品质的方法,但是总体可以分为两大类:实物表示和文字说明表示。

1. 凭实物表示商品品质

凭实物表示商品品质又可以分为看货买卖和凭样品买卖。

(1)看货买卖(sale by actual quality)

看货买卖适用于工艺品、字画、珠宝首饰、鲜活产品等商品的寄售、拍卖和展卖等交易方式,买方或其代理人在卖方所在地看货后达成交易。卖方需要提交对方查验过以后的货物,而买方一般不得对查验过的货物品质提出异议。在实际的进出口业务中,当成交的金额相对较大,买方往往会到卖方所在的工厂查验其生产能力和产品的品质情况。

(2)凭样品买卖(sale by sample)

样品是从一批商品中抽出来的或者由生产、使用部门设计、加工出来的,足以反映和代表整批商品质量的少量货物。作为双方成交的品质依据的样品称为"标准样品"(type sample)。

根据样品提供者的不同,可以把样品分为买方样品(buyer's sample)、卖方样品(seller's sample)和对等样品(counter sample)。买方样品是指由买方提供样品,卖方加以确认,并成为成交的品质依据;卖方样品是指由卖方提供样品,由买方确认并成为成交的品质依据。实际的交易中,单纯的买方样品或者卖方样品对交易对方是不太有利的,往往会选用折衷的方法,即采用对等样品的方法,又称回样(return sample):先由买方提供样品,反映出买方对产品的设计意图,然后卖方根据买方样品复制一个由买方加以确认,成为双方的成交依据,又反映出卖方对该产品的生产设计能力。对等样品或者回样实际上改变了交易的性质,由凭买方样品买卖改为凭卖方样品买卖。有时候买卖双方向对方寄送样品仅供对方作为发盘的成交参考,这样的样品称为"参考样品"(reference sample),这种样品不能成为实际交货的依据。

　　实际运用样品买卖时,寄送样品的一方应当留存一份或者数份同样的样品作为"复样"(duplicate sample),以备日后交货或者处理争议时核对之用。同时最好对样品编上号码,记录上寄送日期,并对对方回复情况进行记载。必要时还可以采用"封样"(sealed sample),由双方或公证机关从货物中抽取适当数量的样品,加以封存,由双方或公证机构留存,留备以后解决争议之用。

　　在实际的进出口交易中单纯凭样品成交不多,往往只是规定商品品质指标的某一个或者某几个指标,如规定颜色的"色样"、规定款式的"款式样"等,再加上其他商品品质的表示方法。这时卖方交货的品质既受到样品的约束,还要受到其他指标体系的约束。

　　若卖方所交货物与样品不可能完全一致或难以做到一致时,最好在合同中约定"交货品质与样品相似"(be similar to)或者"大致相同"(be about equal to),但是卖方所交的货物质量与样品允许存在多大差异,双方应该事先达成共识,以免由于实际交货和样品不一致而产生纠纷。

　　"凭买方样品买卖"时,在我国也称"来样成交"。由于买方熟悉目标市场的需求状况,买方提供的样品往往更能直接地反映当地消费者的需求。买方出样在我国出口交易中也常有采用,但在确认按买方提交样品成交之前,卖方必须充分考虑按来样制作特定产品所需要的原材料供应、加工技术、设备和生产安排的可行性,以确保日后得以正确履行合同。同时最好还能够确认对方提交的样品的外观、式样,以及所代表的商标牌号是否拥有所有权或者使用权,以免产生知识产权方面的争议。

2. 凭说明表示

　　在国际贸易中大多数商品的买卖是采用文字、图表、相片等说明来规定其质量,主要方式如表2—1所述。

表2—1　　　　　　　用文字说明表示商品品质的方法

方　法	示　例
凭规格买卖 (sale by specification)	Vital Wheat Gluten, Moisture Max 10%, Protein Min 75%, Ash Max 2%, Water Absorption Min 150%（活性小麦面筋粉,水分不超过10%,蛋白质最低75%,杂质不超过2%,吸水性最低150%）
凭等级买卖 (sale by grade)	Chinese Green Tea Special Chunmee Special Grade Art No. 41022（中国绿茶 特珍眉特级 货号 41022）

续表

方　法	示　例
凭标准买卖 (sales by standard)	Rafampicin B. P. 1993（利福平《英国药典》1993 年版）
凭商标或者牌号买卖 (sale by trade mark or brand name)	Golden Star Brand Color TV Set Model：SC374 PAL/BG System（金星牌彩电　型号：SC374 PAL/BG 制式）
凭产地名称买卖 (sale by name of origin)	Shaoxing Hua Diao Chiew（绍兴花雕酒）
凭说明书和图样买卖 (sale by description and illustration)	Quality and technical data to be strictly in conformity with the description submitted by the seller（品质和技术数据必须要与卖方所提供的产品说明书严格相符）

　　用文字说明来表示商品品质采用最多的是规定产品的规格，如纯度、大小、成分和含量等，也可以采用等级和标准将规格固定化。在我国根据《中华人民共和国标准法》可以把标准分为国家标准、行业标准、地方标准和企业标准 4 种；同时国际标准化组织（ISO）于 1987 年推出 9000 系列质量保证体系，包括 ISO9000、9001、9002 和 9003 等系列，我国技术监督局在 1992 年 10 月把 ISO9000 系列标准等效转化为 GB/T19000 系列，企业根据自愿原则开展企业质量体系的认证原则，同时国家商检局负责对出口产品生产企业质量体系评审工作实行统一管理；另外国际标准化组织在 1996 年推出 14000 系列的环境管理标准，符合该标准的企业将成为绿色企业，生产的产品为环保产品。

　　在国际农产品市场买卖农副产品时，一种常见的标准为 F. A. Q.（Fair Average Quality，良好平均品质），是由某种产品的同业协会或者检验机构从一定时期某地装船的各批货物中分别抽出少量实物加以混合拌制，并由该机构封存保管，以此实物所显示的平均品质作为该季节同类商品质量的比较标准，俗称为"大路货"。该种表示商品品质的方法并不代表固定、具体的品质规格，在实际使用过程中不仅需要标明 F. A. Q. 字样，还要标明年份和主要规格。此外，在木材或者冷冻鱼等货物交易中，还采用 G. M. Q（Good Merchantable Quality，上好可销品质），卖方只需要提供上好可以销售的货物即可，俗称为"精选货"。

　　采用文字说明来表示商品品质可以有很多种方法，在实际业务中可以单独使用，也可以结合使用，如既使用商标牌号，又凭规格，甚至再列明等级或者产地名称，但是无论采用几种方法，卖方所交的货物要和每一种表示方法相吻合。

(三)国际货物买卖合同中的品质条款

品质条款是国际货物买卖合同中买卖双方交接货物的依据,卖方所交付的货物与合同规定不符,卖方要承担一定的法律责任。品质条款一定要明确具体,不要采用"大约"、"左右"等含糊不清的词语,要结合产品实际,不宜过高、过低、过繁或者过细,以免影响卖方对合同的履行。

1. 品质机动幅度

品质机动幅度(quality latitude)是为了避免质量条款的规定过于严格造成卖方交货的困难,在合同中确定对特定质量指标在一定幅度内可以机动。该条款主要适用于农产品,也可以适用于部分工业品交易。其规定方法可以采用以下几种:规定范围,如 Cotton shirting width 38/40(细棉布,宽幅 38/40);规定极限,采用最高和最低值;规定上下差异,如 Grey Duck Down 18%, allowing 2% more or less(灰鸭毛,含绒量 18%,允许 2%增减)。

2. 品质公差

工业品生产制造过程中产品的质量指标产生一定误差有时难以避免,这些被国际同行业公认允许产品品质出现的差异即为品质公差(quality tolerance),交货质量只要在该范围内即认为与合同相符,并且由于品质公差为国际同行业公认,无须在合同中明确规定,除非该产品没有国际公认标准或者存在不同理解。

卖方交货在机动幅度或者在品质公差以内,通常不另外计价,仍然采用合同价格,但是也可以约定按照质量不同增减价格的条款。

第二节 商品的数量

在国际货物买卖合同中,货物的数量不仅是主要交易条件之一,也是构成有效合同的必要条件。双方成交的数量不仅需要考虑卖方供货能力、买方的需求和支付能力,还需要考虑商品的包装、运输条件,以及双方国家对贸易的限制措施,如配额制度的限制等。

一、数量的计算方法和度量衡制度

国际贸易中数量是个广义的概念,常用的计算方法有:重量(weight)、个数(number)、面积(area)、长度(length)、体积(measurement)、容积(capacity)及成分百分率等。不同的计算方法有不同的计量单位,如重量单位有公吨(metric ton)、千克(kilogram)、盎司(ounce)和磅(pound)等;长度单位有米

（meter）、英尺（foot）和码（yard）等；个数有只（piece）、件（package）、套（set）、打（dozen）等；容积单位有公升（liter）、加仑（gallon）和蒲式耳（bushel）等；面积单位有平方米（square meter）、平方英尺（square foot）等；体积单位有立方米（cubic meter）和立方英尺（cubic foot）等。不同国家的度量衡制度是不同的，国际贸易中常用的度量衡制度有英制（British System）、美制（American System）、公制（Metric System）和国际单位制（International System of Units）。我国目前采用的是国际单位制。

二、重量的计量方法

在进出口交易中重量是采用最多的一种计量方法，在合同中表示重量的不同方法如表2—2所示。

表2—2　　　　　　　　　　　不同重量的表示方法

毛重	商品本身的重量加上包装的重量 用商品的毛重表示商品重量称为"以毛作净"（gross for net）		适用于货物包装和商品本身难以区分，同时商品价值较低，包装重量较轻的农副产品或者初级产品
净重	去掉包装后商品的重量，实际中等于毛重减去皮重		当合同中没有约定采用毛重还是净重计量、计价，按照惯例应该按照净重计算
	实际皮重	将包装逐一过称得出每件包装的重量	
	平均皮重	全部商品中抽取若干件取平均重量	
	习惯皮重	按照市场公认的规格化包装计算	
	约定皮重	按照双方事先约定计算公量	
公量	采用科学的方法去掉商品中的实际水分，加上标准水分的重量 公量＝净重×(1＋标准回潮率)/(1＋实际回潮率)		适用于水分含量不稳定、价值相对较高的产品，如鸭绒、羊毛和生丝等
理论重量	每件重量乘以件数得出的重量		适用于标准化程度较高的工业品，每件重量大致相等，如钢板、马口铁等
法定重量	纯商品重量加上内包装材料的重量		主要为海关征税时使用
净重	法定重量扣除杂物（如水分）的重量		

三、合同中的数量条款

货物买卖合同中的数量条款也是一项重要条款，卖方要予以充分关注，切实按照合同规定执行。

(一)基本内容

合同的数量条款主要确定成交的具体数量和计量单位,还包括确定数量的方法等。按照合同规定的数量交货是卖方的基本义务,英美法系对于卖方交货数量不符合规定属于违反要件和严重违约的内容,买方可以提出索赔,甚至拒收货物。联合国《国际货物销售合同公约》第32、35和第37条规定卖方有义务按照规定的数量交货。但是若卖方交货多于约定数量,买方可以收取,也可以拒收多交部分的全部或者一部分;如果卖方交货数量少于约定数量,卖方应该在交货期满前补交,但不得使买方遭受不合理的不便或者承担不合理的开支,同时买方还保留要求损害赔偿的任何权利。

为了避免双方日后可能的争议,数量条款要求明确完整,计量单位双方理解要一致,采用非国际通用单位时,要注意换算的准确性。

(二)数量机动幅度

在进出口合同中,货物交付时由于生产、运输和包装等条件的限制,实际交货数量由于可能会出现自然损耗或者途耗往往很难达到事先确定的某一种精确的数量。为了避免因此而产生日后的纠纷,买卖双方可以在合同中约定数量机动幅度,又称溢短装条款(more or less clause)。溢短装条款的规定通常有以下几种方法:

1. 明确规定溢短装比例

比如在合同中规定"shipment quantity 3% more or less allowed"(装运量允许3%增减),这种规定方法允许卖方交货有一定比例的增减。具体的伸缩量大多由卖方确定(at seller's option),但是如果由买方安排运输,也可能由买方或者承运人来确定溢短装比例(at buyer's option or at carrier's option)。

2. 采用约量来表示

采用约量就是在合同中采用"大约"或者类似的语句,但是每个国家对于约量理解是不一致的,根据《跟单信用证统一惯例》(UCP600)[1]第30条a款的规定"约"(about)或者"大约"(approximately)用于信用证金额或者信用证规定的数量或者单价,应该解释为金额、数量或者单价不超过10%的增减幅度。

3. 信用证中有关数量的习惯做法

---

[1] 国际商会2006年颁布的第600号文件,简称UCP600,在2007年7月1日生效。

根据UCP600第30条b款的规定,即使信用证中没有明确规定溢短装比例,对于货物的数量也允许5%的增减,但是需要满足3个条件:信用证中没有禁止溢短装;货物必须是散货,即没有明确的包装单位或者不可以明确计数;支取的金额不得超过信用证金额。

提醒您

在信用证结算交易中,如果信用证允许数量增减,则金额增减需要与之相适应,否则出口方多装后会受限于信用证金额。如果出口方收到只有数量增减但金额没有相应增减的信用证,则需要审证修改,或者不要多交货物。

微型案例

某出口公司在某次交易会上与外商当面谈妥出口大米10 000公吨,每公吨USD275.00 F.O.B.中国口岸。但我方在签约时,合同上只笼统地写了10 000吨(ton),我方当事人主观认为合同上的吨就是指公吨(metric ton)而言。后来,外商来证要求按长吨(long ton)供货。如果我方照证办理则要多交160.5公吨,折合44 137.5美元。于是我方要求修改信用证,而外商坚持不改,双方发生贸易纠纷。

——资料来源:唐海燕编:《进出口实务新编》,华东师范大学出版社2008年版。

第三节　商品的包装

包装也是进出口贸易合同中主要的条款之一。商品包装在货物从生产领域进入消费领域过程中不仅能够起到保护商品的作用,优良的商品包装还能够使产品增值。卖方必须要按照合同规定的方式装箱或者包装,否则构成违约。合同中的包装条款主要包括包装的方式和包装的标志两个方面的内容。

一、运输包装

运输包装又称大包装或者外包装,主要起到保护货物的作用,同时也便于货物的搬运和储存。

(一)包装的方式

根据包装方式可以把运输包装划分为:单件运输包装,如箱(carton,case)、袋(bag)、包(bundle,bale)等;近些年迅速发展起来的集装箱(container)、集装袋(flexible container)和托盘(pallet)等集合运输包装。

(二)货物包装的标志

运输包装的标志是指为了方便双方交接货物,防止错发错运,便于对货物的识别、运输、仓储和查验等,同时也防止对人体、环境造成危害,而采用文字、数字或者图形等在商品的外包装上标明或者刷写的标志。根据作用的划分可以分为:

1. 运输标志

运输标志(shipping mark)通常称为"唛头",一般由字母、图形或者数字组成,要采用醒目、不褪色颜料刷在货物的外包装上,以便于装卸、收发货物和核对单证之用。在实务操作中,唛头表述为 marks、marks and numbers of package 等。由于每个国家对于运输标志包含的内容理解不同,联合国欧洲经济委员会简化国际贸易程序工作组在国际标准化组织和国际货物装卸协调协会的支持下制定了标准运输标志,该标准唛头由 4 行组成,每行不超过 17 个英文字母,同时为了便于电讯手段传输信息,不能采用几何图形。标准运输标志如图 2—1 所示。

```
ABC                    ──→ 收货人代码
S/C NO. 2007－ABC－12    ──→ 参考号(合同号、订单号、发票号或者信用证号等)
LONDON                 ──→ 目的港
C/NO. 1－200           ──→ 货物箱数
```

图 2—1 标准运输标志

在实际业务中唛头一般由卖方决定,并无必要在合同中订明。但若买方对此有要求,也可以在合同中作出具体规定,同时如果买方要求按照买方要求制定唛头,则应该在合同中规定买方提供唛头的最后期限,并规定若到时没有收到相关通知,卖方有权自行决定。

提醒您

> 随着集装箱运输不断普及,集装箱号码是识别货物的唯一代码,而对于货物外包装标志的要求则越来越低,很多货物没有运输标志,需要在相关单证该栏目上填写"N/M",即"No Mark"(没有唛头)字样。

2. 指示性标志

指标性标志(indicative mark)应用于易碎、易残损和易变质的商品,采用醒目的图形或者简洁的文字标明注意事项,有关人员在装卸、搬运和储存时起到提示作用。如 keep dry(保持干燥)、don't crush(请勿挤压)、this side up(此端向上)、fragile(易碎)、handle with care(小心轻放)、no turn over(请勿倒置)等。

3. 警告性标志

警告性标志(warning mark)又称危险品标志,是在危险品货物的外包装上面采用文字、图形表示各种危险品的标志,以确保货物完好,同时避免造成人体伤害。如 flammable(易燃品)、compressed gas(压缩气体)、explosives(易爆品)、poison(有毒品)、radiative materials(放射性物质)、oxidizing materials(氧化物)等。

4. 识别标志

识别标志(identifying mark)主要包括商品的毛重、净重、尺码和原产地等标志,方便货物运输装卸过程中舱位的安排,同时也便于海关统计和征收税费。例如,

G. W.　45 Kgs
N. W.　43 Kgs
Meas.　35×30×20cm
Made in China

二、销售包装

销售包装又称内包装或者小包装,是直接接触商品,进入零售网点和与消费者直接见面的包装,这一类包装除了具有保护商品的功能之外,更具有促销的作用。销售包装根据采用的材料和造型结构的不同,会导致不同的用途,如

便携式、喷雾式、开封式、挂式和一次性包装等。销售包装应尽可能美观,具有感染力,且便于消费者使用、携带和辨别。

为了便于利用光电扫描阅读设备为计算机输入数据,商品销售包装上面还会有条形码标志,通过条形码能够辨别该产品的生产国别、地区、生产厂家、品种规格和售价等一系列相关信息。目前国际上比较通行的条形码标志有2种:国际物品编码协会编制的 EAN 条码(European Article Number)和美国统一代码委员会编制的 UPC 条码(Universal Product Code)。目前国际物品编码协会现已更名为 GS1,并已将两种条形码系统兼容,即 EAN 和 UCC 全球统一的表示系统,GS1 已有遍及世界 100 多个国家和地区的 103 个成员组织,负责组织实施当地的 EAN·UCC 系统推广应用工作。该系统是由 12 个数字的产品代码和 1 位校验码组成。前 3 位为国别码,中间 4 位为厂商号,后 5 位为产品代码。我国于 1991 年 4 月加入国际物品编码协会,成为正式会员。目前国际物品编码协会分配给我国的国别号为"690"、"691"、"692"、"693"、"694"、"695"等,凡是条形码前 3 位是上述数字的商品均为中国生产。

三、定牌和中性包装

国际贸易中为了扩大货物的出口,采用中性包装和定牌生产是较为常见的方法。

定牌生产又称贴牌生产(original equipment manufacture,OEM),即卖方按照买方的要求在其生产出售的商品或者包装上面标明买方指定的商标或牌号。卖方采用这种做法主要是为了利用买方的经营能力和企业商誉或者品牌声誉,以提高售价和扩大销售。在采用该种方式出口时,同样应该注意知识产权方面的问题。

中性包装(neutral packing)是指不标明商品生产国别、地名和厂名的包装。中性包装又可以分为定牌中性包装和无牌中性包装,前者需要在包装上指定对方商标牌号,而后者既没有原产地标记,也没有商标牌号。采用中性包装主要是为了突破对方国家设置的贸易壁垒、障碍或者适应转口贸易的需要,从而达到扩大出口的目的。但是这种做法近年来在国际市场屡遭非议,我国也曾经因此被美国多次单方面扣减纺织品配额水平。不少发达国家规定在货物的外包装上必须标记原产地标记,否则海关将拒绝货物入境。

四、合同中的包装条款

货物的包装材料、包装方式是货物说明非常重要的构成部分,也是合同中的一项主要条件。很多国家明确规定，卖方没有按照约定条件包装，或者包装与行业习惯不符，买方有权拒收货物。合同中包装条款主要包括包装材料、包装方式和每件包装所含物品的数量或者重量。例如，One piece in a polyester bag, one dozen in a draft paper box, twelve boxes in an export carton and 810 cartons in one 40ft container。

订立包装条款时最好能够考虑到不同商品的特点和不同运输方式的要求，对包装的规定力求明确具体，不适宜采用"海运包装"（seaworthy packing）、"习惯包装"（customary packing）、"标准出口纸箱包装"（standard export cartons）或者"卖方惯用包装"（seller's usual packing）之类语句，以免由于缺乏统一的解释导致纠纷和争议，除非是双方长期交易习惯，并已经对此取得共识。

包装费用一般包括在货物价格内，且还要在合同单价条款中注明"包括包装费用"（packing charges included），以免日后产生纠纷。对于买方提出特殊包装而产生额外支出，原则上应该由买方负担，同时应该在合同中注明金额和支付方式。

小 结

关键术语

商品品名　商品品质　样品　规格　品质机动幅度　毛重　净重　溢短装条款　运输包装　销售包装　运输标志

本章小结

1. 商品的标的物条款涉及到出口方所交付货物的细节，也是国际货物贸易合同的基础。

2. 货物的品质一般采用实物和说明两种方式来表示，前者主要采用样品表示，后者主要采用规格。出口方实际交付的货物需要和合同中约定的表示方法相吻合。

3. 货物数量主要涉及国际通用的计量单位和表示方法，国际货物贸易中出口方需要注意数量增减条款。

4. 货物的包装主要划分为运输包装和销售包装。前者要求坚固耐用，后者要求具有促销作用，实务中需要掌握运输包装标准唛头的制作以及销售包装的条形码标志。

知识结构图

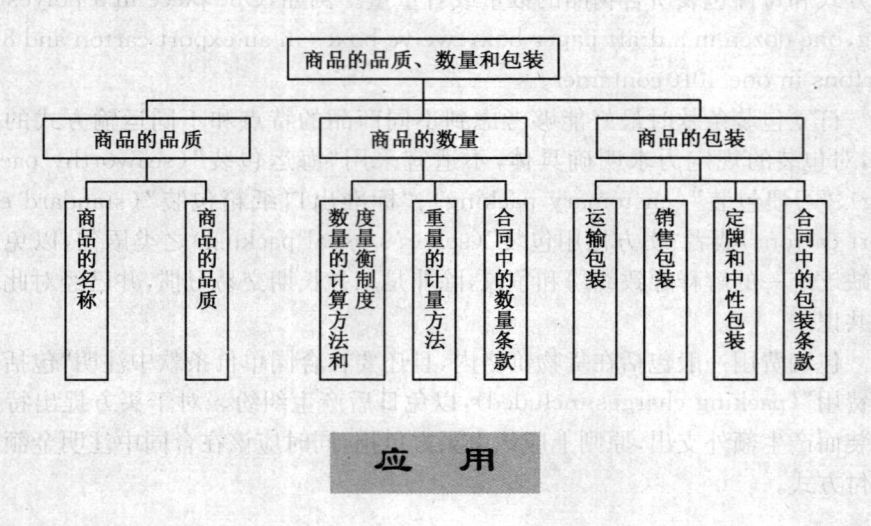

```
                    商品的品质、数量和包装
        ┌──────────────────┼──────────────────┐
    商品的品质            商品的数量            商品的包装
    ┌────┴────┐      ┌──────┼──────┐      ┌────┬────┬────┐
   商品       商品    度量    重量    合同   运输  销售  定牌  合同
   的         的      衡制    的      中的   包装  包装  和中  中的
   名         品      度数    计量    数量               性包  包装
   称         质      量的    方法    条款               装    条款
                     计算            
                     方法和
```

<hr>

应　用

案例研究

合同品质条款签订不当引起的纠纷案

［概要］

此案是关于中国香港某商行在签订品质条款时，利用一些模糊字眼和苛刻条款致使卖方无法生产符合合同要求的产品，最后使卖方陷入被动局面，该商行利用此合同条款诈骗的案例。

［案情］

某年10月，某公司向中国香港某商行按FOB某装运港USD610 per MT出口铸铁井盖5 000公吨，合同规定整批货物分10批每两月装运一批，每批500公吨，货物由买方提供图样生产，并经买方验收后方可接收。该合同品质条款规定：(1)铸件表面应光滑；(2)不得有气孔、裂纹、砂眼、缩孔、夹渣和其他铸造缺陷。合同还规定，合同签订后10天内，卖方须向买方预付相当于第一批货物金额10％的保证金，第一批500公吨合格货物交货后，卖方可在5天内收回保证金；货物装运前卖方应通知买方前往产地抽样检验，并签署质量合格确认书；双方不得单方面终止合同，否则由终止合同的一方承担全部经济损失。

合同签订后，卖方很快将保证金约25万元人民币汇交港商，然后按其提供的图样，投入了相当的人力、物力进行试生产。当生产出部分产品后，卖方电告买方按合同约定前来验货，一旦验收合格，立即进行大批量生产。但港商先是借口工作繁忙，一拖再拖，迟迟不来验货，在卖方再三催促后，买方提出先请当地商检部门带为验货。为及时取得合格确认书，保证按期交货，卖方无奈请求当地商检局代为检货。当检验人员赶赴现场并仔细审查合同后发现品质条款中所谓"光滑"的概念十分模糊，没有具体标准和程度，存在着引起纠纷的可能，第二条存在的隐患更大，极易使卖方陷入被动。我商检人员立即意识到，这极有可能是一起利用品质条款的欺诈案。于是检验人员立即封存样品，并让卖方再次通知港商按合同规定由其前来检验货物，在未等到品质合格结论之前，卖方绝不可贸然进行大批量生产。但港商接到通知后，不仅不来检验货物，反而回函称要通过法律程序解决。至此，卖方彻底醒悟了，后经多方查证，该港商采用上述手段已经诈骗内地多家企业，此次卖方虽及时停止生产，避免了更大损失，但25万元人民币保证金却无法追回。

[分析]

凭说明图样进行的买卖，在交易中，买卖的商品应该严格符合合同的品质条款，否则买方有权拒收货物。因此，卖方在订立品质条款时，要科学地制定品质条款，应防止品质条款偏低或偏高，品质要求过高，难以加工生产，严重的会造成卖方违约；品质要求过低，影响成交价格，也未必符合买方要求；品名和品质条款的内容和文字还要做到简单、具体、明确，既能分清责任又能方便检验。

复习思考题

一、计算题

1. A公司与B公司签订一份50公吨羊毛的出口合同，合同中规定以公量来计算商品的重量，商品的标准回潮率为8%，货物到达目的港后抽样检测所得的实际回潮率为12%，试计算该批商品的公量是多少？

2. 买卖合同中规定的数量条款为"100MT 5% more or less at seller's option"，则根据《国际货物销售合同公约》的规定，卖方最多和最少可交多少公吨货物？多交的部分如何作价？若双方对于多交的部分如何作价未作规定，装船时候市场价格上涨时，卖方应该多交还是少交？

二、操作题

我国某公司向日本某贸易有限公司出口货物一批1 000件，50件装一箱，已知收货人代码为 ABC，目的地为 Osaka，Japan，合同号码为 07－ABC－36，请根据已知条件制作一个标准运输标志。

三、案例分析题

1. 我国某公司向国外某客户出口榨油大豆一批，合同中规定大豆的具体规格为：水分 14%，含油量 18%，杂质 1%。国外客户收到货物后不久便来电称：我国所提交的货物与合同规定相差甚远，具体的水分为 18%，含油量为 10%，含杂质 4%，要求我方给予合同金额 40% 的赔偿。

问：对方的索赔要求是否合理？合同中就这一类商品的品质条款应该如何规定？

2. 我国某公司与国外的某农产品贸易有限公司达成一笔出口小麦的合同，国外开来的信用证规定："数量为 1 000 公吨，散装货，不准分批装运，单价为 250 美元/公吨 CIF 悉尼，信用证金额为 25 万美元……"，信用证中没有表示是否允许溢短装。卖方在依照信用证规定装货时，多装了 15 公吨。

问：(1) 银行是否会以单证不符而拒付，为什么？

(2)《国际货物销售合同公约》对于交货数量是如何规定的？

(3) 根据 UCP600，不考虑金额的限制，卖方最多和最少可装多少公吨？

第三章　国际贸易术语

学习目标

通过本章学习，你应能够：

掌握贸易术语的含义、作用；

了解有关贸易术语的国际惯例；

重点掌握《INCOTERMS 2000》对13种贸易术语的解释及其在实践中运用应注意的问题。

开篇案例

正确选择贸易术语规避风险

我国内地某铁路干线上一城市的出口公司于2000年2月向日本出口30公吨甘草膏，每公吨40箱共1 200箱，每公吨售价1 800美元，FOB新港，共54 000美元，装运期为2月25日之前，货物必须装集装箱。该出口公司在天津设有办事处，于是在2月上旬便将货物运到天津，由天津办事处负责订箱装船。不料货物在天津存仓后的第二天，仓库午夜着火，抢救不及，1 200箱甘草膏全部被焚。办事处立即通知内地公司总部并要求尽快补发30公吨。否则无法按期装船。结果该出口公司因货源不济，只好要求日商将装运期延长15天，日商同意但提出价格下降5%，经双方协商，最终降价3%。

［案例评析］　我国进出口企业长期以来不管采用何种运输方式，对外洽谈业务或报盘仍习惯用FOB、CFR和CIF三种贸易术语。但在滚装、滚

卸、集装箱运输的情况下,船舷无实际意义时应提倡尽量改用FCA、CPT及CIP三种贸易术语,特别是内陆地区的出口。

案例中出口公司所在地正处在铁路交通的干线上,外运公司在该市有集装箱中转站,既可接受拼箱托运也可接受整箱托运。假如当初采用FCA术语对外成交,出口公司在当地将1 200箱交中转站或自装后将整箱(集装箱)交中转站,不仅风险在货交承运人即可转移给买方,而且凭当地承运人(即中转站)签发的货运单据即可在当地银行办理议付结汇。该公司自担风险将货物运往天津,再装集装箱出口,不仅加大了自身风险,而且结汇推迟。

——资料来源:幸理主编:《国际贸易实务案例与分析》,华中科技大学出版社2006年版。

贸易术语(trade terms)是在长期的国际贸易实践中产生的,用以明确国际贸易商品的价格构成,说明交货地点或到货地点,划分买卖双方的风险、责任和费用等问题,并用英文缩写形式表示的一种专门用语。贸易术语对于简化贸易磋商过程、准确表达意思有着重要作用。一般而言,贸易术语的作用主要有:有利于买卖双方洽谈交易和订立合同;有利于买卖双方核算价格和成本以及有利于解决履约当中的争议。贸易术语因而往往也是构成国际货物贸易合同中不可缺少的重要内容。

学习国际贸易术语,必须认真把握每个贸易术语的关键点(风险点和费用点),以及该贸易术语项下买卖双方在通关、运输、保险等方面责任和费用的负担,适用的运输方式等要点。对贸易术语的充分了解,有利于在贸易实践中综合考虑各种因素,灵活选用贸易术语,合理规避贸易风险。

第一节 有关贸易术语的国际贸易惯例

早在19世纪,在国际贸易中就有贸易术语的使用,但因各国法律制度、贸易惯例和习惯做法不同,国际上对各种贸易术语的理解和运用有所差异,容易引起贸易纠纷。为了避免争议的发生,一些国际组织和商业团体试图统一对贸易术语的解释。这些解释虽然不是强制性的法律规定,除非当事人明确引用,对买卖双方不具有强制约束力,但这些解释已被国际贸易界所广泛承认和采用,应当引起充分重视。

目前在国际上影响较大的与贸易术语有关的惯例主要有以下三种:

第三章 国际贸易术语

一、《1932年华沙—牛津规则》

《1932年华沙—牛津规则》(Warsaw-Oxford Rules)是国际法协会(International Law Association)于1928年在华沙制订的,简称"华沙规则"。后经多次修订,最后一次修订年份是1932年,地点在英国牛津。全文共有21条,只对CIF一种价格术语进行了解释。

二、《1941年美国对外贸易定义修订本》

1919年美国的9个商业团体制订了《美国出口报价及其缩写条例》(The U.S. Export Quotation and Abbreviations),1941年又对它作了修订,并改称《1941年美国对外贸易定义修订本》(Revised American Foreign Trade Definitions 1941)。该修订本在同年为美国商会、全国进口商协会和全国对外贸易协会所采用。该惯例对下列6种贸易术语进行了解释:

1. Ex(point of origin),原产地交货;
2. FOB(Free on Board),在运输工具上交货(具体将FOB术语分为6种类型);
3. FAS(Free Along Side),在运输工具旁边交货;
4. C&F(Cost and Freight),成本加运费;
5. CIF(Cost, Insurance and Freight),成本加保险费、运费;
6. Ex Dock(named port of importation),进口港码头交货。

三、《2000年国际贸易术语解释通则》

1919年,国际商会(International Chamber of Commerce, ICC)在美国大西洋城成立,总部设在巴黎。国际商会创立之初,即以统一贸易术语的解释作为其主要工作之一。

国际商会于1936年提出了一套具有国际统一性质的解释贸易术语的规则,定名为《INCOTERMS 1936》(INCOTERMS是International Commercial Terms的缩写形式),译作《1936年国际贸易术语解释通则》。为了与国际贸易实践的不断发展相适应,1936年之后国际商会分别于1953年、1967年、1976年、1980年、1990年和1999年对INCOTERMS做了修订和补充。截至目前,1999年的修订本是最新版,因其于2000年1月1日起生效,故称《INCOTERMS 2000》,即《2000年国际贸易术语解释通则》。《INCOTERMS 2000》现已成为世界广泛承认和使用的、最具有权威性的贸易术语文本。

对 INCOTERMS 作历次修订的原因,主要是为了使其适应当时的国际贸易实践的发展。比如,1980 年的修订是为了适应集装箱运输和多式联合运输技术的发展和运用;1990 年的修订是为了适应使用日益广泛的电子数据交换(EDI)的需要。鉴于 INCOTERMS 在世界上已得到广泛的承认,国际商会为巩固其在世界范围内得到的承认,修订时尽量避免较大改变。因此,《INCOTERMS 2000》相对《INCOTERMS 1990》改变很少。下面首先对《INCOTERMS 2000》的修订作简要介绍,然后对《INCOTERMS 2000》的内容进行分析。

(一)《INCOTERMS 2000》的修订

2000 年版主要修订部分,可归纳为形式修订和实质修订两类。

1. 形式上的改变

每个术语均由三个部分构成:定义、卖方义务、买方义务。

(1)定义部分。《INCOTERMS 2000》就定义部分进行了更具体、明确的修订,并增加了与其他贸易术语在使用上的区别,有重大变化的部分特别用斜体字加以标示。

(2)卖方义务。1990 年版卖方义务的英文原使用"the seller must",《INCOTERMS 2000》改称为"the seller's obligation"。至于原来所称的"the seller must"则放在卖方 10 项义务之首。

(3)买方义务。1990 年版买方义务的英文原使用"the buyer must",《INCOTERMS 2000》改称为"the buyer's obligation",至于原来所称的"the buyer must"放在买方 10 项义务之首。

2. 实质性的改变

(1)"船边交货"(FAS)术语变更为由卖方负责办理出口通关有关事宜及承担有关费用。

2000 年版确定了一项原则,即"谁拥有最佳位置执行通关及缴纳关税和承担其他有关进出口成本的业务,就由哪一方去办理"[1],在贸易实际做法中,经国际商会调查发现,普遍的做法是由卖方办理出口通关手续,为了与实务吻合,本版将 FAS 术语变更为由卖方负责办理出口通关事宜及有关费用。

(2)"目的港码头交货"(DEQ)术语修改为,有关货物进口所支付的关税、税款及其他费用,以及进口通关的办理手续均由买方承担。

此项与上述 FAS 变更由卖方负责出口通关的理由相同,国际商会遵循谁

---

[1] Jan Ramberg. Guide to INCOTERMS2000:23.

方便与进出口所在国行政管理部门打交道,就由谁办理此项通关手续的原则[1],DEQ 也变更为,由买方负责办理进口通关、支付关税及其他费用。

(3)"货交承运人"(FCA)术语强调,若在卖方的营业场所交付货物,由其负责装货,若在卖方场所之外的地点交付货物,卖方不负责卸货。具体在下节介绍 FCA 时阐述。

(二)《INCOTERMS 2000》的内容

《INCOTERMS 2000》包含 13 种贸易术语,并按其共同特性归纳为 E、F、C、D 四组。

根据《INCOTERMS 2000》,每种贸易术语都有其特定的"关键点"。"关键点"有"风险点"("交货点")和"费用点"之分。费用点决定价格的构成,风险点决定合同的性质。E、F、D 组术语的费用点和风险点相重合:E 组术语的关键点在卖方工厂或仓库,E 组术语合同被称为起运类合同;F 组术语的关键点在装运港或装运地,F 组术语被称为主运费未付类术语,F 组术语的合同被称为装运类合同;C 组术语的费用点和风险点相分离:费用点(运费或保险费)虽延伸到了目的港或目的地,但是风险点仍在装运港或装运地,所以 C 组术语被称为主运费已付类术语、C 组术语合同也被称为装运类合同;D 组术语的关键点在目的港或目的地,D 组术语合同被称为到达类合同。

每种贸易术语以关键点为分界划分买卖双方在清关、运输、保险等方面责任及费用的负担,具体如表 3—1 所示。

表 3—1 基本上描述了《INCOTERMS 2000》13 种贸易术语关于买卖双方在货物交接过程中风险、责任和费用的分担情况。为了更好地理解每种贸易术语,现就表中加标注的一些容易引起混淆的细节进行补充说明:

1. 适合各种运输方式的 FCA、CPT、CIP 的分险点:在卖方处所(工厂、仓库等)交货时,风险点在承运人的运输工具上;在非卖方处所的买方指定的其他地点交货时,风险点在卖方送货的运输工具上。

2. C 组术语的费用点:通常所讲延伸至目的港/地的费用点,仅限于运费(CFR、CPT),或运费和保险费(CIF、CIP)。

3. E 组、F 组、C 组(CIF、CIP 除外)买卖双方都无办保险的义务,但买方经常为了自身利益安排必要的保险。

4. D 组术语:买卖双方都无办保险的义务,但卖方经常为了自身利益安排必要的保险。

---

[1] INCOTERMS. 2000—A forum of experts. ICC:15.

表 3—1　　　　　　　《INCOTERMS 2000》13 种贸易术语

分类	含义	关键点		保险	运输		责任	清关	
		风险点	费用点		方式			出口	进口
E组	EXW(Ex Works)... named place 工厂交货……指定地	工厂/仓库		买方[3]	任何[5]		买方	买方	买方
F组	FAS（Free Alongside Ship）... named port of shipment 装运港船边交货…指定装运港	装运港船边			水运			卖方	
	FOB（Free On Board）... named port of shipment 装运港船上交货……指定装运港	装运港船舷							
	FCA（Free Carrier）... named place 货交承运人……指定地	货交承运人[1]			任何				
C组	CFR(Cost and Freight)... named port of destination 成本加运费……指定目的港	装运港船舷	目的港船上[2]	买方[3]	水运		卖方		
	CIF(Cost,Insurance and Freight)... named port of destination 成本加运费、保险费……指定目的港			卖方					
	CPT(Carriage Paid to)... named place of destination 运费付至目的地……指定目的地	货交承运人[1]	指定目的地[2]	买方[3]	任何				
	CIP(Carriage and Insurance Paid to)... named place of destination 运费、保险费付至目的地……指定目的地			卖方					
D组	DAF(Delivered At Frontier)... named place 边境交货……指定地	边境指定地点			任何		卖方		
	DES（Delivered Ex Ship）... named port of destination 目的港船上交货……指定目的港	目的港船上			水运、多式联运[6]				
	DEQ（Delivered Ex Quay）... named port of destination 目的港码头交货……指定目的港	目的港码头		卖方[4]					
	DDU(Delivered Duty Unpaid)... named place of destination 未完税交货……指定目的地	指定目的地			任何				
	DDP（Delivered Duty Paid）... named place of destination 完税后交货……指定目的地								卖方

5. 任何运输方式：包括水运（海运、内河运输）、陆运（铁路、公路）、空运等各种单一的运输方式和两种或两种以上运输方式相结合的多式联运。

6. DES、DEQ 适用的运输方式：单一的水运（海运、内河运输）或者最后一段为水运的多式联运。

国际商会在《INCOTERMS 2000》"导言"中强调指出，INCOTERMS 的范围只限于销售合同（买卖合同）中买卖双方关于货物交付和收取过程中的义务规定，而不涉及买卖双方为履行销售合同而与有关方订立的运输合同、保险合同和支付与融资合同。另外，如买卖双方愿意采用《INCOTERMS 2000》的术语，均以在合同中明确援引《INCOTERMS 2000》为妥。例如，"CIF New York INCOTERMS 2000"或在合同中注明："This contract is governed by INCOTERMS 2000."（本合同受《INCOTERMS 2000》约束。）

经过国际商会国际商业惯例委员会组织各国众多专家认真讨论、修订后公布的《INCOTERMS 2000》，更加适合现行贸易实际的需要，因此，它定将更广泛地为世界各国贸易界和法律界人士所接受和承认。

第二节　国际贸易术语介绍

《INCOTERMS 2000》是目前国际上适用范围最广泛的国际贸易术语惯例，因此本节依据《INCOTERMS 2000》，对贸易术语进行介绍。在介绍的过程中重点阐述国际贸易实践中常用的六种贸易术语，具体包括只适用于水上运输的 FOB、CIF 和 CFR，以及可适用于各种运输方式的 FCA、CPT 和 CIP；然后对其他七种贸易术语 EXW、FAS、DAF、DES、DEQ、DDU 和 DDP 也作简要介绍。

一、六种主要贸易术语

F 组的 FCA 和 FOB 以及 C 组的 4 种术语在贸易实践中的使用频率较高。这六种术语根据适于使用的运输方式不同，又可分为两类。

（一）适合水上运输的三种主要贸易术语：FOB、CIF 和 CFR

这三种贸易术语共同特点之一就是，都是在装运港船上完成交货，风险划分界限均在装运港船舷。

1. 对 FOB 贸易术语的解释

（1）基本含义

FOB 即"Free on Board"的英文缩写，其中文含义为"船上交货（……指定装运港)",是指当货物在指定装运港越过船舷时,卖方完成交货。即自该时点起买方必须承担货物损坏及损失的一切费用及风险。

按《INCOTERMS 2000》的规定,所谓FOB是指在装运港船上交货的术语。按此术语交易时,卖方须在规定日期或期间内,按指定装船港口的习惯做法,在指定装运港买方所指定船舶上交货,并承担货物越过船舷以前的一切风险与费用;FOB术语要求卖方办理货物出口通关手续,而买方则须负责租船定舱,将船舶名称、装货地点(船位)及要求交货时间适时通知卖方,并承担货物越过船舷以后的一切风险与费用,按买卖合同规定支付价款。

按《INCOTERMS 2000》,FOB术语项下买卖双方的主要义务如下。

卖方的主要义务:①提供符合合同规定的货物;②办理出口清关手续,取得出口许可证和/或其他有关证件、支付出口关税和/或有关出口费用;③在合同规定的期限内在指定装运港将货物交至买方指定的船上,并给予买方充分的通知;④承担货物在装运港越过船舷以前的一切费用和风险;⑤提供商业发票和证明已交货的通常单据。

买方的主要义务:①按合同规定支付价款;②租船/订舱,支付运费,将船名、装船点和要求交货的时间(船期)通知卖方;③承担货物在装运港越过船舷以后的一切费用和风险;④办理进口清关手续,取得进口许可证和/或其他有关证件,支付进口关税和/或有关进口费用;⑤收取符合合同规定的货物和单据。

(2)使用时应注意的问题

采用FOB术语,需注意以下问题:

①安排船运问题

按《INCOTERMS 2000》规定,在FOB术语下,买方负责租船订舱,并将船舶名称、装货地点(船位)及要求交货时间适时通知卖方;而卖方必须在合同规定的期限内在指定装运港将货物交至买方指定的船上,并给予买方充分的通知。

如果船只按时到达装运港,卖方因货未备妥而未能及时装运,则卖方应承担由此而造成的空舱费(dead freight)或滞期费(demurrage)。反之,如果买方未能给予卖方有关船名、装船点和要求交货时间的通知,或其指定的船只未按时到达,或未接收货物,或较他所通知的交货时间提早停止装货,则买方承担自约定交货日期或交货期限届满之日起,有关货物灭失或损坏的一切风险以及由此而发生的一切额外费用。因此,在FOB合同中,订约后买卖双方必须加强联系,密切配合,防止船货脱节。

在大宗货物交易时,买方自行租船运输,问题不大。但在零星杂货交易,利用班轮运输时,因舱位一般需要预订,除非买方在出口地设有代理商,否则会很不方便。所以,在实际业务中,以 FOB 术语成交的零星杂货贸易,买方经常委托卖方代为订舱。除非另有协议或根据行业习惯,买方应负责偿付卖方由于代办上述手续而产生的任何费用,并承担订不到舱位的风险。

FOB 合同中买方委托卖方代为订舱时,谁来承担托运人的身份即卖方以何种名义安排船运需要做出约定。

其一为由卖方以买方的代理人名义安排船运,办理一切托运事宜;其二为卖方以自己的名义安排船运,办理一切托运事宜。卖方以代理人名义或以本人名义安排船运,在理论上与实务上均有较大区别。例如,在卖方出具担保函(Letter of Indemnity)请求承运人签发清洁提单,而货物运抵目的地,买方发现货物与提单所载不符时,如卖方以自己的名义安排船运,则买方可向承运人请求损害赔偿。反之,如卖方以买方的代理人身份安排船运,则买方对承运人不得主张任何权利。

买方与卖方究竟由谁承担托运人的身份,当事人有约定时,应按约定办理。当事人无约定时,应按合同中所约定的条件办理。例如在 FOB 中,付款条件为付款交单时,如约定提示提单时支付价款或提示货运单据时支付价款或有卖方须向买方提出提单的约定时,通常认为卖方必须承担托运人的身份。

②货物风险转移时间、地点的问题

FOB 术语一方面规定卖方必须在规定日期或期间,在指定装运港买方所指定"船上交货";另一方面又规定卖方须承担货物灭失或损坏的一切风险直至其在指定装运港"越过船舷"时为止。那么,货物风险转移的时间、地点究竟以何为准?"越过船舷"与"在船上交货"两者究竟有何不同?买卖双方的法律责任究竟有何区别呢?货物"在船上交货时"与"越过船舷时"的说法虽有所不同,但不能拘泥于字句,应把两者作完全相同的解释。即所谓"在船舶上交货时"就是"越过船舷时"。

《INCOTERMS 2000》在规定 FOB、CFR 及 CIF 这三种常用术语的卖方责任时规定:卖方应将货物装到船上,同时又规定,卖方承担货物的风险,至货物在装运港装船越过船舷时为止,通常理论上认为 FOB 交货点(风险点)在"装运港船舷"。在"船舶上交货"与"越过船舷",就卖方责任而言,两者有所不同。例如,在装船过程中,货物从吊钩上掉落下来受损,如卖方能及时以同类货物替换,当然不成问题;如没有同类货物替代,情况就不一样了。假如以船舷分界来划分风险,则只要货物不是掉落在码头、驳船或海中,而是掉落在船舶甲板上或是在船舱里受损的,那么卖方就可免予承担"不交货"(non-delivery)的责任;但如果采用的是以"在船舶上交货"来划分风险,则卖方就要承担

"不交货"的责任,并对买方由此而遭受的损害负责赔偿。由于实际业务中,FOB合同的买方要求卖方提交"清洁已装船提单",而卖方也同意提供此种运输单据,并凭以向买方收款,所以实际运用中FOB合同的交货点(风险点)已从"船舷"延伸到了"船舱"。

微型案例
FOB合同中卖方代为订舱的争议

我某公司以FOB条件出口一批冻鸡。合同签订后接到买方来电,称订舱较为困难,委托我方代为订舱。为了方便合同履行,我方接受了对方的要求。但由于船期比较紧张,时至装运期我方在规定装运港仍无法订到合适的舱位,且买方又不同意改变装运港。因此,到装运期满时货仍未装船,买方因销售季节即将结束便来函以我方未按期订舱履行交货义务为由撤销合同。试问:我方应如何处理。

——资料来源:幸理主编:《国际贸易实务案例与分析》,华中科技大学出版社2006年版。

---

③多港口FOB条款(multi-port FOB clause)问题

例如,在以FOB Chinese Port(中国港口船上交货)或FOB European Port(欧洲港口船上交货)术语订约,装运港事后才指定时,因装运港在订约时尚属未知数,从卖方工厂到装运港的内陆运费不清楚,成本无法事先精确估算,从而容易产生有关装运港指定权的争执。英国当代著名法学家施米托夫(C. M. Schmitthoff)认为,如果货物为大宗货物,并按严格意义的FOB术语要求,须由买方负责租船订舱,买方应在签订买卖合同后,适时指定一艘有效的船舶,选择装运港,并立即通知卖方。倘若货物为小宗货物,将由班轮载运,并由卖方代买方租船订舱,或由卖方以其自身名义租船订舱,装运港应由卖方选择。也就是说,在多港口FOB条款下,负责安排租船订舱的一方通常有权选择最方便的港口作为装运港。

④装载费用(loading charges)的承担问题

在FOB术语下,一方面卖方必须承担有关货物的一切费用,直至在装运港越过买方所指定船舶的船舷为止。按实际装船操作,货物从码头或驳船起吊直至船舱(如买卖合同允许,也可放置于船的甲板上),是一个连续的作业过程,不可能把船舷前的费用与船舷后的费用作明确的划分。

为解决此项装载费用承担的问题,可能的方法大致有两种:第一,如果货物是以班轮条件(liner term)运送,由于班轮运费中一般都包括装卸费用在内,而运费又是由买方支付,所以装载费用也就应由买方负担。第二,如果货物是以租船条件来运送,货物以"装货船方免责条件"(free in term)装运时,意味着运费并不包含装载费用。在此情况下,就需要买卖双方对装载费用的负担做出明确的规定。在实践中,常采用贸易术语变形的形式来表示。

常见的FOB术语的变形主要有:

FOB Liner Terms(FOB班轮条件),支付运费的一方(FOB下即买方)承担装货费用;

FOB Under Tackle(FOB吊钩下交货),卖方将货物置于轮船吊钩可及之处,从货物起吊开始的装货费用由买方承担;

FOB Stowed(FOB包括理舱),卖方必须承担装货费用(包括理舱费用);

FOB Trimmed(FOB包括平舱),卖方必须承担装货费用(包括平舱费用);

FOB Stowed and Trimmed(FOB包括平舱和理舱),卖方必须承担装货费用(包括平舱和理舱费用)。

FOB术语的变形旨在解决在装运港装货费的负担问题,但是FOB变形之后,货物灭失或损坏风险的分界点是否也随之改变?为了避免争议的发生,在实际业务中使用贸易术语变形时,应在合同中明确规定贸易术语的变形是仅限于费用划分的变形,还是同时涉及风险的划分。例如,就FOB Stowed而言,若当事人无意改变货物风险的分界点,则应在合同中规定"FOB Stowed, costs for seller's account(理舱费用由卖方负担)";若拟将装船与积载的费用与风险均由卖方负担,则应以"FOB stowed, costs and risks in connection with loading on the seller(装运港船上交货,含理舱费用,与装船有关的费用与风险由卖方承担)"表示较为严密。

提醒您

> 对于贸易术语的变形,国际上并无统一和权威性的解释。因此,在实际业务中使用贸易术语变形时,应在合同中明确规定贸易术语的变形是仅限于费用划分的变形,还是同时涉及风险的划分。

⑤《INCOTERMS 2000》FOB与《1941年美国对外贸易定义修订本》FOB Vessle的区别

《1941年美国对外贸易定义修订本》也对FOB术语进行了解释。Free On Board的On Board就《INCOTERMS 2000》的FOB而言，专指海洋或内河运输的"船舶上"，但就《1941年美国对外贸易定义修订本》的FOB而言，On Board一词泛指各种运输工具（如火车、卡车、驳船、船舶、飞机）上，而不限于海洋船舶上，具体而言，《1941年美国对外贸易定义修订本》把FOB术语分为6种，而其中的一种是FOB Vessel，其与《INCOTERMS 2000》的FOB很相似，但其中仍有若干区别，在使用中需要注意，具体表现在两个方面：一是风险划分的界限不同：FOB的风险点在装运港船舷，而FOB Vessle的风险点在装运港船上；二是出口清关手续不同：FOB卖方负责出口清关，而FOB Vessle出口清关由买方负责。

提醒您

《INCOTERMS 2000》FOB与《1941年美国对外贸易定义修订本》FOB Vessle的区别：
1. 风险划分的界限不同：FOB风险点在装运港船舷；FOB Vessle风险点在装运港船上。
2. 出口清关手续不同：FOB卖方负责出口清关；FOB Vessle买方负责出口清关。

⑥目的港的约定

FOB后面的港口名称就是装运港名称，通常都会标明，至于目的港则往往不明确。但是，如卖方在国外各地设有独家代理商或独家经销商时，为避免其他人侵犯该代理商或经销商的权益，以FOB术语交易时，应同时明示目的港名称及进口国名称。换言之，向其他人报价时，不得将已设有独家代理商或独家经销商所属国家港口确定为目的港。此外，也不得以本国政府禁止出口的国家港口为目的港。

2. CIF贸易术语的解释

(1)基本含义

CIF即"Cost Insurance and Freight"的英文缩写，其中文含义为"成本、保险费加运费（……指定目的港）"（以下称作"成本、保险费加运费"），是指在装运港当货物越过船舷时卖方即完成交货。卖方必须支付将货物运至指定的目的地所需的运费和费用，但交货后货物灭失或损坏的风险及由于各种事件造成的任何额外费用即由卖方转移至买方。但是，在 CIF 下，卖方还必须办理买方货物在运输途中灭失或损坏风险的海运保险，并承担货物在装运港越过船舷以前的一切风险；买方则须承担货物在装运港越过船舷以后灭失或损坏的风险，以及货物在装运港船上交付后由于意外事故而产生的任何额外费用，并按买卖合同支付货款。本术语只适用于水运（海运和内河运输），如果双方当事人不拟以越过船舷作为完成交货，则应采用 CIP 术语。

按照《INCOTERMS 2000》，CIF 合同买卖双方的主要义务如下。

卖方的主要义务：①提供合同规定的货物；②办理出口清关手续，取得出口许可证和/或其他证件，支付出口关税和/或其他费用；③租船/订舱，支付运费，在合同规定的装运期限内在装运港将货物交至运往指定目的港的船上，并给予买方充分的通知；④办理货运保险，支付保险费；⑤承担货物越过船舷以前的一切费用和风险；⑥提供商业发票、保险单和证明已交货的通常运输单据。

买方的主要义务：①按合同规定支付价款；②承担货物在装运港越过船舷以后的一切费用和风险（运费、保险费除外）；③办理进口清关手续，取得进口许可证和/或其他证件，支付进口关税和/或其他费用接受单据；④收取符合合同规定的货物和单据。

CIF 术语为现代货物贸易中应用最广泛的贸易术语，也是最为典型的凭单据交付的象征性交付交易。国际法学权威昆尼·赖特（Quineey Wright）法官曾说：CIF 是买卖合同的基本形式，在海上贸易中，其比任何其他贸易术语更常被使用。

订立 CIF 合同时，卖方在无任何相反的特殊规定时，必须依据所订立合同做到以下各点：第一，签发所售货物的发票；第二，在装运港将合同规定的货物装上船；第三，办妥在合同规定的目的地交货的货物运输契约；第四，为买方的利益，尽可能根据本行业的通行做法购买保险；第五，合理迅速地将发票、提单和保险单等装运单据提供给买方，交付单据如同交付货物，货物的风险转移至买方，同时卖方也就有权要求给付货款。

(2)使用时应注意的问题

采用 CIF 术语时，需要注意以下问题：

①CIF 与 CAF

CIF 术语在欧洲，尤其在法国常常写成 CAF（Comfit，Assurance，Fret）。在英国有时也写成 CAF（Cost，Assurance，Freight）。但 CAF 一词在美国往往将其看作 Cost and Freight（即 CFR 或 C&F）的缩写。法国进口商曾经与纽约出口商使用 CAF 术语成交，结果美国出口商却误以为是 Cost and Freight 术语，未提供保险单，从而发生纠纷。诉讼结果，纽约法官认为，在欧洲，CAF 被认为相当于 CIF，出口商败诉。因此，为避免纠纷，应尽量不使用 CAF 一词。

②CIF 合同属"装运合同"

在 CIF 术语下，卖方负有三大义务：一是安排船舶；二是将合同项下货物装上船，取得运费付讫的提单，并将其提供给买方；三是投保海上运输险，取得保险单并向买方提供。

从法律观点看，CIF 基本上是由买卖合同、运输契约及保险契约三个契约所构成。卖方安排船运、购买保险，取得提单及保险单后，将其交付买方，货物所有权即转移至买方。如货物在运输途中发生灭失或损坏，则由买方向有关方面索赔。卖方的责任并不因其负有缔结运输契约及保险契约的义务而延伸到目的港。换言之，货物装上船以后的风险及运费、保险费以外的一切费用由买方负担。因此，根据《INCOTERMS 2000》，CIF 术语的交货点/风险点与 FOB 术语完全相同，买卖双方对于货物风险的负担以装运港船舷为分界点。和 FOB 一样，采用 CIF 术语订立的合同属"装运合同"。但是，由于 CIF 术语后所注明的是目的港以及我国曾将 CIF 术语译作"到岸价"，所以 CIF 合同常被误解为"到货合同"。为此，必须明确指出，CIF 以及其他 C 组术语（CFR、CPT、CIP）与 FOB 以及其他 F 组术语（FCA、FAS）一样，卖方在装运地完成交货义务，采用这些术语订立的买卖合同均属"装运合同"性质。

根据《INCOTERMS 2000》，CIF 合同属"装运合同"，但是由于惯例不是法律，不具强制约束力，所以在实际运用中会出现合同名义上以 CIF 为术语订立，但却附有与 CIF 本质相违的条件，例如，货物实际交付买方之前，其风险由卖方承担；货物虽已装船，但如有部分未运抵目的港，则该部分的合同无效；货物在受损状态运达时，必须扣减货款等。这些条件出现在 CIF 合同中时，与 CIF 术语的"货物在越过装运港船舷时起，其风险即归买方承担"的本质相背离，故这种合同已经变成有名无实的 CIF 合同了，即名称上是 CIF 合同，实质上属于到达类合同。所以在实际业务中使用 CIF 术语时，应注意规避此种情况给卖方带来的不利影响。

③卖方租船/订舱的责任

CIF 项下卖方负责租船/订舱，支付运费。根据《INCOTERMS 2000》，卖方只负责按"通常的条件"（on usual terms）租船或订舱，使用通常用来运输该项合同货物那种类型的海轮，经"惯驶的航线"（by the usual route）装运货物。因此，除非合同另有规定，否则买方无权提出关于限制船舶的国籍、船型、船龄等要求。

④卖方办理保险的责任

CIF 术语下卖方负有办理保险的责任。办理保险时必然牵涉到保险险别的选择和投保金额的确定。

关于投保险别,《INCOTERMS 2000》规定：如无相反的明示协议,卖方只需按《协会货物条款》或其他类似的保险条款中最低责任限度的保险险别投保。如《协会货物条款》的 C 险或中国保险条款的平安险(FPA)。若这种条款不足以保障货物在运输途中可能遭遇的风险,则买卖双方应按货物的性质、航程等,约定承保范围较大的其他险别。此外,如买方要求,并且由买方承担费用,卖方可以买方名义加保战争、罢工、暴动及民变的特殊附加险,并以合同约定的货币投保。

关于投保金额,《INCOTERMS 2000》规定：如无相反的明示协议,最低保险金额应为合同规定的价款加 10%,即 CIF 价的 110%,并应采用合同货币。

⑤卸货费用承担问题

按 CIF 的含义,海运费由卖方负担,因此,装运港的装载费用总是由卖方承担。那么目的港的卸货费用由谁负担呢？

根据《INCOTERMS 2000》,如运输合同规定由卖方支付卸货费,则由卖方支付,包括驳船费和码头费在内的卸货费用应由买方负担,除非这些费用根据运输合同规定应由卖方支付。因此,根据《INCOTERMS 2000》,CIF 项下卸货费除非已包括在海运费内,或在支付海运费时已由船公司收讫,否则将由买方承担。

如在 FOB 术语中已述及的,班轮运费包括装卸费。因此,如货物系用班轮运输,则 CIF 项下卖方支付的运费已经含有卸货费,即实际上卖方承担了目的港的卸货费;如货物系用租船运输,并且租船契约中约定 FO("Free Out",船方不负责卸货),除非合同做出相反规定,根据《INCOTERMS 2000》卸货费用由买方承担。

在实际业务中,大宗货物使用租船运输时,针对卸货费用的负担,买卖双方经常采用 CIF 术语的变形来表示。常用的 CIF 术语的变形主要有：

CIF Liner Terms(CIF 班轮条件),卖方必须承担卸货费用；

CIF Landed(CIF 卸至岸上),卖方必须承担卸货费用包括驳运费；

CIF Under Ex Tackle(CIF 吊钩下交货),卖方必须承担卸货费用；

CIF Ex Ship's Hold(CIF 舱底交货),卖方不必承担卸货费用。

在上文阐述 FOB 术语变形时,对贸易术语变形的解释及其在实际业务应用中需注意的问题所作的说明,也适用于 CIF 术语。

⑥象征性交货的问题

象征性交货(symbolic delivery)是针对实际交货(physical delivery)而言的,指卖方只要按期在约定地点完成装运,并向买方提交合同规定的,包括物权凭证在内的有关单据,就算完成了交货义务,而无须保证到货。

象征性交货的特点是:卖方凭单交货,买方凭单付款,即只要卖方如期向买方提交合同规定的全套合格单据,即使货物在运输途中损坏或灭失,买方也必须履行付款义务。

CIF合同是凭单据交货的买卖合同,在CIF术语下,卖方是以提供约定的货运单据作为履行交货的义务,买方在收到货运单据时,即必须按合同规定支付货款。

⑦CIF术语必须运用议付,才能发挥其功能

在国际贸易中,买卖双方远隔两地,货运单据的授受、卖方收回货款,买方支付货款,均有赖于议付银行的介入,才能顺利完成。具体而言,卖方在货物装船后,即可备妥货运单据,签发汇票,向出口地银行申请议付,取得货款,议付银行则将汇票连同货运单据转寄进口地银行,在买方付款或承兑汇票后,即将货运单据交付买方。在此情形下,在买方未付款之前,卖方就已经从银行收回货款,因此,卖方不会发生资金冻结的问题;而买方则可以在取得货运单据时或取得货运单据后一段期间才支付货款,因此,买方也不会发生先期付款的问题。所以,在CIF术语下,唯有银行的介入,议付过程才能顺畅进行。这正是CIF术语是在近代银行业发展以后才被普遍采用的原因。

3.对CFR贸易术语的解释

CFR的全称是Cost and Freight (...named port of destination),译作"成本加运费(……指定目的港)"术语(以下称作"成本加运费")。CFR术语是指货物在装运港越过船舷卖方即完成交货,卖方必须支付将货物运至指定的目的港所必需的费用和运费,但交货后货物灭失或损坏的风险,以及由于各种事件造成的任何额外费用,则由卖方转移至买方。

CFR术语是由前述的CIF术语分化而来,即卖方负责安排货物的海上运输,买方负责货物的海上保险,即从CIF中,将卖方所承担投保货物海上保险的义务除去。所以,除海上保险部分外,CFR和CIF合同中买卖双方的义务划分基本上是相同的。

按CFR术语订立合同,需特别注意的是装船通知问题。因为在CFR术语项下,货物的风险从货物越过出口装运港船舷时起转移至买方承担,如果需要,买方自行向保险公司办理保险。因此,卖方是否及时发出充分的装船通知是影响买方能否及时投保规避风险的关键问题。

此外,上文对 CIF 术语关于租船运输下卸货费用的变形同样适用于 CFR 术语,常用的 CFR 术语的变形主要有:

CFR Liner Terms(CFR 班轮条件),卖方需要承担卸货费用;

CFR Landed(CFR 卸至岸上),卖方需要承担卸货费用;

CFR Under Ex Tackle(CFR 吊钩下交货),卖方需要承担卸货费用;

CFR Ex Ship's Hold(CFR 舱底交货),卖方不需要承担卸货费用。

4. FOB、CFR、CIF 三种贸易术语的异同

(1)FOB、CFR、CIF 三种贸易术语的相同点主要有:风险转移都以装运港船舷为界;运输方式都适于海运或内河航运;进出口清关手续都由买方、卖方各自办理;按这些术语成交的合同均属于装运合同。

(2)这三种贸易术语的不同点主要表现在买卖双方承担的责任及费用的不同。

FOB 术语由买方负责租船订舱和支付运费,CFR 和 CIF 术语由卖方负责租船订舱和支付运费;CIF 术语下,卖方还应负责办理货运保险和支付保险费,由此可以看出三种术语的价格构成也不同,CIF 术语的价格最高,CFR 术语次之,FOB 最低。

(二)适用于各种运输方式的三种主要贸易术语:FCA、CPT 和 CIP

随着国际运输技术的发展,包括货物集合化、集装箱运输、多式运输和滚装运输的日益扩大使用,以装运港船舷作为风险划分点的 FOB、CFR、CIF 术语已不能适应新的运输环境的需要。经过《INCOTERMS 1980》、《INCOTERMS 1990》、《INCOTERMS 2000》多次版本的修订,国际商会在 FOB、CFR、CIF 术语的基础上制定了相对应的适用于各种运输方式的三种贸易术语:FCA、CPT 和 CIP。

1. 对 FCA 贸易术语的解释

FCA 即"Free Carrier"的英文缩写,其中文含义是"货交承运人"。此术语是指卖方办理货物出口结关手续后,在指定的地点将货物交由买方指定的承运人照管,以履行其交货义务。

"承运人"是指在运输合同中承担履行铁路、公路、海洋、航空、内河运输或多式运输义务的实际承运人,或承担取得上述运输履行义务的订约承运人,如货运代理商。如果买方指定一个非承运人的人收取货物,当货物被交给该人时,应认为卖方已履行了交货义务。

FCA 是一种在与 FOB 同样原则的基础上发展起来的,适用于各种运输方式,特别是集装箱运输和多式运输的贸易术语。在采用该术语时,需注意以下几点:

(1)交货点和风险转移

根据《INCOTERMS 2000》,每种贸易术语都有其特定的交货点(风险点)。只适合水上运输的 FOB 术语的交货点在装运港船舷;但在 FOB 基础上发展起来的适合各种运输方式的 FCA 术语的交货点就不能如此单一,须根据不同运输方式和不同的指定交货地而定。

《INCOTERMS 1990》分别就七种不同的运输方式(如铁路、公路、海运、航空等)规定了不同的交货方法。2000 年版废除了 1990 年版对不同运输方式交货方法的规定,予以简化,使之便于理解和应用。《INCOTERMS 2000》对卖方如何完成交货义务,概括为:

如指定交货地点是卖方营业场所所在地,当货物被装上买方指定的承运人提供的运输工具上时,卖方即完成了交货义务。

在其他情况下(不在卖方所在地,而在其他任何地点,通常是买方指定承运人所在地,如承运人收货处),当货物在卖方的车辆上(运输工具上),尚未卸货而交给买方指定的承运人处置时,卖方即完成了交货义务。

由此可见,FCA 术语的具体交货点分两种情况:指定在卖方营业场所交货时,交货点在买方派来的承运人的收货运输工具上;指定在卖方营业场所以外的地点交货时,交货点在卖方送货的运输工具上。

(2)装货和卸货义务

《INCOTERMS 2000》对 FCA 术语项下装货和卸货义务也做了如下明确的规定:

如果指定地点是在卖方所在地,则卖方必须将货物装上买方指定的承运人或其代理人提供的运输工具上,这时卖方有装货的义务,有关费用也由卖方承担。

如果指定地点是在其他任何地点,则当货物在卖方的运输工具上,尚未卸货而交给买方指定的承运人或其代理人处置时,这时买方有卸货的义务,有关费用由买方承担。

2. 对 CPT 贸易术语的解释

CPT 即"Carriage Paid To"的英文缩写,其中文含义为"运费付至指定目的地"。此术语是指卖方应自费订立运输契约并支付将货物运至目的地的运费。在办理货物出口结关手续后,在指定的装运地点将货物交由承运人照管,以履行其交货义务。

上述承运人与 FCA 术语中的承运人相同。如果为了将货物运至指定目的地需要利用后续承运人,风险也自货物交付给第一承运人时转移。

3. 对 CIP 贸易术语的解释

CIP 即"Carriage Insurance Paid To"的英文缩写,其中文含义为"运费、保险费付至指定目的地"。此术语是指卖方应自费订立运输契约并支付将货物运至目的地的运费,负责办理保险手续并支付保险费。在办理货物出口通关手续后,在指定的目的地点将货物交由承运人照管,以履行其交货义务。

4. FOB、CFR、CIF 和 FCA、CPT、CIP 贸易术语的主要区别

FCA、CPT 和 CIP 三种贸易术语是分别在 FOB、CFR、CIF 三种传统术语的基础上发展起来的,其责任划分的基本原则是相同的,但也有区别,主要表现在以下几个方面:

(1)适用的运输方式不同:FOB、CFR、CIF 是适用于海洋运输和内河航运,其承运人一般是船公司,而 FCA、CPT、CIP 则适用于包括海运在内的各种运输方式以及多式联运方式,其承运人可以是船公司、航空公司或多式联运的联合运输经营人。

(2)风险转移的地点不同:FOB、CFR、CIF 三种贸易术语的风险转移点为装运港船舷,而 FCA、CPT、CIP 的风险则自货物交付承运人接管时转移。

微型案例

FCA 术语项下装货责任的争议

新加坡 A 公司与马来西亚 B 公司订立 FCA 合同,购买 500 吨白糖,合同约定提货地为 B 公司所在地。2000 年 7 月 3 日,A 公司派代理人到 B 公司提货,B 公司已将白糖装箱完毕并放置在临时敞篷中,A 公司代理人由于人手不够,要求 B 公司帮助装货,B 公司认为已履行完应尽义务,故拒绝帮助装货。A 公司代理人无奈返回,3 日后 A 公司再次到 B 公司所在地提走货物。但是,在货物堆放的 3 天里,因遇湿热台风天气,货物部分受损,造成 10%的脏包。

——资料来源:幸理主编:《国际贸易实务案例与分析》,华中科技大学出版社 2006 年版。

---

(3)装卸费用负担不同:采用租船运输时,FOB 条件下需要明确装货费用由何方负担,在 CFR、CIF 条件下要规定卸货费用由何方负担。FCA 在卖方所在地交货,装货费用由卖方负担;在其他情况下,即在指定交货地卖方的运输工具上交货,有关卸货费用由买方负担。CPT、CIP 情况下,如运输合同中

的费用已包括了装卸费,则有关装卸费由卖方负担。

(4)运输单据不同:按 FOB、CFR、CIF 条件成交,卖方一般应向买方提供已装船清洁提单。而 FCA、CPT、CIP 术语,卖方向买方提供的运输单据视运输方式而定。

二、其他七种贸易术语

相对而言,这里介绍的七种贸易术语使用频率较低。

(一)EXW

Ex Works(... named place)——工厂交货(……指定地),是指卖方在其所在处所(工厂、工场、仓库等)将货物置于买方处置之下时,即履行了交货义务。卖方不负责将货物装上买方备妥的任何运输工具,也不负责出口清关。买方必须承担在卖方所在地提取货物至目的地所需的一切费用和风险。因此,这个术语是卖方负担最少义务的术语。

如果买方要求卖方在发货时负责将货物装上收货车辆,并承担一切装货费用和风险,则应在合同中明确说明。

本术语适用于任何运输方式。

如买方不能直接或间接地办理出口手续,则不应使用本术语,而应使用 FCA 术语。

(二)FAS

Free Alongside Ship(... named port of shipment)——船边交货(……指定装运港),是指卖方在指定的装运港将货物交至买方指定的船边,即完成交货义务。买方必须承担自交货时起的一切费用和风险。

FAS 术语与 FOB 术语基本相同,唯一区别即在于关键点的不同,前者在装运港船边,后者在装运港船舷。

FAS 术语只适用于海运或内河运输。

(三)D 组术语

1. DAF

Delivered At Frontier(... named place)——边境交货(……指定地边境交货),当卖方在边境的指定地点和具体交货点,在毗邻国家海关边界前,将仍处于交货的运输工具上尚未卸下的货物交给买方处置,办妥货物出口清关手续但尚未办理进口清关手续时,即履行交货义务。"边境"可用于任何边境,包括出口国边境。因此,必须明确规定边境的指定交货点。

"边境交货"(DAF)术语特别强调,卖方在办妥出口通关但尚未办妥进口通关,将货物置于"尚未卸载的到达运输工具上"时,完成交货义务。

本术语适用于任何运输方式,但主要用于铁路或公路运输。在铁路运输情况下,卖方可从铁路方面取得货物运至最终目的地的全程联运单据,并安排有关的货物运输保险。但必须指出,卖方是在由买方负担风险和费用的情况下,协助买方取得这种联运单据的。同样,卖方在边境交货以后的任何保险费用,也需由买方负担。

2. DES

Delivered Ex Ship(... named port of destination)——目的港船上交货(……指定目的港),是指卖方在指定的目的港船上将货物交给买方处置,但不办理进口清关手续,即履行交货义务。卖方承担货物运至指定目的港卸货前的一切风险和费用。

在理解中,容易发生 DES 术语和 CIF 术语的混淆,先把两者的区别说明如下:

(1)风险点不同:CIF 以装运港船舷为界,而 DES 以目的港船上为界。

(2)交货方式不同:CIF 是一种象征性交货,即凭单交货,而 DES 是实际交货。

(3)合同类型不同:按 CIF 条件成交的合同属于装运合同,而按 DES 条件成交的合同属于到达合同。

(4)费用承担不同:采用 CIF 术语,卖方承担装运港至目的港的运费和保险费,而 DES 项下装运港至目的港的一切费用(包括因风险所致的费用增加)都由卖方承担。

3. DEQ

Delivered Ex Quay(... named port of destination)——目的港码头交货(……指定目的港),是指卖方在指定的目的港码头将货物交给买方处置,即完成交货义务。卖方应承担将货物运至指定的目的港并卸货至码头的一切风险和费用。

DEQ 术语与 DES 术语大致相同,为方便理解,现把两者做如下比较:

(1)在交货地点方面:在 DES 术语下,卖方须在指定目的港于通常卸货地点的船舷上交货;在 DEQ 术语下,卖方须在指定目的港码头上交货。

(2)在风险承担方面:在 DES 术语下,卖方须承担货物灭失或损坏的风险,直至其在指定目的港船舷上把货物交由买方处置时为止;在 DEQ 术语下,卖方则须承担货物风险,直至其在指定目的港码头上,把货物交由买方处置时为止。

(3)在卸货费用承担方面:按 DES 合同交易时,货物如以班轮条件(liner

terms)装运,则卸货费用包括在运费中,由卖方承担,如以租船装运,则卸货费用由买方承担;按 DEQ 术语交易时,无论以班轮条件装运,还是以租船装运,卸货费用都由卖方承担。

4. DDU

Delivered Duty Unpaid(... named place of destination)——未完税交货(……指定目的地),是指卖方在指定的目的地将货物交给买方,不办理进口手续,也不从交货的运输工具上将货物卸下,即完成交货义务。卖方应承担货物运至指定目的地的一切费用和风险,不包括在需要办理海关手续时在目的地应缴纳的任何"税费"(duty,即不承担办理海关手续的责任和风险,以及进口缴纳的海关手续费、关税、税款和其他费用)。买方必须承担此项"税费"和因其未能及时办理货物进口清关手续而引起的费用和风险。

DDU 是《INCOTERMS 1990》为适应贸易集团(如欧盟)内部成员国之间贸易需要而新增加的术语,它适用于任何运输方式。

5. DDP

Delivered Duty Paid(... named place of destination)——完税后交货(……指定目的地),是指卖方在指定的目的地,办理完进口清关手续,将在交货运输工具上尚未卸下的货物交予买方,完成交货义务。卖方必须承担将货物运至目的地的一切风险和费用,包括在需要办理海关手续时在目的地应缴纳的任何进口"税费"(包括办理一切海关手续、缴纳海关手续费、关税、税款和其他费用的责任和风险)。

与 EXW 相反,DDP 是卖方负担义务最多的术语。如卖方不能直接或间接地办理进口手续,则不应使用本术语。本术语适用于任何运输方式。

第三节　贸易术语的理论基础

一、交货与所有权的转移

在各种贸易术语之中,"交货"(delivery)是核心问题,因为交货地点不同,买卖双方对于费用和风险的承担,以及货物价格的计算也随之不同。因此先从"交货"说起。

贸易以转移货物所有权为目的。卖方有义务将交易标的物交付给买方,使买方能自由使用、收益或处置。所谓交货就是将买卖标的物交付之意。

占有权可以由本人自行取得或委托他人代为取得,在出口地交货的贸易术语,如 FAS、FOB 等,卖方将货物交给承运人之后,即可认为承运人已代买方收取了卖方的交货,但买方保留查验货物的权利。承运人除代买方占有货物外,同时负有运输的责任,货物在运输途中发生灭失损坏时,应由承运人或买方负责。

交易虽然以转移所有权为最终目的,但根据英美法,所有权转移的时间因其为特定化商品(ascertained goods)贸易或非特定化商品(unascertained goods)贸易而有所不同。在特定化商品或经特定化的货物交易中,所有权在双方协议转移时间(双方有意转移的时间)而发生转移;在非特定化商品贸易中,货物未特定化以前,所有权不能转移给买方。一般而言,非特定化货物在交货时才特定化。因此,原则上(即除非卖方以某种方式保留所有权),货物在交付买方时,其所有权即转移买方。国际贸易大部分是非特定物交易,因此,除非卖方以某种方式(例如掌握海运提单)保留所有权外,原则上所有权因交货而由卖方转移至买方。

二、费用与风险的承担原则

国际货物买卖必然会发生包装、检验、搬运等费用。在运输途中,也有货物灭失或损坏的风险。凡此费用与风险,原则上应由所有权人承担。费用与风险在交货之前原则上由卖方承担,交货之后原则上由买方承担。

三、计算价格的基础与价格条件

卖方计算售价时,除货物成本及利润外,也将所应负担的费用计算在内,按售价出售其商品,收回其所负担的费用。买方也相当关心货物的价格,因此卖方报价时,应同时将价格的计算基础说明,此种计算价格的基础就是价格条件(price terms)。

价格条件的用语与贸易术语的用语相同,例如 USD50.00 per set FOB 上海,一方面说明每套价格 50.00 美元,另一方面说明以上海港船上交货为条件。可见贸易术语与价格条件,在实务上有密切关系,贸易术语如何,也就是价格条件如何,因此,常常将贸易术语称为价格条件(或价格术语)。

根据以上说明,在指定地点交货的贸易术语具有下列要点:

1. 以在特定地点交货为条件,交货地点因贸易术语而异。
2. 货物的所有权,原则上因交货而由卖方转移到买方(但通常应以买方支付货款为前提条件),有关货物的费用与风险,在交货之前由卖方承担,交货之后则由买方承担,故买方所负担的费用与风险,因贸易术语而异。
3. 不同的贸易术语,必然产生不同的价格。

第四节 贸易术语的选用

在实际业务中,选用何种贸易术语,密切关系到买卖双方的经济利益,因此,贸易术语的选用是双方都十分重视的问题之一。本节就进出口业务中合理选用贸易术语应注意的问题进行阐述。

一、明确所选术语的惯例及版本

关于贸易术语的国际惯例本身并不是法律,通常情况下,它对当事人不具有强制性的约束力。而是建立在"当事人意思自治"和"契约自由"的原则下,被当事人选择后才产生约束力。买卖双方在签订合同时,可以规定适用某惯例,也可部分地采用或修改后采用该惯例。另外不同的惯例对贸易术语的解释有差异,即使是同一个惯例不同版本的解释也不尽相同。因此,在贸易实践中贸易商在签订合同时应明确贸易术语适用的具体惯例及其版本。例如,本合同受《INCOTERMS 2000》的约束。

二、与实际运输条件相适应

《INCOTERMS 2000》对13种贸易术语适用何种运输方式,分别做了明确具体的规定。例如,FOB、CIF和CFR只适用于海洋运输和内河运输,而不适用于空运、铁路和公路运输。如拟使用空运、铁路或公路运送货物,则应选用适用于各种运输方式的FCA、CPT和CIP。不顾所使用的运输方式,不适当地选用贸易术语,将使该术语的解释产生困难。一旦买卖双方在交接货物的义务上发生纠纷,有关当事人将陷入困境,并可能遭受损失。因此,在选用贸易术语时,首先应考虑采用何种运输方式运输。

尤其需要指出的是:集装箱运输和多式联运正在被广泛地运用,而且使用范围还将进一步扩大与发展。为适应这一趋势,我国外贸企业应按具体交易的实际情况,适当扩大选用FCA、CPT和CIP术语,以替代仅适用于海运和内河运输的FOB、CFR和CIF术语。

三、考虑安全收汇、安全收货

在国际贸易中,各国为了保护和发展本国的运输业和保险业,无不鼓励本国的进口商采用FOB和FCA术语,出口商采用CIF和CIP术语,我国也应不例外。尤其在外汇紧缺的国家,这样还可为国家增加收入和节省支出外汇运费和保险费。

不仅如此,在我国出口业务中采用 CIF 和 CIP 术语,进口业务中采用 FOB 和 FCA 术语,更重要的是可以降低风险。

我方办理运输可以规避对方与承运人相勾结的风险,比如在出口业务中进口方可能越过银行付款赎单的正常渠道,向承运人先无单提货,随后采用逃逸或宣告破产的伎俩,骗取我方货物,造成我方钱货两空的局面;在进口业务中出口方若安排的船舶不当或与船方勾结出具假提单,就将使我方蒙受付了款却收不到货的损失。

我方办理保险可以规避对方未办保险时的下述风险:出口业务中我方交货后发生货损,对方拒收造成我方钱货两空;进口业务中对方交货后发生货损,我方无处索赔。

四、与支付方式相适应

在外贸交易进程的各个环节中,都可能潜伏着对经营者造成损害的风险,应预先防范。贸易术语的选用和付款方式的恰当结合也可以规避一定的风险。例如,在托收业务中,卖方通过对单据的控制来控制货物,所以适合选用含有物权凭证提单的单据。再如信用证结算方式适合选用 F 组和 C 组的贸易术语,因为信用证处理的是纯单据,而在 E 组术语下,卖方没有提示运输单据的义务,信用证失去了处理的对象;在 D 组术语中,卖方若仅提示运输单据,而并不能证明其交货义务完成,卖方还需把货物运往目的地,即交单还需交货,在这种条件下使用信用证结算方式,必然会导致与信用证有关买卖双方应尽义务的规定发生矛盾;对于 C 组和 D 组的术语,因为卖方向买方提交有关单据后,责任即告终结,这正好与信用证的规定相吻合。

小　结

关键术语

贸易术语　国际贸易术语惯例　《INCOTERMS 2000》关键点　贸易术语变形　象征性交货　装运合同　到达合同

本章小结

1. 贸易术语是国际贸易商品单价的一个重要组成部分,它包含两层意思:一方面表明买卖双方在交接货物(货物交付)过程中有关手续、费用和风险的责任划分;另一方面表示商品价格的构成。一些国际性组织和权威机构为了统一各国对贸易术语的解释,在习惯做法的基础上加以整理,形成了有关贸易术语的国际贸易惯例。

2. 目前在国际上影响较大的有关贸易术语的国际惯例主要有三种:《1932年华沙—牛津规则》、《1941年美国对外贸易定义修订本》和《国际贸易术语解释通则》。

3. 学习贸易术语时,关键要把握术语的关键点(风险点和费用点),风险点决定合同的性质,费用点决定价格的构成。以关键点为分界点,注意每种贸易术语项下买卖双方在通关、运输、保险等方面责任及费用的负担,移交与货物有关的单据及适用的运输方式等要点,并注意对比分析有关贸易术语的联系与区别。在贸易实践中,要综合考虑各种因素,灵活选用贸易术语。

知识结构图

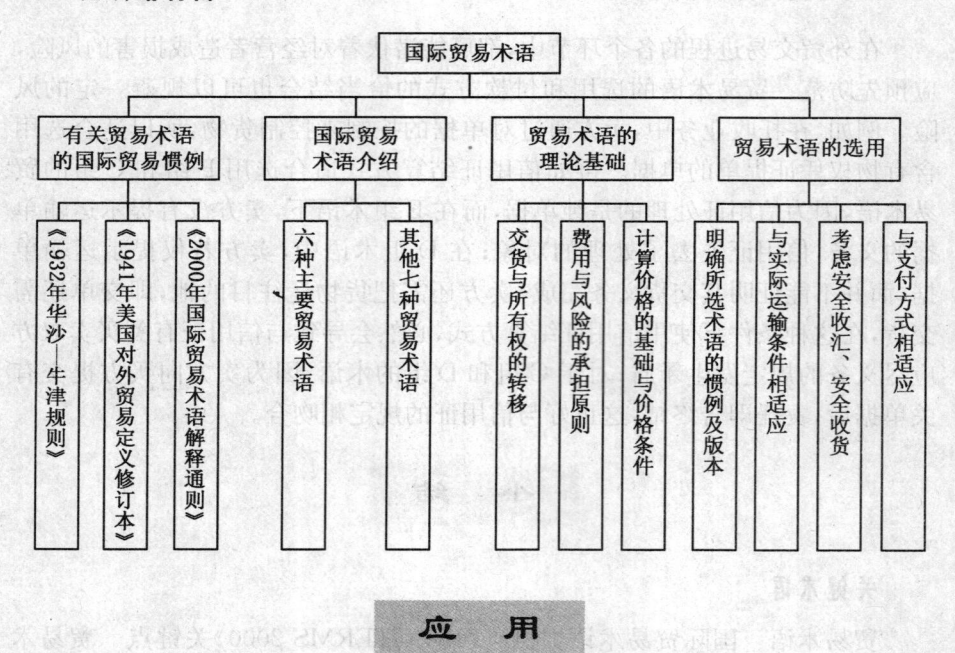

国际贸易术语
- 有关贸易术语的国际贸易惯例
  - 《1932年华沙—牛津规则》
  - 《1941年美国对外贸易定义修订本》
  - 《2000年国际贸易术语解释通则》
- 国际贸易术语介绍
  - 六种主要贸易术语
  - 其他七种贸易术语
- 贸易术语的理论基础
  - 交货与所有权的转移
  - 费用与风险的承担原则
  - 计算价格的基础与价格条件
- 贸易术语的选用
  - 明确所选术语的惯例及版本
  - 与实际运输条件相适应
  - 考虑安全收汇、安全收货
  - 与支付方式相适应

应 用

案例研究

真假 CIF 合同?

2002年,中国某出口商以 CIF 魁北克价格向加拿大某进口商出口500公

吨核桃仁,由于核桃仁属季节性商品,进口商要求且双方同意订立如下合同条款:

信用证开证日期:9 月底

装运:不迟于 10 月 31 日,不允许分装和转船

到达日期:不得迟于 11 月 30 日,否则,买方有权拒收货物

支付条件:信用证下 90 天远期汇票

由于天气恶劣,班轮于 12 月 5 日才到达魁北克。因此,进口商拒绝提货,除非按货物总价值打 20%折扣以赔偿进口商所发生的损失。经过多轮痛苦谈判,该交易以出口商损失 360 000 美元,即货物总价值的 15%折扣而告终。

问:该案例的症结何在呢?

——资料来源:帅建林编著:《国际贸易惯例案例解析》,对外经济贸易大学出版社 2006 年版。

[案情分析] 该案例的症结在于到达日期条款。对于出口商来说,其最大错误在于自己的无知或疏忽同意将这一条款写进了合同。

上述合同虽然是以 CIF 术语的形式订立的,但并非真正的 CIF 合同。根据《INCOTERMS 2000》,CIF 的交货点在装运港船舷,卖方只要在规定时间将货物越过装运港船舷,就完成了交货义务,所以真正的 CIF 合同属于装运类合同,卖方无需保证货物何时到达何地。由于国际贸易术语是惯例,属于选择性约束力,当事方可以将惯例修改之后写入合同,合同规定高于惯例。本案即属此种情况:合同虽选用 CIF 术语,但同时规定货物保证到达目的港的时间,是一份有名无实的 CIF 合同,这种合同实质上是一种到货类合同。可见本案中卖方拿的是装运类的低价格,承担的却是到达类的高风险。

复习思考题

1. 为什么 CIF 是一种典型的象征性交货?

2. 简述 CIF、CFR、FOB 的异同点。

3. 某出口公司 A 同新加坡的客户因价格条款发生了一些分歧,一直争执不下。A 和这个客户做的业务是空运方式进行运输,A 认为"CIF"只适用于"海运及陆运方式"而不是用于"空运方式",所以坚持用"CIP"条款(并且银行方面也坚持按照国际惯例空运必须使用"CIP")。可客户坚持要用"CIF",他们认为"CIP"比"CIF"多一个费用。A 想问到底"CIP"和"CIF"在费用上有什么区别? A 的做法是否正确?

4. 我某出口公司与外商按 CIF Landed London 条件成交出口一批货物,

合同规定,商品的数量为500箱,以信用证方式付款,5月份装运。买方按合同规定的开证时间将信用证开抵卖方。货物顺利装运完毕后,卖方在信用证规定的交单期内办好了议付手续并收回货款。不久,卖方收到买方寄来的货物在伦敦港的卸货费和进口报关费的收据,要求我方按收据金额将款项支付给买方。问:我方是否需要支付这笔费用,为什么?

5. 我方以FCA贸易术语从意大利进口布料一批,双方约定最迟的装运期为4月12日,由于我方业务员疏忽,导致意大利出口商在4月15日才将货物交给我方指定的承运人。当我方收到货物后,发现部分货物有水渍,据查是因为货交承运人前两天大雨淋湿所致。据此,我方向意大利出口商提出索赔,但遭到拒绝。问:我方的索赔是否有理,为什么?

6. 我方与荷兰某客商以CIF条件成交一笔交易,合同规定以信用证为付款方式。卖方收到买方开来的信用证后,及时办理了装运手续,并制作好一整套结汇单据。在卖方准备到银行办理议付手续时,收到买方来电,得知载货船只在航海运输途中遭遇意外事故,大部分货物受损。据此,买方表示将等到具体货损情况确定以后,才同意银行向卖方支付货款。问:(1)卖方可否及时收回货款,为什么?(2)买方应如何处理此事?

第四章 进出口产品成本核算与报价

学习目标

通过本章学习,你应能够:

了解进出口商品成本构成;

了解常用贸易术语的转换;

了解出口盈亏率和换汇成本的计算;

了解佣金和折扣。

开篇案例

出口企业应如何应对出口退税率下调和人民币升值?

2007年6月18日,财政部和国家税务总局商发改委、商务部、海关总署发布了《财政部、国家税务总局关于调低部分商品出口退税率的通知》:自2007年7月1日起,进一步取消了濒危动植物及其制品、水泥、肥料等553项"高耗能、高污染、资源性"商品的出口退税;降低了服装、鞋帽、箱包、玩具、纸制品、植物油、塑料和橡胶及其制品、部分石料和陶瓷及其制品、部分钢铁制品等2 268项容易引起贸易摩擦的商品的出口退税率;将花生果仁、油画等10项商品的出口退税改为出口免税政策。

中国政府决定,调整部分商品的出口退税政策。2007年4月15日起,将部分特种钢材及不锈钢板、冷轧产品等出口退税率降为5%;另外,一些普通钢材取消出口退税。2006年9月纺织品出口退税率已经由13%调整到11%(2008年底和2009年初,为了应对金融危机提高出口,我国对于纺织品和服装两次提高出口退税率,目前出口退税率为15％)。

同时我国人民币汇率中间价2006年初为1美元兑换8.07元人民币,到2006年底则升值到7.80元,而到2007年8月美元兑换人民币汇率已经变为7.55,2009年初,美元兑换人民币中间价为6.84。

[案例评析] 出口退税率不断下调(2008年下半年之前),人民币不断升值,同时国内的原材料和人力成本也在不断上升,对我国大多数出口企业带来巨大的压力。出口企业做好相应的成本核算,对在市场低迷局面下提高国际市场竞争能力非常有帮助。

——资料来源:编者根据资料整理得出。

　　价格是国际货物贸易合同的核心,往往也是买卖双方贸易磋商中最关心的问题之一,合理的成本与报价核算是做好对外报价较为重要的环节。

　　成本核算和对外报价是企业在进行进出口贸易过程中非常重要的一个环节。出口企业要了解自己本身生产或者买入产品的成本,加上利润后对外报FOB报价,同时往往还要加上保险费、运费和佣金之类的相关费用进行贸易术语的转换。出口成本核算基于成本和利润的比较,出口盈亏率表现为出口盈亏额与出口总成本的比较,出口换汇成本表现为出口总成本与出口的FOB外汇净收入比较。进口成本核算中总成本采用的是CIF报价,利润则是转售的价格。

第一节 出口商品价格构成

　　在我国进出口业务中,最常用的贸易术语是FOB、CFR和CIF三种。这三种贸易术语仅适用于海上或内河运输。在价格构成中,通常包括三方面的内容:成本、费用和利润。其中,费用的核算最为复杂,这里以出口为例分析出口商品价格的构成。

一、成本

　　一般而言,在出口商品的价格中,成本(cost)所占的比重最大,是价格构成中最主要的部分。出口商品的成本表现为生产成本、加工成本及采购成本等三种不同的类型。

(一)生产成本

生产成本即制造商生产某一产品所需的投入。

(二)加工成本

加工成本是指加工商对成品或半成品进行加工所需的成本。

(三)采购成本

专业外贸公司通常是从国内市场收购产品然后再出口,因此其进货成本往往以采购成本的形式表现出来。所谓采购成本是指外贸企业向供应商采购商品时支付给供货商的价格。

一般而言,供货商所报价格即为采购成本。然而,供货商报出的价格一般会包含增值税,在考虑出口退税的情况下,出口商在核算价格时,应将含税的采购成本中的税收部分根据出口退税比率予以扣除,从而得出实际成本。

[例4—1] "红双喜牌"乒乓球拍购货成本为200元人民币/只,其中包括17%的增值税,若球拍出口可以有11%的退税,则每只乒乓球拍的实际成本计算如下(不考虑费用):

实际成本＝购货成本(含税)—退税收入

退税收入＝购货成本/(1＋增值税率)×退税率

故,实际成本＝购货成本×[1—出口退税率/(1＋增值税率)]

＝200×[1—11%/(1＋17%)]

＝181.2(元/只)

二、费用

由于进出口贸易通常为跨越国界的买卖,其间所要发生的费用(expenses/charges)远比国内贸易复杂。因而,在出口商品价格中,费用所占的比重虽不大,但因其内容繁多,且计算方法又不尽相同,因而成为价格核算中较为复杂的一个方面。

出口货物涉及的费用从广义而言可分为境内费用和境外费用两大部分。

(一)境内费用

出口业务中通常会发生的境内费用主要有:

1. 包装费(packing charges)

包装费用通常包括在采购成本之中,但如果客户对货物的包装有特殊的要求,由此产生的费用就要作为包装费另加。

2. 仓储费(warehousing charges)

需要提前采购或另外存仓的货物往往会发生仓储费用。

3. 国内运输费(inland transport charges)

出口货物在装运前所发生的内陆运输费用,通常有卡车运输费、内河运输费、路桥费、过境费及装卸费等。

4. 认证费(certification charges)

出口商办理出口许可、配额、产地证明以及其他证明所支付的费用。

5. 港区港杂费(terminal handling charges, THC)

出口货物在装运前在港区码头所需支付的各种费用。

6. 商检费(inspection charges)

出口商品检验机构根据国家的有关规定或出口商的请求对货物进行检验所发生的费用。

7. 捐税(duties and taxes)

出口商品增值税大多在其收购商品时已经包含进去,出口关税计算主要有从量和从价两种。

$$从量关税 = 出口数量 \times 关税数额$$

$$从价关税 = 出口完税价格 \times 出口关税率$$

$$出口完税价格 = \frac{FOB 对外报价}{1 + 出口关税率}$$

8. 垫款利息(interest)

出口商买进卖出期间因垫付资金所发生的利息。

9. 业务费用(operating charges)

出口商在经营中发生的有关费用,如通信费、交通费、交际费等。业务费用又称经营管理费。

10. 银行费用(banking charges)

国际贸易中,进出口商在很多情况下需要借助银行的服务实现进出口货款及相关款项的收付,或需要银行提供资信调查、账务处理等方面的服务,此时银行会向有关当事人收取一定的费用,这些费用就是银行费用。在不同的支付方式下,涉及的银行费用不同。

若是采用贸易代理商出口,一般要支付给代理商相当于成交价一定百分比的代理费用。

(二)境外费用

出口业务中可能涉及的境外费用主要包括出口运费(freight charges)、保险费及获取相关证书(如海关发票、领事发票)的费用,当使用 DDP 术语对外出口时,还可能包括领取进口报关所需的相关文件(如进口许可证)的费用、获

第四章 进出口产品成本核算与报价　　　　　　　　59

得进口配额的费用、进口的关税、增值税以及消费税等。
　　为防止在进行出口商品的成本核算时出现漏算、错算，可借助成本预算表（见表4－1）来进行出口商品的成本核算。

表 4－1　　　　　　　　　　　出口成本预算表

编　　　　　号：＿＿＿＿＿＿＿＿　　　　日　　　　　期：＿＿＿＿＿＿＿＿
商品名称及规格：＿＿＿＿＿＿＿＿　　　　出口国家/地区：＿＿＿＿＿＿＿＿
买　　　　　方：＿＿＿＿＿＿＿＿　　　　出　口　报　价：＿＿＿＿＿＿＿＿
成　交　数　量：＿＿＿＿＿＿＿＿　　　　当　日　汇　率：＿＿＿＿＿＿＿＿
装卸口岸/地点：从＿＿＿＿＿＿＿＿　　至＿＿＿＿＿＿＿＿　　经由＿＿＿＿＿＿＿＿

项目＼货号	
成本栏	收购价(含税) 含增值税率：＿＿＿＿＿％ 消费税率：＿＿＿＿＿％ 出口退税收入： 退税率：＿＿＿＿＿％ A. 实际采购成本(本币/外币)
费用栏	进货费用：＿＿＿＿＿＿＿ 运保费：＿＿＿＿＿＿＿ 仓储费：＿＿＿＿＿＿＿ 其他：＿＿＿＿＿＿＿ 商品流通费用：＿＿＿＿＿＿＿ 国内运输费：＿＿＿＿＿＿＿ 包装费：＿＿＿＿＿＿＿ 商品损耗费：＿＿＿＿＿＿＿ 仓储费：＿＿＿＿＿＿＿ 认证费：＿＿＿＿＿＿＿ 商检费：＿＿＿＿＿＿＿ 港区港杂费：＿＿＿＿＿＿＿ 捐税：＿＿＿＿＿＿＿ 请客费：＿＿＿＿＿＿＿ 经营管理费：＿＿＿＿＿＿＿ 垫款利息：＿＿＿＿＿＿＿ 银行费用：＿＿＿＿＿＿＿ 其他：＿＿＿＿＿＿＿ 或:按商品流通费率：＿＿＿＿＿％/费用定额率：＿＿＿＿＿％ B. 国内费用(本币/外币)

续表

项目＼货号	
	出口总成本(FOB 成本)(本币/外币汇率买入价)＝A＋B(不包含利润)
	C. 出口运费：(本币/外币) 包装：_____ 毛重：_____ 尺码：_____ 计算标准和费率：_____
	CFR 成本(本币/外币)
	D. 出口保费(本币/外币) 投保险别及相应保费率：_____ 总保费率：_____ 加：_____成投保金额：_____
	CIF 成本(本币/外币)
	佣金(外币/本币)： 佣金率：_____％ 计佣基数：_____
备注	(预期)盈利额或亏损额： 预期盈亏率：_____％ 远期收汇天数：_____天
	对外报价(即期)： 银行放款利率：_____％ 即期收汇天数：_____天 对外报价(远期)：
	换汇成本：

提醒您

在实际的出口业务中,具体对于每一票货物的费用都做到精确计算往往是很难的,大多数公司根据以往的经验采用相对于购货成本用一定的比率的形式大概反映出来,并且考虑实际情况进行调整。

三、预期利润

预期利润(expected profit)是出口价格三要素之一,在出口交易中,利润对于贸易商无疑是最重要的部分。利润一般按货物成本的一定比例计算。

第二节 进出口成本核算

外贸企业成本核算就是考虑收入和成本之间的比较,对于出口企业主要考虑盈亏率和出口换汇成本,对于加工企业还要考虑出口创汇率(或称出口增值率);对于进口企业就是在进口 CIF 价格基础上加上进口环节税,和国内销售收入的比较。外贸企业在对外报价或磋商交易前,均须对拟出口的商品做成本核算。

一、出口成本核算

出口成本核算就是把出口所需要的进货成本(含税),加上相应的费用,减去退税,得出本币的出口总成本,同时再加上净利润就得出本币的出口净收入,出口净收入除以外汇汇率相对于本币的买入价(采用直接标价法)就可以得出 FOB 对外报价,就是外币净收入。当采用 CFR 或者 CIF 贸易术语对外报价时,需要把其换算成 FOB 报价来计算外币净收入。

(一)出口商品总成本

出口商品总成本又称出口每美元成本,它是出口企业为获得出口商品所支付的国内总成本。它由两个基本因素构成:进货成本和国内费用。在经营的商品需要缴纳出口税时,出口税也应计入出口总成本。目前,我国对大多数出口商品实行出口退税制度,在实际计算出口商品总成本时,应当扣除退税收入,具体计算公式如下:

出口商品总成本(退税后)=出口商品采购价格(含增值税)+国内费用—出口退税收入

其中,

国内定额费用=出口商品采购成本×费用定额率(由各企业自行核定)

定额费用一般包含银行利息、工资支出、邮电通信费用、交通费用、仓储费用、码头费用、企业管理费用等。

(二)出口销售外汇净收入

要计算出口商品外汇净收入首先需要计算出口产品的本币净收入,即出口总成本加上利润。出口外汇净收入等于本币净收入除以外汇汇率的买入价,是指出口外汇总收入扣除劳务费用等非贸易外汇支出后的外汇收入。如采用 FOB 价格成交,成交价格就是外汇净收入。如果用 CIF 成交,则扣除国外运费和保险费等劳务费用支出后,即为外汇净收入。如果以含佣价格成交,还要扣除佣金。

[例 4—2] 计算出口产品的 FOB 对外报价

出口一批服装,每件进价人民币 100 元(含增值税 17%),出口定额费用率(各种出口费用)为 15%,退税率 11%,出口商预期利润 10%。当时,人民币对美元的汇率(买入价)为 US1=RMB7.558 0,试求每件服装的 FOB 报价。

解:出口总成本(本币)=购货成本+费用-退税

=购货成本×[1+费用率-退税率/(1+增值税率)]

=100×[1+10%-11%/(1+17%)]=100.6(元)

出口净收入(本币)=出口总成本×(1+利润率)

=100.6×(1+10%)=110.66(元)

出口的 FOB 报价=出口净收入/外汇的买入价

=110.66/7.558 0=14.64(美元/件)

(三)出口成本核算指标

1. 换汇成本

出口换汇成本是指某商品每获得一个单位的外币收入需要多少人民币成本支出,其计算公式是:

$$换汇成本=\frac{出口总成本(人民币元)}{出口销售外汇净收入(外币)}$$

从上述公式可以看出,出口换汇成本与出口总成本成正比,与出口外汇净收入成反比。出口换汇成本是衡量外贸企业和进出口交易盈亏的重要指标。它与外汇牌价进行比较能直接反映出商品出口是否盈利。例如,在一笔出口交易中,计算出的出口换汇成本为 6.6 元,如果结汇当日的外汇牌价为 1 美元折 6.8 元人民币,则出口 1 美元的该商品取得 0.2 元人民币的盈利。反之若计算出的出口换汇成本为 7.2 元,则出口 1 美元该商品,就会出现 0.4 元人民币的亏损。

2. 出口盈亏额与盈亏率

出口盈亏额是指出口商品销售人民币净收入与出口商品总成本的差额。用公式表示为:

第四章 进出口产品成本核算与报价

出口盈亏额＝出口商品销售人民币净收入－出口商品总成本

其中，

出口商品销售人民币净收入＝FOB出口外汇净收入×银行外汇买入价

出口盈亏率是盈亏额与出口商品总成本的比例，用百分比表示。它是衡量出口盈亏程度的一项重要指标。其计算公式为：

$$出口商品盈亏率 = \frac{出口FOB本币净收入 - 出口总成本}{出口总成本} \times 100\%$$

$$= \left(\frac{出口FOB本币净收入}{出口总成本} - 1\right) \times 100\%$$

同时出口盈亏率还可以看出口净收入与出口总成本的比较，前者大于后者则为盈利，反之为亏损。另外出口盈亏率和出口换汇成本之间为反比例关系，出口换汇成本越高，则盈利率越低，出口换汇成本越低，表明盈利率越高。两者表达的实质内容是一致的，当已知换汇成本时，对照汇率也可以计算出出口盈亏率。用公式表示为：

出口商品盈亏率＝(结汇汇率－换汇成本)/换汇成本×100%

［例4－3］ 出口换汇成本和盈亏率的计算

我国某公司向荷兰出口货物100箱，每箱80美元CIF鹿特丹，按照CIF加一成投保一切险，保险费率为0.6%，总运费为1 000美元。已知该货物购货成本为5万元人民币(含17%增值税)，出口环节费用率为10%，出口后该产品的退税率为9%，结汇时美元买入价为7.562 0元人民币。试计算该出口商品的出口盈亏率和出口换汇成本。

解：本案例适用于进口方对我方报价，我方通过对其报价核算盈亏以决定是否能接受对方报价。

出口FOB外汇净收入＝CIF－海运运费－保险费
　　　　　　　　　＝CIF×[1－(1＋投保加成率)×保险费率]－海运运费
　　　　　　　　　＝100×80×[1－(1＋10%)×0.6%]－1 000
　　　　　　　　　＝7 947.2(美元)

出口的FOB本币净收入＝出口FOB外币净收入×外汇汇率的买入价
　　　　　　　　　　＝60 096.73(元)

出口总成本＝收购成本×[1＋费用率－退税率/(1＋出口退税率)]
　　　　　＝50 000×[1＋10%－9%/(1＋17%)]＝51 155(元)

出口盈亏率＝(出口FOB本币净收入/出口总成本－1)×100%

$$=(60\ 096.73/51\ 155-1)\times 100\%=17.5\%$$

出口换汇成本＝出口总成本/出口 FOB 外汇净收入

$$=51\ 155/7\ 947.2=6.44(元/美元)$$

若我方预计盈利率为 10%，则对方报价计算盈利率为 17.5%，当然对方的报价是可以接受的。

3.出口创汇率

出口创汇率，又称外汇增值率，它是指加工后成品出口的外汇净收入与原(辅)料外汇进口成本的比率。通过出口的外汇净收入和原(辅)料外汇成本的对比，则可看出成品出口的创汇情况，从而确定出口成品是否有利。特别是在进料加工的情况下，核算出口创汇率这项指标，更有必要。其计算公式如下：

$$出口创汇率=\frac{成品出口销售外汇净收入-原(辅)料外汇成本}{原料外汇成本}\times 100\%$$

考虑到目前我国从事加工贸易时，原(辅)料的投入情况比较复杂，为统一计算标准，原(辅)料外汇成本的计算方法有下列三种情况：

(1)原(辅)料全部进口时，以 CIF 价格为标准计算。

(2)原(辅)料部分国产、部分进口时，进口部分以 CIF 价格为标准计算，国产部分按 FOB 价格计算。

(3)原(辅)料全部国产，则以 FOB 价格为标准计算。

在实际业务中，要以出口商品成交价格为基础，认真核算出口换汇成本、盈亏率和出口创汇率，在确保盈利的前提条件下达成交易。

二、进口成本核算

为使企业能够在增加所需进口数量的同时，减少或降低进口商品成本，节约外汇支出，企业对于所进口的商品，不论是在国内销售，还是自身使用，都须进行进口成本核算。在核算进口商品成本时，必须明确以 CIF 表示的进口商品总成本和进口商品销售收入两项指标，然后加以比较，确定该笔进口商品的盈(亏)额。

实用范例

考虑出口退税率和汇率变化的报价计算

外贸工作中出口退税率和汇率经常变化，可以采用比较简单实用的方法来计算对外报价，即盈亏换汇比的运用，就是出口对外报价的保本的换汇成本，加上利润率。

$$盈亏换汇比 = \frac{银行外汇汇率买入价}{1 - \frac{出口退税率}{1 + 增值税率}}$$

例如,若当前银行外汇买入价为 7.55 元人民币/美元,其增值税率为 17%,退税率为 13%的纺织品盈亏换汇比=7.55/[1-13%/(1+17%)]=8.48,该换汇成本就是不考虑利润和费用的盈亏平衡点,主要取决于三个要素:外汇汇率买入价、出口退税率和增值税率,当增值税率变化较小时,盈亏换汇比主要取决于外汇汇率和出口退税率。

外贸公司对外 FOB 报价:

$$FOB = \frac{购货价格(含费用)}{盈亏换汇比} \times (1 + 毛利润率)$$

假定:收购价格(含费用和 17%增值税)为 10 万元,预定利润率为 8%。

1. 当外汇汇率买入价为 8.25,出口退税率为从 13%降低为 11%,要维持 8%的利润,对外 FOB 报价有何不同?

FOB 对外报价从 12 736 美元上升为 12 965 美元,提高 230 美元。

2. 当退税率为 11%,美元兑换人民币汇率从 8.25 贬值到 7.55,要维持 8%的利润,对外 FOB 报价有何不同?

盈亏换汇比从 9.11 变为 8.33,对外报价从 11 855 美元上升为 12 965 美元,报价上升 1 110 美元,出口竞争能力明显下降,要维持原有的竞争能力只有降低收购成本或者利润率。由此可见,当前我国出口报价中出口退税率和外汇汇率起到相当重要的作用。

(一)进口商品总成本

1. 进口商品采购成本(进价)

一般以 CIF 价格为基础。若以 FOB 及 CFR 成交,则前者应加上运费与保险费,后者则加上保险费。

2. 进口商品流通费

进口商品流通费指进口商品到达目的港口以后到销售以前所发生的费用。

(1)进口税金

进口商品报关时应缴纳的税金,包括进口关税和进口环节海关代征税,主要有增值税和对少量产品征收的消费税。消费税征收范围:①过度消费会对人体健康、社会秩序、生态环境等方面造成危害的特殊消费品,如烟、酒、酒精、鞭炮、焰火等;②奢侈品、非生活必需品,如贵重首饰及珠宝玉石、化妆品等;③高能耗高档消费品、小轿车、摩托车、汽车轮胎等;④不可再生和不可替代的资源性消费品,如汽油、柴油等。2007年调整后我国一共对17类产品征收消费税。

(2) 直接性商品流通费

直接性商品流通费指代理进口商品到岸以后到销售以前发生的、能够直接认定的代理进口商品的运杂费、保管费、商品损耗、银行财务费、商品检验费、外运公司劳务费、海关规费等。

(3) 利息

利息指外贸企业以自借银行借款和自有流动资金代理进口,自对外付款之日起至委托进口单位付款止,按银行规定的流动资金贷款利率计算的利息(可按双方协商的定额计算)。

有时候还包括代理进口费用,大概相当于进口报价的一定百分比。

(二) 进口商品盈亏额和盈亏率

进口商品盈亏额与盈亏率的计算还需了解外贸企业进口销售收入的含义。所谓外贸企业进口销售收入是指进口商品凭船舶到港通知(或国外账单,或出库单),开出结算凭证向用户收取的收入。

进口商品盈亏额是指进口商品的国内销售价格和进口商品总成本之间的差额。

$$进口商品盈亏额 = 进口商品国内销售收入 - 进口总成本$$

如果进口总成本大于进口商品国内销售价格,则该笔进口商品出现亏损;反之,则实现进口盈利。

进口商品盈亏率是进口商品盈亏额与进口商品总成本的比例,用百分比表示。其计算方式为:

$$进口商品盈亏率 = \frac{进口商品国内销售价 - 进口总成本}{进口总成本} \times 100\%$$

提醒您

> 进口和出口时成本计算标准是不同的:出口时成本价格以FOB贸易术语为基础,而进口时成本则采用CIF贸易术语,需要考虑进口过程中的运费和保险费。

第三节 佣金与折扣

实际业务中,在磋商和确定价格时,往往要涉及佣金和折扣的规定,正确掌握和运用佣金与折扣,有利于灵活掌握价格和调动外商经营我方产品的积极性,提高出口产品竞争能力。

一、佣金

佣金(commission)是指代理人或经纪人为委托人达成交易而收取的报酬。在货物买卖中,佣金常常表现为交易的一方支付给中间商的报酬。例如,出口商支付佣金给销售代理人,或进口商支付佣金给采购代理人。

(一)佣金的规定方法

在价格条款中,对于佣金可以有不同的规定方法。

1. 凡价格中包括佣金的,即为"含佣价"。如每公吨1 000美元 CIF 纽约包括佣金 3%(USD 1 000per Metric Ton CIF. New York including 3% Commission)。

2. 用文字表示。用英文字母"C"代表佣金,并注明佣金的百分比,如每公吨1 000美元,CIFC3%纽约。

3. 佣金也可以用绝对数表示,如每公吨支付佣金 30 美元。

交易双方在洽谈时,如果将佣金明确表示并写入价格条款中,称为"明佣"。如果交易双方对佣金虽然已经达成协议,但却约定不在合同中表示出来,约定的佣金由一方当事人按约定另行支付,则称为"暗佣"。国外中间商或买方为了赚取"双头佣"(中间商从买卖双方都获得佣金),或为了达到逃汇或逃税的目的等,往往提出使用"暗佣"。

(二)佣金的计算

佣金的计算,根据计算基础选取的不同而有所差异,一般有以下几种计算方法:

1. 以发票金额为基础计付佣金。不论采用何种贸易术语,都要按发票金额乘佣金率计算佣金。这种方法操作比较简单,在实际业务中应用比较广泛。但其中存在一定的重复计算,而且在 CFR 和 CIF 术语下,卖方还要对运费和保险费支付佣金,但实际上运费和保险费均为卖方代付,非卖方所得,不应计佣。

2. 按 FOB 价计付佣金。按此方法,无论以何种贸易术语成交,均以 FOB

价为基数乘以佣金率计付佣金，这一种支付方式在实际业务中采用较多。

3. 按一般惯例，以何种术语成交，就按何种价格作为计佣基础，但为确保外汇收入，可按下面公式计算：

$$含佣价 = \frac{净价}{1-佣金率}$$

$$净价 = 含佣价 \times (1-佣金率)$$

[例4—4] 已知某商品对外报价为CIF价每公吨2 000美元，外商要求改为CIFC4%。如果保持我方的净收入不变，则对外改报的含佣价应为：

$$含佣价 = \frac{2\,000}{1-4\%} = 2\,083.33(美元)$$

目前，我国习惯采用第三种方法。

（三）佣金支付方法

佣金的支付一般有两种做法：一种是由中间代理商直接从货款中扣除佣金；另一种是在卖方收清货款后，再按事先约定的期限和佣金率另付给中间商。根据双方的协定，佣金可在合同履行后逐笔支付，也可按月、按季、按半年甚至1年汇总计付。支付佣金时，应防止错付、漏付和重付。

提醒您

> 在实际业务中出口商什么时候向中间商支付佣金对自己安全及时收款非常重要。最好在自己收到货款以后再支付，这样一旦收款出现问题，中间商可以出面斡旋。有的中间商提出达成交易即支付佣金，这对出口商较为不利，应该谨慎使用。

二、折扣

货物买卖中有时也会遇到卖方给予买方以一定的价格减让，即折扣，以吸引对方成交。

（一）折扣的含义

折扣（discount, rebate）是卖方按货物原价给予买方一定百分比的价格减让，即适当的价格优惠。从性质看，它是一种优惠。国际上使用的折扣名目繁多，有特别折扣（special discount）、额外折扣（exceptional discount）、数量折扣（quantity discount）等。折扣也直接关系到商品的价格，货价中是否包含折扣及折扣率的大小都影响商品的价格。折扣率越高，价格越低。

在我国对外贸易中,使用折扣主要是为了照顾老客户、确保销售渠道畅通、扩大销售等。实际业务中应根据具体情况,针对不同客户,灵活运用各种折扣方法,如为了扩大销售,使用数量折扣或为发展客户关系,可以适当给予特别折扣。

(二)折扣的类型

折扣形式很多,其中主要有现金折扣(cash discount)、数量折扣(quantity discount)、功能折扣(functional discount)和季节折扣(seasonal discount)等四种。

1. 现金折扣

在国际货物买卖中,双方约定:买主在约定时期内付款或提前付款,可按合同价格享受一定数量的折扣,其目的在于鼓励买主及时甚至提前支付货款。现金折扣常在应付金额的 1‰~3‰ 之间。

2. 数量折扣

当买方购买商品达到一定数量时,卖方在原标价基础上给买方一定价格减让的优待。数量折扣有累计折扣和非累计折扣之分。前者是指在一定时期(如一年)内同一买主购买某种商品达到一定数量时,卖方给予买方的折扣;后者则是指买主在 1 次购买中购买达到一定数量时,卖方给予买方的折扣。

3. 功能折扣

功能折扣亦称贸易折扣。由于中间商承担了本来应由生产商承担的部分销售功能(如运输、贮藏、广告、售后服务等),因此生产商给予这些中间商一定的价格优待。一般来说,中间商提供的服务不同,卖方给予折扣的比率也不一样。

4. 季节折扣

季节折扣又称季节差价。它是制造商为保持均衡生产、加速资金周转、节省业务费用而鼓励买主淡季购买的一种折扣形式。

(三)折扣的规定方法

实际业务中规定折扣的方法有:

1. 价格条款中,一般用文字明确表示给予折扣的比例。例如,CIF 伦敦每公吨 100 美元,折扣 3%(US$100 per Metric Ton CIF London including 3% discount)。或者写成:CIF 伦敦每公吨 100 美元,减 3% 折扣(US$100 per Metric Ton CIF London less discount 3%)。

2. 折扣也可以用绝对数表示。例如,每公吨折扣 6 英镑。凡是这种在价格条款中明确规定折扣率的,称为"明扣"。如果单价中没有表明折扣,但由买卖双方另行约定折扣的做法,称为"暗折"。这种做法属于不公平竞争。

(四)折扣的计算方法

折扣通常是以成交额或发票金额为基础计算出来的。例如,CIF香港,每公吨1 000美元,折扣2%,则卖方支付给买方的折扣应为20美元(1 000×2%)。实际上,卖方收回净收入为980美元(1 000－20)。因此,折扣的计算公式为:

$$单位货物折扣额＝含折扣价×折扣率$$

卖方实际净收入为:

$$净收入＝含折扣价×(1－折扣率)＝含折扣价－折扣额$$

折扣率一般是根据不同的商品、不同市场和不同交易对象酌情确定的。一般情况下,折扣是买方在支付货款时预先予以扣除的。但有时在"暗折"的情况下,折扣金额不直接从货物中扣除,而按暗中达成的协议另行支付给买方。

(五)佣金与折扣的区别

佣金与折扣都会直接影响到商品的价格,但两者概念不同,首先,付给的对象不同。佣金是卖方或买方给中间商的报酬,而折扣是卖方给予买方的价格减让。其次,如果卖方将中间商的佣金包括在货价内,如出口使用CIF价,卖方投保时应将佣金计算在保险金额内;而买方在付款时就已将折扣扣除,因此不包括在保险金额内。再次,许多国家对佣金要征收所得税,而由于折扣对买方有利害关系,则不征税。

第四节 价格换算

一、不同价格术语之间的换算

由于FOB、CFR和CIF三种价格是进出口贸易中最为常用的价格术语,因此对于不同价格术语之间的换算主要考虑这三种,但因为FCA、CPT及CIP三种术语分别与FOB、CFR及CIF三种术语相似,因此,FOB、CFR和CIF三种价格术语之间的换算方法同样适用于FCA、CPT及CIP三种术语之间的换算。

(一)FOB价换算为其他价

$$CFR 价＝FOB 价＋国外运费$$

$$CIF 价 = \frac{FOB 价 + 国外运费}{[1-(1-投保加成率)×保险费率]}$$

(二)CFR 价换算为其他价

FOB = CFR 价 - 国外运费

$$CIF 价 = \frac{CFR 价}{[1-(1-投保加成率)×保险费率]}$$

(三)CIF 价换算为其他价

FOB 价 = CIF 价 × [1-(1-投保加成率)×保险费率] - 国外运费

CFR 价 = FOB 价 × [1-(1-投保加成率)×保险费率]

二、净价与含佣价换算

(一)FOBC 价换算为其他价格

FOB 净价 = FOB 含佣价 × (1-佣金率)

CFR 净价 = FOB 含佣价 × (1-佣金率) + 国外运费

$$CIF 净价 = \frac{FOB 含佣价 × (1-佣金率) + 国外运费}{[1-(1-投保加成率)×保险费率]}$$

(二)CFRC 价换算为其他价格

FOB 净价 = CFR 含佣价 × (1-佣金率) - 国外运费

CFR 净价 = CFR 含佣价 × (1-佣金率)

$$CIF 净价 = \frac{CFR 含佣价 × (1-佣金率) + 国外运费}{[1-(1-投保加成率)×保险费率]}$$

(三)以 CIFC 价换算为其他价格

FOB 净价 = CIF 含佣价 × (1-佣金率) × [1-(1+投保加成率)×保险费率] - 运费

CFR 净价 = CIF 含佣价 × (1-佣金率) × [1-(1+投保加成率)×保险费率]

CIF 净价 = CIF 含佣价 × (1-佣金率)

第五节 进出口商品定价方法

国际货物买卖的作价方法,一般包括固定作价,有时也采用暂不固定价格、暂定价格和滑动价格等作价方法。

一、固定价格

我国进出口合同,绝大部分都是在双方协商一致的基础上,明确地规定商品的单价,即固定价格,这也是国际上常见的做法。按照各国法律的规定,合同价格一经确定,就须严格执行。除非合同另有约定,或经双方当事人一致同意,任何一方都不得擅自更改。

在合同中规定固定价格是一种常规做法,它具有明确、具体、肯定和便于核算的特点。但在国际货物买卖合同中规定了固定价格,就意味着买卖双方要承担从订约到交货付款以至转售时价格变动的风险。一旦行市变动过于剧烈,这种做法可能还会影响到合同的顺利进行,一些不守信誉的商人很可能为逃避巨额损失,而寻找各种借口撕毁合同。

为了减小价格风险,在采用固定价格时,首先,必须对影响商品供需的各种因素进行仔细的研究,并在此基础上对价格的前景做出判断,以此为决定合同价格的依据;其次,必须对客户的资信进行了解和研究,慎重选择订约的对象。

国际贸易价格远比国内贸易单价复杂,需要有四个构成部分:正确的计量单位、单位价格金额、计价货币和正确的贸易术语。例如:

Chinese Northeast Rice USD300.00/MT CIF NEW YORK

计量单位:公吨;计价货币:美元;单位金额:300.00;贸易术语:CIF NEW YORK。

二、非固定价格

非固定价格,业务上习惯称为"活价"或暂不固定价格。业务中的做法主要有以下几种。

(一)在合同中只规定作价方式,具体价格留待以后确定

这一方法又可分为多种情况:

1. 在价格条款中明确规定定价时间和定价方法,例如"在装船月份前30天,按卖方所在地及国际市场价格水平,协商议定正式价格",或"以提单签发日的国际市场价格为准"。

2. 只规定作价时间,如"买卖双方在××年×月×日协商确定价格"。但此种方法因未就作价方式作出具体规定,易给合同履行带来较大的不稳定性,双方届时可能因缺乏明确的作价标准,而在商定价格时各执己见,相持不下,导致合同无法执行。因此,除非买卖双方已有长期交往,否则,不宜采用这种做法。

(二)暂定价

即在合同中预先确定一个初步价格,作为买方开立信用证或初步付款的

依据,待双方确定最后价格后再进行最后清算,多退少补。例如,"单价暂定CIF纽约每公吨1 200美元,按装船月份月平均价加10美元计算,买方按本合同规定的暂定价开立信用证"。

（三）部分固定价格,部分非固定价格

有时为照顾双方的利益,解决双方在采用固定价格方面的分歧,也可采用部分固定价格、部分非固定价格的做法,或分批作价。非固定价格是一种变通做法,在行情变动剧烈,或双方未能就价格取得一致意见时,采用这种做法对双方是有利的。但此时由于双方当事人并未就合同的主要条件——价格——取得一致,因此就存在着按这种方式签订的合同是否有效的问题。目前大多数国家的法律都认为,合同只要规定作价方法,即是有效的。有的国家法律甚至认为,合同价格可留待以后由双方确立的惯常交易方式决定。《公约》允许合同只规定"如何确定数量和价格"。至于怎样做才构成"如何确定价格"却未进一步解释。因此,在采取非固定价格时,应尽可能将作价方法定得明确具体。

三、出口商品定价原则

价格的掌握是一项复杂而重要的工作,为做好这项工作,须正确贯彻我国进出口商品作价原则。具体地说,是指以国际市场价格为基础,关注国际市场价格变动趋势,注意价格与其他因素的综合运用。

定价原则主要关注以下方面的因素：

1. 商品的质量和档次

在国际市场上,一般都贯彻按质论价的原则,即好货好价,次货次价。品质的优劣,档次的高低,包装的好坏,式样的新旧,商标、品牌的知名度,都会影响商品的价格。

2. 成交数量

按国际贸易的习惯做法,成交量的大小会影响价格。即成交量大时,在价格上应给予适当优惠,或者采用数量折扣的办法;反之,如成交量过小,甚至低于起订量时,也可以适当提高出售价格。那种不论成交量多少,都采取同一价格成交的做法是不当的,我们应当掌握好数量方面的差价。

3. 运输距离

国际货物买卖,一般都要通过长途运输。运输距离的远近,会影响运费和保险费的开支,从而影响商品的价格。因此,确定商品价格时,必须核算运输成本,做好比价工作,以体现地区差价。

4. 交货地点和交货条件

在国际贸易中，由于交货地点和交货条件不同，买卖双方承担的责任、风险和费用就有差别，在确定进出口商品价格时，必须考虑这些因素，例如，同一运输距离内成交的同一商品，按 CIF 条件成交同按 DES 成交，其价格应当不同。

5. 季节性需求的变化

在国际市场上，某些节令性商品，如赶在节令前到货，抢行应市，即能卖上好价。过了节令的商品，其售价往往很低，甚至以低于成本的"跳楼价"出售。因此，应充分利用季节性需求的变化，切实掌握好季节性差价，争取按对我方有利的价格成交。

6. 支付条件和汇率变动的风险

支付条件是否有利和汇率变动风险的大小，都会影响商品的价格，例如，同一商品在其他交易条件相同的情况下，采取预付货款和信用证支付方式，其价格应当有所区别。同时，确定商品价格时，一般应争取采用对自身有利的货币成交，如采用不利的货币成交时，应当把汇率变动的风险考虑到货价中，即出口时适当提高出售价格，进口时适当压低购买价格。

此外，交货期的远近、市场销售习惯和消费者的爱好等因素，对确定价格也有不同程度的影响，必须通盘考虑和正确掌握。

小 结

关键术语

佣金 出口成本核算 出口总成本 出口外汇净收入 出口换汇成本 进口成本核算

本章小结

1. 国际贸易中算出相应价格，成本核算并对外报价是至关重要的一个环节。

2. 在对外报价时需要在计算出口总成本基础上加上利润，对外报出 FOB 报价，加上海运运费报出 CFR 价格，再加上保险费报出 CIF 价格。反之对方还价就需要进行成本核算，计算利润率或者盈亏额，或者计算换汇成本和汇率买入价进行比较，从而来确定盈亏，并进行重新报价或者还价。

知识结构图

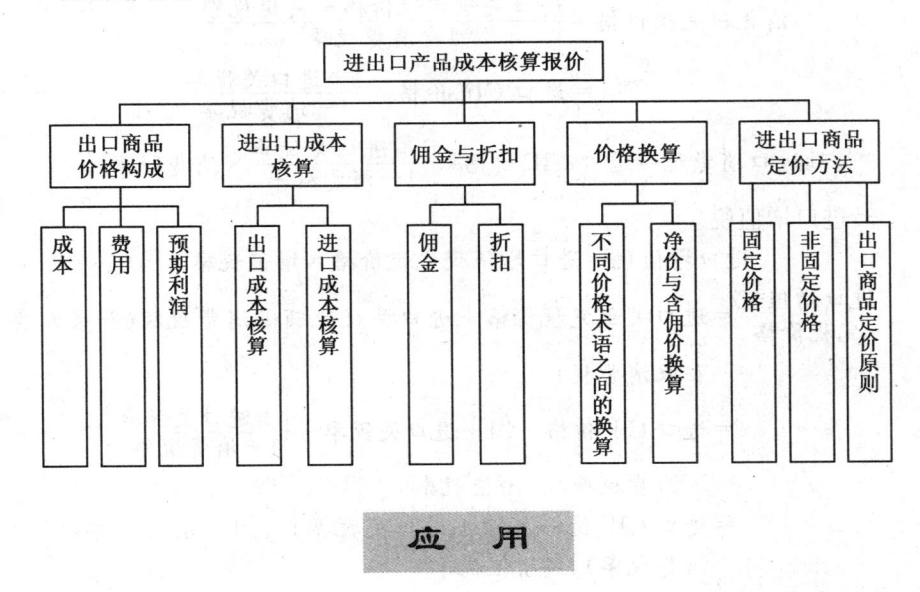

```
                    进出口产品成本核算报价
        ┌──────────┬──────────┬──────────┬──────────┐
   出口商品      进出口成本    佣金与折扣    价格换算    进出口商品
   价格构成        核算                                定价方法
   ┌──┬──┐      ┌──┬──┐      ┌──┬──┐      ┌──┬──┐      ┌──┬──┐
  成  费  预     出  进        佣  折       不同    净价    固  非  出口
  本  用  期     口  口        金  扣       价格术  与含    定  固  商品
          利     成  成                    语之间  佣价    价  定  定价
          润     本  本                    的换算  换算    格  价  原则
                 核  核                                        格
                 算  算
```

应 用

案 例 研 究

进口税费的计算

进口税费分为进口关税和进口环节税,进口环节税主要包括消费税和增值税,每一种税收计算的难点主要在于确定其完税价格。

1. 进口关税

按照征收方法包括从价税、从量税、复合税和滑准税,大多数征收采用从价税。

从价税=进口完税价格×进口关税率,其中进口关税价格采用 CIF 贸易术语计算,不是 CIF 贸易术语需要换算成该术语,换算时由于考虑进口产品保险时可以不加成,换算公式和以后的计算也不相同。

$$\text{CIF(进口完税价格)} = \frac{\text{CFR 报价}}{1-\text{保险费率}} = \frac{\text{FOB 报价}+\text{海运运费}}{1-\text{保险费率}}$$

2. 进口消费税

进口消费税=消费税完税价格×消费税税率

进口消费税完税价格=关税完税价格+进口关税额+消费税税额

=关税完税价格+进口关税额+进口消费税完税价

格×消费税率

$$消费税完税价格 = \frac{进口关税完税价格 + 关税税额}{1 - 消费税率}$$

$$= 进口CIF价格 \times \frac{1 + 进口关税率}{1 - 消费税率}$$

$$故进口消费税 = 进口CIF价格 \times \frac{1 + 进口关税率}{1 - 消费税率} \times 消费税率$$

3. 进口增值税

$$进口增值税 = 进口增值税完税价格 \times 增值税率$$

进口增值税完税价格 = 进口关税完税价格 + 进口关税税额 + 消费税额（如果需要征收消费税）

$$= 进口CIF价格 \times \left(1 + 进口关税率 + \frac{1 + 进口关税率}{1 - 消费税率} \times 消费税率\right) \times 增值税率$$

$$= 进口CIF价格 \times (1 + 进口关税率) \times [1 + 消费税率/(1 - 消费税率)] \times 增值税率$$

目前我国增值税率有两类：17%和13%，适应于13%低出口增值税率的产品有：(1)粮食、食用植物油；(2)自来水、暖气、冷气、热水、煤气、石油液化气、天然气、沼气、居民用煤炭制品；(3)图书、报纸、杂志；(4)饲料、化肥、农药、农机、农膜；(5)国务院规定的其他货物，其他进口货物适用于17%的增值税率。

[分析] 进口商品税费计算是进行进口成本核算的非常重要的一部分，对于从事进出口实务工作者而言，需要了解进口关税、增值税以及消费税的税基，同时还需要了解几种税收之间的相互关系。

复习思考题

1. 某出口企业原报价：每公吨USD100 FOBC3南京，对方提出提高佣金率为5%，我方如接受，保持净价不变，新报价应该是多少？

2. 已知FOB SHANGHAI报价为USD15 000.00，现在需要改报为CFR SEATTLE价格。货物的总体积为3.6立方米，毛重为3.8公吨，净重为3.5公吨。运费采用W/W标准征收，查阅运费表得知该批货物基本运费率为USD200.00/MT，转船附加费和燃油附加费分别为10%和15%。求CFRC3%报价。

3. 我国某公司向荷兰出口货物 100 箱,每箱 60 美元 CIF 鹿特丹,按照 CIF 加一成投保一切险,保险费率为 0.6%,总运费为 1 000 美元。已知该货物退税后的出口总成本为 3 万元人民币,结汇时银行的买入价为 1 美元＝8.35 元人民币。试计算该出口商品的出口盈亏额和出口换汇成本。

4. 某公司出口到新加坡一批陶瓷茶具,共 542 套(合计正好装一个 20 英尺的集装箱)。经了解该茶具每套进货价格为 152 元人民币(含增值税 17%)。一个 20 英尺集装箱的国内费用情况为:运杂费 800 元人民币;商检费为 150 元人民币;报关费为 50 元人民币;港区港杂费 650 元人民币;公司业务费 1 200 元人民币,另有其他费用 900 元人民币。该公司向银行贷款的年利率为 6%;预计垫款时间为 6 个月;银行手续费率为 0.5%(按成交价计算),出口茶具的退税率为 9%。海洋运费从装运港南京至新加坡一个 20 英尺冷冻集装箱的包箱费率为 1 750 美元。客户还要求在报价中包括其 3% 的佣金,若该公司的预期利润为 10%(以成交价格计算),人民币兑美元的汇率为 8.25 元人民币＝1 美元。试分别计算 FOBC3% 新加坡价及 CFRC3% 新加坡价。

第五章　国际货物运输

学习目标

通过本章学习,你应能够:

了解国际货物运输方式的种类和特点,重点掌握海洋运输方式的基本知识。

掌握海运班轮提单的性质作用及主要种类和其他运输单据的性质作用。

掌握国际贸易合同中运输条款的基本内容。

开篇案例

埋下隐患的装运条款——未明确转运港

国内A公司从中国香港B公司进口A套德国设备,合同价格条件为CFR广西梧州,装运港是德国汉堡,装运期为开出信用证后90天内,提单通知人是卸货港的外运公司。

合同签订后,A公司于7月25日开出信用证,10月18日中国香港B公司发来装船通知,11月上旬B公司将全套议付单据寄交开证行,A公司业务员经审核未发现不符并议付了货款。

船运从汉堡到广西梧州包括在中国香港转船正常时间应在45~50天内。12月上旬,A公司屡次查询梧州外运公司都无货物消息,公司怀疑B公司倒签提单,随即电询B公司,B公司答复确已如期装船。12月下旬,A公司仍未见货物,再次电告B公司要求联系其德国发货方协助查询货物下落。

B公司回电说德国正处圣诞节假期，德方无人上班，没法联络。A公司无奈只好等待。次年元月上旬，圣诞假期结束，B公司来电，称货物早已在去年12月初运抵广州黄埔港，请速派人前往黄埔港办理报关提货手续。此时货物海关滞报已40多天，待A公司办好所报关提货手续已是次年元月底，发生的滞箱费、仓储费、海关滞报金、差旅费及其他相关费用达十几万元。

——资料来源：幸理主编：《国际贸易实务案例与分析》，华中科技大学出版社2006年版。

［案例评析］（1）根据《跟单信用证统一惯例》，除非信用证有相反的规定，否则可允许转运。（2）为了明确责任、便于安排运输，交易双方是否同意转运以及有关转运港、转运费负担等问题，都应在合同中具体说明。

造成本案结果的原因在于：(1)合同未列明转运港。A公司按经验想当然认为转运港一定是中国香港，德方会选择汉堡——中国香港——梧州的运输路线，但德方安排的路线是：汉堡——中国香港——广州——梧州，所以A公司只和梧州外运联系，根本没想到黄埔外运。(2)原合同规定提单通知人为卸货港外运公司较笼统。外运不知货主是谁，导致联系不便，影响及时报关提货。合同和信用证最好要求在提单通知人一栏打上收货人或外贸代理公司的名字、联系人姓名、电话号码等，以便及时联系。

从事国际贸易业务，必须了解国际货物运输方式的种类和特点，以及涉及的装运时间、装运港/地、目的港/地、装运通知、分批装运与转运，以及相关运输单据的填写等问题。为了保证按时、按质、按量完成国际贸易货物的运输业务，保证出口货物的安全及时和进口货物顺利接运，国际货物买卖合同中要对上述问题做出具体明确的规定，订好合同的运输条款。

在国际贸易中国际货物运输是其中不可缺少的一个重要环节。合同中涉及的运输事项包括运输方式、装运港/地、目的港/地、交货时间和运输单据等。在买卖双方订立合同时，要选择好合理的运输条件，明确交货的时间、地点和双方承担的责任和费用，以保证进出口货物交接任务顺利完成。

第一节　国际货物运输方式

国际货物运输是指跨越国境的货物运输，也包括国家与独立经济体之间的货物运输。国际货物运输与国内货物运输相比较而言具有运输环节多、关系人众多、时间性强、政治法律环境复杂、风险较大等特点。目前,国际货物运输方式包括海洋运输、铁路运输、航空运输、公路运输、大陆桥运输、内河运输、邮包运输、管道运输以及由单种运输方式组合而成的多式联合运输等。

一、海洋运输

海洋运输(sea transport),简称海运,是指海上的船舶运送货物的一种运输方式,海洋运输的优点是运输量大、运费比较低廉、适应性较强、通过能力大、不受轨道和道路的限制。缺点是海上运输风险大、易受自然条件影响、速度慢、航期不易准确。对于受海洋气候影响较大、易腐鲜活的物品一般不采用海洋运输。

海洋运输按船舶经营方式不同可分为班轮运输和租船运输两种方式。

(一)班轮运输

班轮运输(liner transport)是指船舶按照固定的航线、固定的航行时间表、停靠在固定港口、按事先公布的固定费率计收运费从事的运输方式。

1. 班轮运输的特点

由定义可知班轮运输具有航线固定、航期固定、港口固定和费率相对固定的四个基本特点。此外,班轮承运人负责配载装卸,运价已包括装卸费。船货双方的权利、义务、责任豁免以船方签发的提单条款为依据,班轮运输承运货物的品种、数量比较灵活,货运质量较有保证,一般货主在码头仓库即可交接货物。

2. 班轮运输的费用

班轮运费(liner freight)是指班轮承运人按照班轮运价表向托运人收取的运输费用。包括基本运费和运输附加费两部分。基本运费是指一般货物在班轮航线内基本港之间运输而对每种货物规定所应计收的运费;运输附加费是在基本运费基础上另行加收的费用。

(1)班轮的基本运费

根据所运送的货物不同而相应采用以下不同的标准:

①按货物的毛重计收,称为重量吨(weight ton),运价表中用"W"表示。标准有以1公吨、1长吨(1 016千克)、1短吨(907.2千克),视船公司采用公制、英制、美制计量单位而定。

②按货物的体积或容积计收,称为尺码吨(measurement ton),运价表中以"M"表示。标准有1立方米(约35.147立方英尺)或40立方英尺为一个计量单位。

上述重量吨和尺码吨统称为运费吨。

③按货物的价格计收,即按货物的 FOB 价格收费,也称从价费。用"Ad Valorem"或"Ad. Val"或"A. V"表示。

④按货物毛重或体积计收,班轮公司将择其高者计收。用"W/M"表示。

⑤按货物毛重或体积或从价计收,即在三者计算标准中按较高的一种计收。用"W/M or A. V."表示。

⑥按货物毛重或体积计收,再加从价运费。即在重量吨或尺码吨两种计算标准中,按较高的一种征收,再加一定百分比的从价费,用以"W/M plus A. V."表示。

⑦按货物的件数或个数计收,适用于包装固定,且包装内数量、重量及体积也固定不变的货物。

⑧由船货双方临时议价,适用于粮食、豆类、矿物等大宗货物。用"Open"表示。

(2)班轮附加费是船公司为弥补某一方面的支出所设立的收费种类。其主要的种类如下。

①超重附加费(heavy-lifts additional),是指单件货物的毛重达到或超过规定的重量时所加收的费用。

②直航附加费(direct additional),是指货物托运人要求将某批货物直接运到非基本港口,船方为此向其加收的费用。

③超长附加费(long length additional),是指单件货物的长度达到或超过规定的长度要加收的费用。

④转船附加费(transshipment surcharge),是指班轮公司在转船港口为需转船运输的货物办理换装和转船手续而加收的附加费。

⑤燃油附加费(bunk surcharge,BS;or bunker adjustment factor,BAF),是指燃料价格上涨,船方因增加开支而收取的费用。

⑥港口附加费(port surcharge),是指船方因港口装卸条件复杂、装卸速度慢或港口费用较高而加收的附加费。

⑦港口拥挤附加费(port congestion surcharge),由于卸货港口拥挤,船舶到港不能立即靠泊装卸造成船期损失而加收的费用。一旦港口恢复正常,此种附加费立即停止。

⑧选港附加费(optional fees),货物预先未指明卸货港,而需要在两个或两个以上的卸货港加以选择时船方需加收的费用。

此外,还有熏蒸费(fumigation charge)、洗舱费(cleaning charge)、冰冻附

加费(ice additional)、绕航附加费(deviation surcharge)、货币贬值附加费(currency adjustment factor)等。附加费的名目繁多,既有固定的,也有临时收取的,可能会导致总运费大大提高。所以在进出口报价时,须将附加费考虑进去,以做好报价和成本核算。

附加费的计算方法有两种:一种是按基本运费加一定百分比;另一种是以绝对数表示,如每运费吨加若干金额。

计算班轮运费的方法:一般是首先按照货物的英文名称,从货物分级表中查出货物所属的等级和计算标准;然后再从航线费率表中查出该货物的基本运费率;计算出基本运费再加上各项须支付的附加费,所得的总额即为该种货物的总运费额。

[例5—1] 某公司出口货物一批共100箱,每箱毛重80千克,体积为100×40×25厘米,查货物分级表运费计算标准为:W/M,5级;在航线费率表中,到某国港口5级基本运费费率为每运费吨100美元;在附加费费率表中,去该港口的附加费为港口附加费10%,直航附加费为每运费吨10美元。那么该批货物的总运费是多少?

因为该批货物的尺码吨[1×0.4×0.25×100＝10(运费吨)]较重量吨[0.08×100＝8(运费吨)]高,而其计费标准为W/M,所以应该按尺码吨10运费吨计算运费。由于该批货物每运费吨的运价为100＋100×10%＋10＝120(美元),共10运费吨,因此该批货物的总运费为120×10＝1 200(美元)。

(二)租船运输

租船运输(shipping by charter),是指租船人向船东租赁整船用于运输货物的方式。与班轮运输的特点相反,即航线、港口、运费都不固定,而是由船货双方商定。租船运输通常适用于大宗货物的运输,如粮食、油料、矿产品和工业原料等。

租船运输的方式主要有定程租船、定期租船和航次期租。

1. 定程租船(voyage charter)

定程租船又称程租船或航次租船,是以船舶完成一定航程为基础单位来租赁的。一般可分为单程航次、来回航次、连续单程航次和连续来回航次。

2. 定期租船(time charter)

定期租船又称期租船,是以航程为基础的租船方式。在这种租船方式下,依照租船合同的规定,船舶出租人向租船人提供约定的由出租人配备船员的船舶,由租船人在约定的期间内按照约定的用途使用,并支付租金。

定程租船与定期租船有以下几个方面的不同:

(1) 签订的合同基础不同

定程租船以航程租用船舶合同为基础划分出船租双方的责任和义务，而定期租船则是以时期租用船舶合同为基础的。

(2) 船舶的经营管理不同

定程租船的船方负责船舶的航行驾驶、管理货物运输以及船舶在航行中的一切费用开支。而定期租船的船方不负责船舶的经营管理，只负责船舶的维护、维修和机器的正常运转、船员的配给和给养供应。

(3) 租金或运费不同

定程租船的运费一般按所运货物数量计算，租船人按约定支付运费，规定装卸期限和装卸率，凭以计算滞期费和速遣费。而采用定期租船的租金一般按每月每吨若干金额计算。船租双方不规定装卸率、滞期费和速遣费（具体含义见本章第二节）。

近年来，国际航运出现了一种新的租船方式即航次期租（time charter or trip basis，TCT），是以完成一个航次运输为目的，按照完成航次所花费的时间，按约定的租金率计算租金的方式。

提醒您

> 班轮运输的特点：
> 　　四定——定线、定港、定时和相对固定的运费费率；
> 　　一负责——船公司负责货物装和卸。
> 租船运输的特点：
> 　　四不定——航线、装卸港口、船期和运价都不固定，每次都需在租船合同中明确规定。

二、铁路、航空运输

(一) 铁路运输

铁路运输（rail transport）是指利用铁路来运输货物的国际贸易运输的方式，是仅次于海洋运输的一种主要的运输方式。适用于内陆国家间的贸易。

铁路运输具有运载量较大、运输速度较快、安全可靠、运输费用低、受气候影响较小、手续简单、有高度连续性等优点。缺点是运输路线固定、修建及维护铁路运行成本较高、要求商品包装较高。按照运营方式不同可以分为国际铁路联运和国内铁路运输。

　　1. 国际铁路联运

　　国际铁路联运是指铁路承运人在两国或两国以上铁路运送中,使用一套运输单据并以连带责任的方式完成货物全程运送,在过境移交货物时不需收发货人参加的一种铁路运输方式。

　　2. 国内铁路运输

　　国内铁路运输是指按照《国内铁路货物运输规程》在中国范围内办理的货物运输。进口货物卸船后经铁路运往全国各地,出口货物则经铁路运输集中到港口装船出运。国内供应港澳地区的货物经由铁路运往香港九龙或运到广州南站转船到澳门。具体做法是:货物经铁路运至深圳北站,收货人为深圳外运公司,深圳外运公司作为各外贸发货单位的代理与铁路办理租车手续,并付给租车费,然后租车去香港,货车过境后,香港中国旅行社则作为深圳外运公司的代理在香港段重新起运货物至九龙。到澳门货物先运至广州南站再转船至澳门。国内运单不能作为对外结汇的凭证,目前,各地外运公司以运输承运人的身份向外贸单位提供中转货物的"承运货物收据"作为向银行结汇的凭证。

　　(二) 航空运输

　　航空货物运输(air transport)是指以飞机为运载工具运送进出口货物的运输方式。它的优点是运输速度快、不受地面条件的限制、货运质量高、节省包装等。适合运送鲜活的、急需的精密仪器等贵重物品。缺点是运费高、运输量有限、易受气候影响,不适合大件、大批量的低值货物。

　　国际航空货物运输分为班机运输、包机运输、集中托运、航空快递。

　　1. 班机运输

　　班机运输(scheduled air line)是指有固定航线、时间、航空港及固定运价的飞机运输方式。一般班机运输使用客货混合型飞机,运价相对昂贵,且舱位有限。近些年来一些较大的航空公司开辟了全货机的货运航班,适于运送市场急需商品、鲜活易腐货物和贵重物品。

　　2. 包机运输

　　包机运输(chartered carrier)是指航空公司或包机代理公司包租整架飞机或由几家航空代理公司或发货人联合包租整架飞机。因此分为整机包机和部分包机。前者适用于数量较大的商品,后者适用于多个发货人向同一地点发送货物的运输。

　　3. 集中托运

集中托运(consolidation)是指航空货运代理公司接受集中托运人的委托把若干批单独发送的货物组成一整批,采用一份航空总运单(附每一货主分别出具的航空运单)整批发运到同一目的站的运输。由集中托运人在目的地指定的代理人收货,报关后拨发给实际的收货人。集中托运的运价比国际航空协会公布的班机运价低7%～10%,因此该业务在国际航空业务中使用较为广泛。

4. 航空快递

航空快递(air express)是指由专门的机构与航空公司密切合作,以最快的速度在货主、航空公司与用户之间运送货物的方式。适用于商务信函、单证、急需贵重物品的运送。目前我国从事航空快递业务的公司已达到130多家,主要有DHL、EMS、TNT、FEDEX、OCS等。有门到门(或桌到桌)、门到机场、专人派送三种形式。

三、公路、内河、邮政、管道的运输

(一)公路运输

公路运输(road transportation)是陆地上货物运输的重要方式,它具有简捷方便、机动灵活的特点,是保证其他运输方式彻底完成不可或缺的手段,在实现"门对门"的运输中,首尾两段运输都要依赖公路运输得以完成。其缺点是载运量有限、运输成本较铁路运输高、跨境需要取得运输特许、路况复杂情况下存在风险。我国与周边国家和地区,比如蒙古、俄罗斯、哈萨克斯坦、巴基斯坦、朝鲜、缅甸、尼泊尔等国家都有公路相通,公路运输对促进我国与邻国的边境贸易起着重要的作用。

(二)内河运输

内河运输(inland water transportation)是水上运输的一个重要组成部分,是连接内陆地区和沿海地区的纽带,它具有成本少、耗能少、投资少、运量大、风险小等特点。但是由于内河河道不同,对所用船舶有限制。我国有发达的内河航运网,如长江。此外与邻国也有河流相通,这有利于国际货物的运输和集散。

(三)邮政运输

邮政运输(parcel post transport)是一种较简便的通过各国邮局办理的运输方式。各国邮政部门之间订有协定和公约,根据这些协定和公约,各国的邮件包裹可以相互传递,从而形成全球性的邮包运输网。一般托运人只要按照邮局章程办理一次托运,一次付清足额邮资并取得一张邮政包裹收据,全部手

续即告完成,其他事宜由邮政局办理。适用于小件物品的传递。我国与很多国家签订了有关邮政的协定并参加了万国邮政联盟(Universal Postal Union),从而使我国的包裹在国际间传递。万国邮政联盟是世界上最大的国际邮政运输组织。我国在1972年加入该组织,进而促进了我国邮政事业的发展。

(四)管道运输

管道运输(pipeline transportation)是一种特殊运输方式,是在管道内借助高压气泵的压力将货物输往目的地的一种运输方式,运输的货物有液体、气体甚至于矿砂或碎煤浆。它的优点是货物在管道内运送损失少、勿需包装、不受外界影响、可以连续作业。但其缺点是机动能力差、固定投资较大、所运送货物形态有所限制。

四、集装箱运输和国际多式联运

集装箱运输(container transport)是指将货物装入一个标准化箱子里,将其作为一个运输单位进行货物运输的一种运输方式。适用于海洋运输、铁路运输等多种方式,具有装卸效率高、安全性好的特点。国际多式联运则是建立在集装箱运输基础上的一种联合运输方式。

(一)集装箱运输

集装箱运输的发展很快,在一些国际大港,集装箱运输占据了重要地位。

1. 集装箱运输的特点

第一,装卸率高缩短了船舶在港时间,周转速度快提高了港口的设施利用率。第二,运输质量高、不易受外界影响、减少了货损货差。第三,是一个需要投入大量资本的行业。现代化集装箱船舶造价高,需要有充足的集装箱和配套的港口设施。第四,可以完成"门到门"服务。第五,有利于简化货物运输的手续。

2. 集装箱装箱与交换方式地点

集装箱分为整箱装与拼箱装。整箱装(full container load,FCL)是指货方在海关人员的监管下,自行将货物装满封箱。凡一批货物的数量达到一个或一个以上集装箱内容积的75%或集装箱载重量的95%即作为整箱装。拼箱装(less than container load,LCL)指承运人(或代理人)将不足整箱的货物运送到集装箱货站按货物性质、目的地分类,将同一目的地可装入同一集装箱的货物达到一定数量后装入集装箱。

集装箱货物交接方式有三种:整箱交、整箱接(FCL/FCL),拼箱交、拼箱接(LCL/LCL)，拼箱交、整箱接(LCL/FCL)。

集装箱交接地点可划分为：门到门交接(door to door)、门到场交接(door to CY)、门到站交接(door to CFS)、场到门交接(CY to door)、场到场交接(CY to CY)、场到站交接(CY to CFS)、站到门交接(CFS to door)、站到场交接(CFS to CY)、站到站交接(CFS to CFS)、集装箱堆场(container yard, CY)。

3. 集装箱运输费用

集装箱运输不同于传统运输方式。所以其费用构成和计算方法都有不同。总的来讲，其构成因素有海上运费、港口装卸费、内陆或装运港运输费、拼箱服务费、堆场服务费以及各种承运人加收的附加费等。通常有两种计费方法：一是按杂货基本费率加附加费；二是采用包装箱费率计收。以每个集装箱为计费单位，各船公司按航线的不同来制定不同的包干运价。船公司为了保证经营收入不低于成本，通常规定最低运费。凡是一批货物运价低于最低运价，则都按最低运价计收。

（二）国际多式联运

国际多式联运是指多式联运经营人按照多式联运合同，以至少两种不同的运输方式，将货物从一国境内接管地点运到另一国境内指定交货地点的运输方式。

多式联运经营人(multimodal transport operator, MTO)是指本人或通过其代表订立多式联运合同的任何人。他是货物的总承运人，而不是发货人的代理人或参加多式联运的承运人的代理人，承担履行合同的义务。他自己可以是拥有装运工具的实际承运人，经营全部或部分运输业务，也可以是无船承运人(non-vessel operating common carrier, NVOCC)，即将全程运输交由各段实际承运人来履行。

国际多式联运是为了适应集装箱运输而发展起来的一种新型运输方式，有助于实现"门到门"服务。全程单一费率，货主只要办理一次性托运按统一费率支付运费，一次购买保险，一切运输事项就由多式联运经营人负责，缩短了运输时间，降低事故率，提高货运质量，降低了运输费用。

（三）大陆桥运输

大陆桥运输(land bridge transport)，是指使用横贯大陆的铁路或公路运输系统作为中间桥梁把大陆两端的海洋连接起来的一种联合运输方式。它形成了海—陆—海连贯的运输。这种运输大多采用集装箱运输。具有运输成本低、到货时间快、手续简便、货损货差小等特点。

目前世界上最主要的大陆桥有三条：

第一条欧亚大陆桥（西伯利亚大陆桥）东起纳霍德卡，西至荷兰鹿特丹，并可通过欧洲和西亚各地，是目前使用最频繁的大陆桥。

第二条欧亚大陆桥东起中国连云港，经陇海、兰新、北疆铁路，在阿拉山口与中亚铁路相接，最终可达鹿特丹。全长1万多公里，自然、经济条件较西伯利亚大陆桥优越，已于1992年12月正式开始国际集装箱营运。

第三条北美大陆桥主要是由贯穿美国、加拿大境内的各条东西向铁路构成的。

第二节 运输条款

运输条款是买卖合同的重要条款，通常包括交货时间、装运港/地、目的港/地、能否分批装运、能否转运、滞期费和速遣费的计算等。

一、装运时间

在国际贸易中，"交货时间"（time of delivery）与"装运时间"（time of shipment）的概念是有区别的。但是在使用FOB、CIF、CFR、FCA、CIP、CPT术语达成交易时，卖方在装运港/地将经出口清关的货物装到船上或者交付给承运人以运交买方就算完成了交货义务，因此在采用上述六种术语订立合同的情况下，交货时间与装运时间在一定意义上是一致的，在不发生误解的前提下可以视作同义语。但若是采用E组术语，交货在先、装运在后；而D组术语项下，装运时间在先、交货时间在后，两者截然不同，使用时不能等同。

装运时间是指卖方按照买卖合同履行交货义务的期限。它是买卖合同的重要条款之一，卖方必须严格按照规定时间交付货物，不得任意提前或者延迟。如果未能履行造成违约，买方有权解除合同并要求赔偿。

（一）装运时间的规定方法

1. 规定明确的装运期

（1）规定一段时间期限内装运，例如：

2009年5月装运（shipment during May 2009）；

2009年6/7/8月装运（shipment during June/July/Aug. 2009）。

（2）规定一个最迟装运期限，例如：

装运期不迟于2009年8月31日（shipment not later than August 31st,

2009);

2009年底以前装运(shipment at or before the end of March 2009)。

2. 规定收到信用证或收到预付货款后一段时间装运

如规定:"收到信用证后45天内装运"(shipment within 45 days after receipt of L/C)。

为防止买方有意拖延或不按时开证,还要在上述条款后规定:买方最迟于某年某月某日将信用证开到卖方(The relevant L/C must reach the seller not later than...)的限制规定。

3. 采用装运术语表示装运期

一般情况下应该避免使用装运术语表示装运期。在国际贸易中采用"立即装运"(immediate shipment)、"尽快装运"(shipment as soon as possible)或"即期装运"(prompt shipment)等装运术语时,如果双方对上述术语理解一致可以采用。但是国际商会制定的《跟单信用证统一惯例》明确规定:不应使用诸如此类的术语,如果使用此类词语,银行将不予受理。

(二)规定装运期应注意的问题

装运期的规定应考虑到商品的性质、交货的季节、货源、船期、装运港与目的港特殊季节因素的影响、装运期限是否适度。

二、装运港/地和目的港/地

(一)装运港/地

通常装运港/地是卖方为了便于装货提出的,经买方同意后确定的。国际贸易中,买卖合同中装运港/地的规定方法一般有三种:

1. 只规定一个装运港/地,例如装运港:大连(port of shipment:Dalian);

2. 货源分散或实际业务需要,可以规定几个装运港/地,例如装运港:大连/青岛/连云港/(port of shipment:Dalian / Qingdao / Lianyungang)。

3. 笼统规定某一地区的任一港口或地方作为装运港/地,例如,中国主要港口(China main ports)。

当买卖合同中规定两个或多个装运地,或对此仅作笼统规定时,凡由卖方负责安排运输的CFR、CIF、CPT、CIP合同,可由卖方于实际装运货物时在合同规定的范围内任意选定装运港/地;凡由买方负责安排运输的FOB、FCA合同,则卖方应在合同规定的装运时间前的一段适当的时间,或者按照合同规定的时限将选定的装运港/地通知买方,以便买方凭以办理派船接运或指定承运人等事宜。

（二）目的港/地

目的港/地（port/place of destination），又称卸货港/地（unloading port/place），是指货物最后卸货的港口/地点。为了便于卸货，目的港/地通常是由买方提出经卖方同意之后确定的。目的港/地的规定方法同装运港/地类似。

1. 只规定一个目的港/地，例如目的港：纽约（port of destination：New York）。

2. 根据业务需要，可规定几个目的港/地，例如目的港：伦敦/汉堡/鹿特丹（port of destination：London/ Hamburg/ Rotterdam）。

3. 笼统规定某一地区的任一港口或地方作为目的港/地，例如欧洲主要港口（european main port）。

（三）在选定装运港/地与目的港/地时应注意的问题

1. 规定国外装运港/地和目的港/地应注意的问题

（1）必须明确具体规定装运港/地与目的港/地。尽量不要接受类似"欧洲主要港口"的笼统规定方式，因为欧洲港口众多，难以区分主要与非主要港，且各港口远近不一，港口费用差别很大。

（2）必须是进出口国和我国政府允许往来的港口/地方。

（3）不能选择内陆城市为装运港与目的港。

（4）注意国外港口/地方有无重名问题。世界各国港口重名甚多，例如维多利亚港（Victoria）世界上有12个之多，波特兰（Portland）等也有数个。为了防止引起纠纷，在买卖合同中应明确装运港或目的港所在的国家和地区的名称。

（5）必须注意装运港/地和目的港/地的具体装卸条件，如有无直达班轮航线港口、装卸条件及运费和附加费等。

（6）选择港不宜超过3个。必须在同一航线上，运费一般按照选择港中费率最高的及附加运费计算。

2. 规定国内装运港/地和目的港/地应注意的问题

在出口业务中，应考虑货源尽量接近装运港/地，方便运输和节省运费。如果签订合同时不能确定最后的装运港/地，可采用"中国口岸"为装运港/地；在我国进口业务中，尽量选择目的港/地接近用货单位或消费地区，但为避免目的港/地运输工具集中而造成堵塞现象或签订合同时目的港/地难以明确，可规定"中国口岸"为目的港/地。

三、装运通知

装运通知（shipment advice）是指在采用租船运输大宗进出口货物的情况

下,买卖双方在合同中订立的条款。以明确双方承担的责任,促进双方相互配合,共同做好船货衔接的工作。

按照国际贸易的一般做法,卖方是否要向买方发出装运通知根据不同的贸易术语有着不同的要求。以 FOB 条件成交为例,卖方在约定装运期开始之前(通常为 30 天或 45 天)向买方发出"货已备妥"通知,以便买方及时安排船只接货和办理保险等相关事宜。买方接到该通知后,也应按照约定的时间将船名、船号、预计到达目的港的时间等相关情况通知卖方,以便卖方及时安排货物出运和准备装船。在货物装船后,卖方应按照规定的时间及时向买方发出装船通知,包括合同号、货物名称、重量、件数、发票金额、船名及装船日期等内容,以便买方及时办理保险,并做好接卸货准备,并办理进口报关手续。

四、装卸时间、滞期费、速遣费

在国际贸易中,大宗货物的交易多采用程租船运输,这样船方核算航次运费时包括了船舶在港停泊时间、装卸货物时间和港口费用,作为成本要素计入运费。只要缩短船舶在港的停泊时间,减少港口费用,降低成本,加快船舶的周转速度,就可以增加船方的营运收入;相反,则会减少船方的营运收入,因此船方在程租船合同中规定装卸时间的罚款和奖励办法。有时买卖双方为约束对方按时完成装卸任务,也在买卖合同中规定了类似的条款。

1. 装卸时间的规定

装卸时间(lay time)是指合同中规定完成装卸任务的时间。其具体规定采取以下方法:规定装卸天数;规定装卸货物的定额标准;规定按港口习惯快速装卸(customary quick dispatch, C. Q. D),由于这种方法不确切,易引起争议。

涉及具体工作日如何计算时,主要采用两种办法:

(1)连续日或时(running consecutive days/hours),指连续的 24 小时为一个工作日。

(2)连续 24 小时好天气工作时间(weather working days of 24 consecutive hours),是指在好天气的情况下,连续 24 小时算一个工作日,中间排除因坏天气影响而不能作业的时间。使用上述方法还应订明如何扣除节假日、星期日。一种是"星期天和节假日例外",在除外的时间里,对于星期日和节假日实际进行作业的做法,采用:"不用不算",或者"用了要算",或者是"用了也不算"。

2. 滞期费和速遣费

(1)滞期费(demurrage)是指租船人未在规定的时间内完成货物装卸,为了补偿船方由此造成的延误开船的经济损失,由租船人向船方支付一定的罚金,此项罚金即为滞期费。

(2)速遣费(dispatch)与滞期费相对应,是指租船人提前于规定时间完成装卸货物,节省了船期,为了给予租船人鼓励,船方向租船人支付一定金额的报酬。

速遣费一般为滞期费的一半,两者一般定为每天若干金额,不足一天的按比例计算。

提醒您

> 滞期费和速遣费是在程租船运输方式下,船方为了督促租船人及时装卸货物而在租船合同中规定的装卸时间的罚款和奖励办法。有时买卖双方为约束对方按时完成装卸任务,也在买卖合同中规定类似的条款。
>
> 在班轮运输方式下,船舶定时发船、船方负责装卸,所以不存在滞期费和速遣费;如果船货衔接不当可能产生的是空舱费。

五、分批装运和转运

1. 分批装运

分批装运(partial shipment),是指一个合同项下的货物可分若干不同的航次、车次、班次装运。国际上对分批装运的理解和运用有些不同。根据国际商会制定的《跟单信用证统一惯例》规定,除非信用证另有规定,允许分批装运。

分批装运的规定方法有三种:

(1)只规定"允许分批装运"不加任何限制。例如:

2009年10/11月装运,允许分批。

shipment during Oct./Nov. 2009, allowing partial shipment (with partial shipment allowed).

(2)订明若干批次装运,而不规定每批装运的数量。例如:

2009年10/11月装运,分两批装运。

shipment during Oct./Nov. 2009 in two lots.

(3)订明每批装运的时间和数量,即定期定量分批装运。例如:

2009年10/11月装运,分两等批装运,每月各装运一批。

shipment during Oct./Nov. 2009 in two equal monthly lots (shipments).

提醒您

> **分批装运的国际惯例**
> 《跟单信用证统一惯例》规定:在不同时间、不同口岸,将同一合同项下货物装上同一航次、同一运输工具上,并去同一目的地的,不能算是分批装运。

有必要指出,按照惯例,运输单据表面上注明同一运输工具、同一航次、同一目的地的多次装运,若使其表面上注明不同的装运日期及/或不同的装运港、接受监管地或发运地,将不视作分批装运;货物经邮运或专递运输,如邮局收据或邮寄证明或专递收据或发运单的表面上系由信用证规定的发运地并于同一日期盖戳、签署或以其他方式证实,则该邮寄或专递装运将不视作分批装运。

2. 转运

转运(transshipment)是指货物从装运港或起运地到卸货港或目的地的运输过程中,从一种运输工具上转换成另一种相同类型的运输工具,或由一种运输工具再换装至另一种不同类型的运输工具。

货物需要转船一般是因为没有直达目的港的船舶;班轮运输条件下目的港不在班轮航线上或船期不固定或相隔时间太长;属于联合运输项下的货物,"转运"在不同运输工具运输有不同的含义,但是总的说来是将货物从一种运输工具卸下换装另一运输工具得以继续运输。

根据《跟单信用证统一惯例》,除非信用证另有规定,否则意味着允许转运。但是这仅限于信用证业务的处理而不涉及买卖合同条款的解释。因此,在实际业务中,尤其是在出口合同中,还是以明确规定允许转运条款为宜。

综上所述,以F组术语为例,合同中的交货条款即装运条款,其主要内容通常包括交货时间(装运时间)、装运港/地和目的港/地、运输方式、分批装运或转运等。例如:

装运条款:2009年5月/6月份自上海至纽约分两等批装运,禁止转运。

Terms of delivery：during May/June 2009 in two equal shipments from Shanghai to New York,transhipment not to be allowed.

微型案例

分批装运问题

信用证规定：40 000 M/T；8/9 月份装运，不准分批装运；装运港：大连/青岛；目的港：纽约；东海号货轮 V.198,8 月 30 日在大连港装运货物 22 000M/T；然后开往青岛港，9 月 3 日在青岛港装运货物 18 000M/T，装运完毕开往目的港纽约。请问这种做法是否违反信用证规定？为什么？

［案例评析］根据《跟单信用证统一惯例》：在不同时间、不同口岸，将同一合同项下货物装上同一航次、同一运输工具上，并去同一目的地的，不能算是分批装运。本案中信用证要求不准分批，卖方虽然是 8 月 30 日在大连港,9 月 3 日在青岛港分别装运货物一批，但是都装在同一航次的同一运输工具上，并开往同一目的地纽约，所以不算分批。因此，卖方实际做法不违反信用证规定。

——资料来源：上海对外贸易学院《国际贸易实务》讲义。

第三节 运输单据

运输单据，是国际贸易中承运人或其代理人接管货物后，签发给托运人的代表运输中的货物或证明货物已经装运的单据。它是货物交接区分运输各方权利、义务、责任、出口结汇和进口提货不可缺少的单据。国际贸易业中涉及的运输单据包括海运提单、海上货运单、铁路运单、承运货物收据、航空运单、多式联运单据和邮政收据。

一、海洋运输单据

（一）海运提单

由于国际运输中大部分是采用海运的方式，因而经常采用海运提单。不同海运提单作用和法律效力是有区别的，所以下面着重介绍海运提单。

1. 海运提单的性质和作用

海运提单(ocean bill of lading, B/L),简称提单,是货物的承运人或其代理人收到或接管货物后签发给托运人的一种证明文件,提单既是货物收据、物权凭证,也是运输契约的证明。

提单的性质和作用可以概括为以下三个方面：

(1)货物收据。提单是承运人或代理人出具给托运人的货物收据(receipt for the goods),证明承运人已按提单所列内容收到货物。

(2)物权凭证。提单是货物所有权的凭证,提单的合法持有者有权支配该货物。提单一般可以通过背书转让的形式转让货物所有权。

(3)运输契约的证明。提单是托运人与承运人之间订立的运输契约的证明。提单条款将承运人与托运人双方的权利、义务、责任、豁免都列明在内,一旦双方发生争议就以此条款作为解决问题的主要依据。

2. 提单的内容

提单是由各个船公司自己制定的,格式不尽相同,但其基本内容大体一致,一般包括提单正面记载事项和提单背面印刷的提单条款。

提单正面内容主要有:承运人名称、托运人名称、收货人名称、船名和船舶国籍、船次、装运港、目的港、货物名称、标志、件数、重量和体积、运费和其他费用、提单签发地点、日期、份数、承运人或其代理人签字。

提单背面内容主要有:承运人责任义务条款、法律诉讼条款、有关特殊货物运输条款、共同海损条款等。由于各船公司对背面条款规定不一,为统一提单背面条款内容,保证提单作为物权凭证的作用,国际上先后签订了多个国际公约。

第一,1924年8月25日在布鲁塞尔签订了《统一提单的若干法律规则的国际公约》(简称《海牙规则》)。《海牙规则》自1931年生效以来,得到了大多数海运国家的承认,它对促进国际贸易的发展,规范国际航运业起到了很大的作用。但是,由于历史条件所限,该规则过多地考虑承运人的利益,很多国家,特别是发展中国家纷纷要求对《海牙规则》进行全面的修改。这样,由国际法协会海事委员会出面,草拟了一份"修改《海牙规则》的议定书"(即《修改统一提单的若干法律规则的国际公约的议定书》),于1968年生效,简称《维斯比规则》。

第二,《维斯比规则》是对《海牙规则》的修改和补充,它必须与《海牙规则》一起使用,因此又称《海牙/维斯比规则》。《维斯比规则》对《海牙规则》的修改比较符合国际海运业发展的要求,其内容比较趋于公平合理。

第三,1978年2月23日在汉堡通过的《联合国1978年海上货物运输公约》,简称《汉堡规则》。《汉堡规则》更多地考虑了货方的利益,使承运人和货主在风险分担方面更为合理。但是该规则在航运业发达的国家看来难以接受,因此,这些国家一直拒绝承认和加入该规则。

第四,1988年国际海事委员会决定成立一个专门委员会,以研究海上货物运输法规的统一,调和发展中国家和发达国家之间的矛盾。1990年7月在巴黎召开的国际海事委员会讨论了《巴黎规则》,该规则在具体法律制度上对上述三个规则进行了折衷和变通。

上述几个公约签订的时代背景不同,内容有别,参加国家不一,所以即使船公司遵循某一规则也可能与其他船公司的背面条款有差异。

下面是我国实践中使用的提单样张：

Shipper:托运人(出口方)	CHINA OCEAN SHIPPING CO. BILL OF LADING **ORGINAL**(正本字样)
Consignee or order： 抬头栏(经常作成指示性抬头)	RECEIVED the goods in apparent good order and condition specified below unless otherwise stated herein. The Carrier, in accordance with the provisions contained in this document,
Notify Party 通知方(经常写成进口方,名称地址联系方式必须准确清楚)	1)undertakes to perform or to procure the performance of the entire transport from the place at which the goods are taken in charge to the place designated for delivery in this document, and 2) assumes liability as prescribed in this document for such transport.

Ocean vessel
  船名
	Port of loading
	  装运港

Port of discharge 目的港(Via 转运港,如果有转运港写在括号内)	Place of delivery Freight payable at Number of original B/L 卸货地(多式联运项下使用) 提单号码
Marks and No. Number and kind of packages; Description of goods G.W. Mea. 唛头 货物的描述等 Above particulars declared by shipper		

Freight and charges
运费已付/到付(**Freight prepaid/to collect**)
已装船字样(**ON BOARD**)
装船时间、船名、船次
	IN WITNESS whereof the number of original Bills of Lading stated above have been signed, all of this tenor and date, one of which being accomplished, the other(s) to be void.
	            Place and date of issue
	            提单签发时间、地点
	            Signed for the Carrier
	                as agent
	    提单签发人(承运人或承运人代理人;船长或船长代理人)

3.海运提单的种类

按照不同的标准,海运提单可以分为不同的种类,下面进行简要介绍。

(1)根据货物是否已装船分为已装船提单和备运提单

①已装船提单(on board B/L or shipped B/L)是指提单下的货物已全部装到船上后,由承运人或其代理人签发的提单。其特点是提单上以文字表明载货船舶名称和装货日期,还有船长或其代理人签字。

②备运提单(received for shipment B/L)又简称收妥待运提单,是指承运人收到托运货物等待装船时向托运人签发的提单。这种提单不注明装船期间,也往往无载货具体船名,对于买方和受让人很不利。但是在货物装船后,承运人在收妥待运提单上加注运输船名和装船日期及准确装货数量后,备运提单即成为已装船提单。

各国海商法和有关海上货物的国际公约都要求承运人在货物装船后签发给托运人"已装船提单"。《跟单信用证统一惯例》规定,在信用证无特殊条款的情况下,银行将接受注明货物已装船提单,而不接受备运提单。

(2)根据收货人抬头方式分为记名提单、不记名提单和指示提单

①记名提单(straight B/L)是指在提单"收货人"栏内写明具体收货人名称的提单。只能由提单上所指定的特定收货人提货,所以该类提单不能通过背书形式转让。要转让需另立转让协议。记名提单虽然避免背书转让所带来的风险,但也失去了可流通性,一般很少使用。

②不记名提单(bearer B/L or open B/L or blank B/L)又称持有人提单、空白提单,是指提单"收货人"栏填写"Bearer"或留空的提单。该种提单转让他人不需要任何背书手续,直接交付,提单持有者凭单提货。但其丢失或被窃后所承担的风险较大,所以经银行议付的单据一般不采用该种提单。

③指示提单(order B/L)是指提单收货人栏只填写"凭指示"(To order)或"凭某人指示"(To order of...)的字样的提单。这种提单可经背书转让,又称可转让提单,国际贸易业务中使用广泛。背书有"空白背书"(endorsement in blank)和"记名背书"(endorsement in full)之分。前者是仅指背书人(提单转让人)在提单背面签署自己的名字或盖章;而后者指除了背书人在提单背面签字或盖章外,还应列明被背书人(提单受让人)的名称。

目前,在实际业务中使用最多的是"凭指示"并经空白背书的提单,习惯上称其为"空白抬头、空白背书"提单。

> **提醒您**
>
> 指示提单经过空白背书后的提单,与不记名提单相同,仅凭交付即可转让。

(3)根据对货物外表状况有无不良批注可分为清洁提单和不清洁提单

①清洁提单(clean B/L)是指货物装船时表面状况良好,承运人未在提单上加任何宣称货损或包装有缺陷的不良批注的提单。

②不清洁提单(unclean B/L; foul B/L)是指承运人在提单上加注了明显宣称货物包装状况不良或存在缺陷等批注的提单。例如,提单上有下述批注:3件损坏(three packages damaged);短装2箱(2 cartons short shipped);包装被雨淋湿(packing rain wet)等。上述提单即为不清洁提单。

按照《跟单信用证统一惯例》的规定,除非信用证允许,银行只接受清洁提单,而不接受不清洁提单。习惯上托运人为了保证提单结汇,在出现不清洁提单情况下向承运人或其代理人出具保函,来要求签发清洁提单。这种做法对提单持有人是一种欺骗行为,托运人的保函合法性是不确定的,承运人应对其后果负责。

微型案例

承运人凭保函签发清洁提单争议案

新加坡A公司与中国C公司订立CIF(上海)合同,销售白糖500吨,由A公司保一切险。为联系货源,新加坡A公司与马来西亚B公司订立FCA合同,购买500吨白糖,合同约定提货地为B公司所在地。

2000年7月3日,A公司派代理人到B公司提货,B公司已将白糖装箱完毕并放置在临时敞篷中,但是,在货物堆放的3天里,因遇湿热台风天气,货物部分受损,造成10%的脏包。A公司将货物悉数交与承运人,承运人欲出具不清洁提单,A公司为顺利结汇,便出具保函,许诺承担一切责任。

承运人遂出具了清洁提单,A公司得以顺利结汇,提单和保险单转移至C公司手中。

7月21日,货到上海港,C公司检验出10%的脏包,遂申请上海海事法院扣留承运人的船舶并要求追究其签发不清洁提单的责任。

[案例评析] 关于保函的效力,《汉堡规则》规定：只要不是对收货人进行欺诈,则保函在托运人与承运人之间有效,而对第三人不发生效力。本案中A公司出具保函,主要为了迅速出口货物,及早结汇。承运人接受保函是为了解决因货物瑕疵而引起的自己与托运人之间的争议。此时保函在托运人和承运人之间有效。

由于保函对收货人无效,C公司有权选择是追究托运人还是承运人的责任。本案中C公司选择追究承运人的责任是合理的,也是可行的,因为被扣的承运人的船舶可以保证判决的执行,在海事纠纷实践中有关当事人也多是这样做的。承运人应赔偿因其签发不清洁提单给C公司造成的损失,之后再通过保函从A公司处获得补偿。

——资料来源：幸理主编：《国际贸易实务案例与分析》,华中科技大学出版社2006年版。

(4)根据不同的运输方式可以分为直达提单、转船提单和国际多式联运提单

①直达提单(direct B/L),是指货物装船后中途不经过换船而直达目的港的提单。凡是合同和信用证规定不准转船的,必须使用直达提单。

②转船提单(transshipment B/L),是指货物装船后需要在中途换装另外一船舶后再到达目的港的提单。

③联运提单(through B/L),是指经海运和其他运输方式联合运输时由第一承运人收取全程运费后签发的负责办理全程运输的提单。货物在中途转换运输工具由第一承运人或其代理人向下一程承运人办理。

转船提单和联运提单虽然包括全程运输,但签发联运提单的承运人一般都在提单上载明只负责他承运航程内的货损责任。

(5)特殊提单

①简式提单(short form B/L),是指提单中只印有正面事项,背面无条款,但相关事项参照该公司的一般提单即全式提单(long form B/L)。这种提单目的是为了简化提单。

②租船提单(charter party B/L),是指承运人根据租船合同所签发的提单。国际船东协会(BIMCO)编制的CONGENBILL是在全球使用最普遍的租船合同的提单。在使用这种提单时应该随附一份租船合同副本。

③倒签提单(anti-dated B/L;back-dated B/L),是指提单签发日期早于货

物实际装船日期的提单。一般是托运人为了装船日期符合合同或信用证的规定而要求承运人签发的。虚假的提单日期是一种欺骗行为，是违法的。买方发现后有权拒收货物，承运人应承担由此导致的一切后果。

④预借提单(advanced B/L)，又称无货提单，是指货物装船未完毕或根本没有装船，因为信用证或合同规定的装船日期或议付日期已到，承运人签发的已装船提单，托运人要出具保函。预借提单与倒签提单都是欺骗行为，实践中应避免使用。

⑤过期提单(stale B/L)，《跟单信用证统一惯例》规定向银行交单议付日超过提单签发日21天的提单。过期提单并不表示丧失其提单效力，只是银行不予在其信用证项下议付。卖方可以考虑改用其他支付方式。

⑥舱面货提单(on deck B/L)，又称甲板货提单，是指提单上注明"货装甲板"的提单。舱面货物风险较大，通常所装的货物或是承运双方同意的危险品，或是习惯航运中装于甲板上的货物。

⑦运费预付提单和运费到付提单(freight prepaid B/L & freight collect B/L)，前者指表明有"运费已付"字样的提单。对于前者，不管承运人是否实际已收到运费都不能要求提单持有人支付运费；对于后者，只有在提单持有人付清运费后才有权提货。

⑧交换提单(switch B/L)，是指应承租人或托运人要求交换原提单，交换了原提单中的托运人或装货港而出具的另一套新的提单。

（二）海上货运单

海上货运单，简称海运单(sea waybill, SWB; ocean waybill)，又称"不可转让海运单"(non-negotiable sea waybill)，是国际海上货物运输合同的证明和承运人已将货物接管或装船的证明，是承运人保证将货物交给指定收货人的不可流通的运输单据。

海运单不是物权凭证，因此不可以转让。收货人不凭海运单提货，承运人也不凭海运单而凭海运单载明的收货人的提货或收货凭条交付货物，只要该凭条能证明其为运单上指明的收货人即可。目前，欧洲、北美和某些远东、中东地区的贸易界倾向于使用海运单，主要是因为海运单便于收货人及时提货。由于现代化的国际运输速度极大提高，常会出现货物到达目的港而提单通过正常航邮尚未到达收货人手中的情况。采用海运单的收货人凭货到通知和身份证明即可提货，节省了凭保函提货的保证金和利息。另外由于海运单"收货人"栏要求填写实际收货人的名称和地址，可以在一定程度上避免提单流程中的诈骗活动。

海运单适应了EDI发展的需要。在不可转让海运单流程中承运人或其在装运港的代理人需用电子通信手段将海运单内容传给目的港的承运人或代理人。1990年6月在巴黎举行的国际海事委员会第34届大会上,通过了《国际海事委员会海运单统一规则》,该规则是民间规则,不具有法律效力。只有在合同协议双方采用时才具有法律效力。该规定适用于提单或类似所有权凭证所包括的运输合同,适用于不可转让提单的合同。

就内容而言,海运单与传统提单形式大体相同,有正面记载事项和背面条款。需要说明的是海运单正面注有"不可流通"字样,收货人栏详细明确写明指定收货人。其他与提单基本一致。

提醒您

> 提单和运单的异同
>
> 相同点:提单和海运单都是承运人收到货物后所签发的收据,起承运人与托运人之间的运输契约证明的作用。
>
> 不同点:提单是物权凭证,而海运单不具有该性质。

二、其他运输单据

(一)航空货物运单

航空货物运单(air waybill,AWB)是指航空承运人或其代理人签发给托运人的表明航空运输合同的订立和运输条件以及承运人已接管货物的运输单据。航空货物运单不是物权凭证,因此不能背书转让。即使持有航空货物运单也不能提货,而是凭航空公司的提货通知单提货。但是可以凭航空货物运单到银行办理结汇业务。

通常航空货物运单正本一式三份,每份背面均印有承运条款。第一份"original for the shipper"交给托运人;第二份"original for the issuing carrier"由承运人留存;第三份"original for the consignee"随机同行交给收货人;副本可有若干份,供其他有关各方使用。

航空货物运单的内容由正面内容和背面内容构成。对于正面内容,《海牙议定书》和《中华人民共和国航空法》只规定了三项必备的内容。而《华沙条约》的规定则有17项之多。一般来说,航空运单正面主要事项有:航空货物运单号、承运人名称及地址、确认契约条件条款、托运人和收货人、出具航空运单的承运人代理人栏、运输路线、财务说明、运输处理注意的事项、货物运价细目、托运人保证栏和承运人签字栏;航空运单背面条款主要内容有:承运人的界定法律适用、赔偿责任限制、承运人改变运输路线的权利、承运人的责任期间、承运人的通知和交货义务、托运人的义务等。

(二) 铁路运单

铁路运单(railway bill)，按在国内、国外铁路运输可以分为承运货物收据和国际铁路联运单两种。

承运货物收据是指承运人出具给托运人的收据，也是承托双方的运输合同。收据背面印有"承运简章"，表明它适用于铁路、轮船、公路、航空等单种和多种联合运输。我国内地通过铁路运往港澳地区的出口货物，不论是以港澳为目的地还是为中转站，发货人都委托中国外贸运输公司或外地分公司承运货(物)装车后，由上述部门签发"承运货物收据"，发货人据此连同其他相关单据结汇。而收货人凭以提货。

国际铁路联运单是指参加联运的各国铁路和收发货人之间订立的运输合同。其中描述了货物且规定了三方所承担的权利、义务和责任。铁路运单共有五联。第一联正本是货物运输合同，第五联为货物到达通知，两者随同货物交于收货人。第二联为随行报单，用于中途办理运输相关事宜。第三联为运单副本，用于发货人向收货人或银行结算货款，有时可作为向铁路索赔之用。第四联为货物交付单，与随行货物留存于到达站。

(三) 邮包收据

邮包收据(parcel post receipt)，是指邮局收到和运送寄件人货物的凭证，不是物权凭证。当邮包损坏或丢失时，它可以作为索赔和理赔的依据。邮戳日期即为装运日期。如果以邮包形式运输货物较多而托运重量有限时，则在同一日期分成若干个邮包寄出，这种情况在信用证项下不能视为分批装运。

(四) 多式联运单据

多式联运单据(multimodal transport document)，又称多式联运提单(multimodal transport B/L)，是指证明多式联运合同和承运人在起运地点接管货物，以及在目的地据以交付货物的单据。

多式联运单据的种类可分为可转让式联运单据和不可转让式多式联运单据。其中可转让多式联运单据又可分为指示交付和向持票人交付两类。

根据《多式联运公约》规定，多式联运单据内容包括：货物的品类、标志、外表状况、多式联运经营人的名称和主要营业场所、发货人和收货人名称、接管货物的地点和日期、交付货物的时间期限(和)地点、是否为转让单据的声明、经营人及其授权人的签字、单据签发的地点和日期、有关运输方式路线有关声明及保留条款等。

第五章 国际货物运输　　　　　　　　　　　　　　　103

小　结

关键术语

海洋运输　航空运输　铁路运输　邮政运输　集装箱运输
国际多式联运　分批　转运　运输条款　已装船清洁提单　运单

本章小结

1. 国际货物运输方式包括海洋运输、铁路运输、航空运输、公路运输、大陆桥运输、内河运输、邮包运输、管道运输以及由单种运输方式组合而成的多式联合运输等,其中,海洋运输方式是最重要的运输方式。

2. 不同的运输方式下,运输合同的形式及运输单据不同,运输的时间性、安全性不同,运费差异较大,要根据需要选择合理的运输方式来运送货物。

3. 国际货物运输业务除涉及运输方式外,还涉及货物的装运时间、装运港、目的港、装运通知、分批装运与转运等问题。为了保证按时、按质、按量完成国际贸易货物的运输业务,保证出口货物的安全及时和进口货物顺利接运,国际货物买卖合同中要对上述问题做出具体明确的规定,订好合同的运输条款。

4. 运输单据作为象征性交货条件下最重要的货运单据之一,在不同的运输方式下,其性质和作用有所差异,要注意区分与掌握,尤其是海运提单的应用非常广泛。

知识结构图

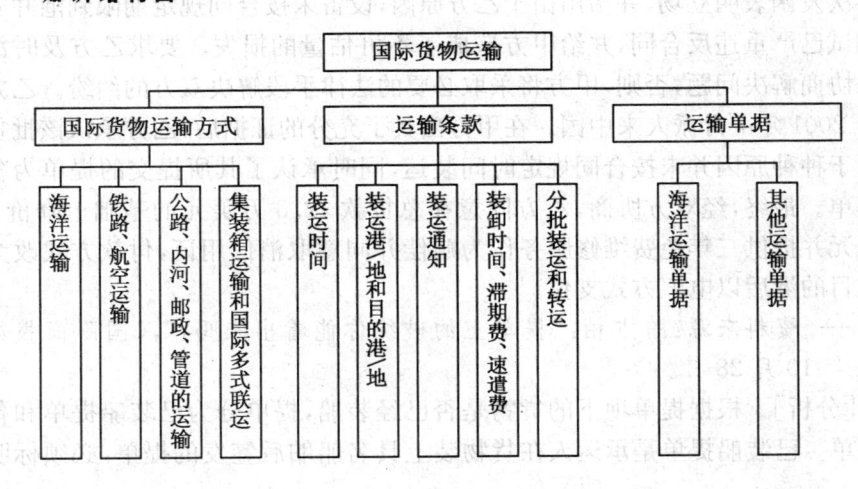

```
                          国际货物运输
         ┌──────────────────┼──────────────────┐
    国际货物运输方式        运输条款           运输单据
    ┌───┬───┬───┬───┐  ┌───┬───┬───┬───┐    ┌───┬───┐
   海  铁  公  集          装  装  装  装  分    海  其
   洋  路  路  装          运  运  运  卸  批    洋  他
   运  、  、  箱          时  港  通  时  装    运  运
   输  航  内  运          间  /   知  间  运    输  输
       空  河  输              地          、  和     单  单
       运  、  和              和          滞  转     据  据
       输  邮  国              目          期  运
           政  际              的          费
           、  多              港          、
           管  式              /            速
           道  联              地            遣
           的  运                           费
           运
           输
```

应 用

案例研究

提单上的破绽你能看出来吗？

2001年3月，国内某公司（以下简称甲方）与加拿大某公司（以下简称乙方）签订一设备引进合同。合同规定，甲方于2001年4月30日开立以乙方为受益人的不可撤销的即期信用证。

信用证中要求乙方在交单时，提供全套已装船清洁提单。

2001年6月12日，甲方收到开证银行进口信用证付款通知书。甲方业务人员审核议付单据后发现乙方提交的提单存在以下疑点：

1. 提单签署日期早于装船日期。
2. 提单中没有已装船字样。

根据以上疑点，甲方断定该提单为备运提单，并采取以下措施：

1. 向开证行提出单据不符点，并拒付货款。
2. 向有关司法机关提出诈骗立案请求。
3. 查询有关船运信息，确定货物是否已装船发运。
4. 向乙方发出书面通知，提出甲方疑义并要求对方做出书面解释。

乙方公司在收到甲方通知及开证行的拒付函后，知道了事情的严重性并向甲方做出书面解释并片面强调船务公司方面的责任。在此情况下，甲方公司再次发函表明立场，并指出由于乙方原因，设备未按合同规定期限到港并安装调试已严重违反合同，并给甲方造成了不可估量的损失。要求乙方及时派人来协商解决问题，否则，甲方将采取必要的法律手段解决双方的纠纷。乙方遂于2001年7月派人来中国。在甲方出具了充分的证据后，乙方承认该批货物由于种种原因并未按合同规定时间装运，同时承认其所提交的提单为备运提单。最终，经双方协商，乙方同意在总货款12.5万美元的基础上降价4万美元并提供三年免费维修服务作为赔偿并同意取消信用证，付款方式改为货到目的港后以电汇方式支付。

——资料来源：隋方柏："提单上的破绽你能看出来吗？"，《国际商报》，2001年10月28日。

[分析] 根据提单项下的货物是否已经装船，提单分为已装船提单和备运提单。已装船提单是承运人在货物装上具名船舶后签发的提单，必须标明

"已装船"(shipped /on board)字样(已印就的/加注的)、船名和航次、装运港和目的港、装运日期(date of shipment)。

备运提单是承运人收到货物,在货物等待装船时签发的提单,没有"已装船"字样,没有船名、航次和装运日期。

一般而言,银行和买方只接受已装船提单。因为已装船提单上面批准的日期是货物已经装运完毕的日期,FOB、CFR、CIF 贸易术语下可以用来判断卖方是否按照合同约定时间完成装运,买方也可以据此估计货物到达时间。备运提单是承运人收到货物,在货物等待装船时签发的提单,备运提单不能证明货物是否如期装运,不利于买方权利的维护。

本案中进口方甲公司因熟知提单的相关知识,所以有效地维护了本公司的利益。

复习思考题

1. 班轮运输有哪些特点?
2. 简要说明海运提单的性质和作用。
3. 简要说明国际多式联运的基本条件。
4. 海运提点的种类有哪些?
5. 简要说明海运提单和海运单的异同。

第六章　国际货物运输保险

学习目标

通过本章学习,你应能够:

了解货物运输保险的风险和损失的概念；

掌握共同海损的构成要件,以及共同海损和单独海损的区别；

了解《中国保险条款》(CIC)和《协会货物保险条款》(ICC)的险别、承保范围、责任起讫及其在实践中的运用。

开篇案例

保险条款不明确导致纠纷案

我国G公司以CIF价格条件引进一套英国产检测仪器,因合同金额不大,合同采用简式标准格式,保险条款一项只简单规定"保险由卖方负责"。到货后,G公司发现其中一个部件变形影响其正常使用。G公司向外商反映要求索赔,外商答复仪器出厂经严格检验,有质量合格证书,非他们责任。后经商检局检验认为是运输途中部件受到振动、挤压造成的。

G公司于是向保险代理索赔,保险公司认为此情况属"碰损、破碎险"承保范围,但G公司提供的保单上只保了《协会货物条款》(C)险,未保"碰损、破碎险",所以无法赔付。

G公司无奈只好重新购买此部件。既浪费了金钱,又耽误了时间。

——资料来源:幸理主编:《国际贸易实务案例与分析》,华中科技大学出版社2006年版。

> [案例评析] 根据《INCOTERMS 2000》，如无相反的明示协议，卖方应"按《协会货物条款》或其他类似的保险条款中最低责任限度的保险险别投保"，即伦敦保险业协会的《协会货物条款》(C)险或我国《海洋运输货物保险条款》FPA。
>
> 本案中由于合同以 CIF 价格成交，而合同中的保险条款一项只简单规定"保险由卖方负责"，所以卖方只投了最低险《协会货物条款》(C)险，而《协会货物条款》(C)险不包括破损、破碎险，所以保险公司不予赔偿。

国际贸易中的货物往往需要经过跨境运输。货物在漫长的运输途中，包括装卸和存储，可能会遇到难以预料的风险，导致货物发生损失。若货物遭遇运输风险而发生的损失问题得不到解决，国际贸易就很难开展。为了消除贸易商对运输风险的后顾之忧，货物运输保险业务就应运而生了。货物运输保险是指投保人(insured)(或称被保险人)在货物装运前，向承保人(insurer)(或称保险人、保险公司)投保，即办理保险手续，选择保险险别，确定保险金额，支付保险费，并领取保险单证。在此之后，如果投保货物在运输中遇险而发生损失，则承保人应负责对投保险别范围内的损失进行经济上的补偿。可见，货物运输保险是贸易商用来转移运输风险及由此造成的损失的一种措施。在国际贸易实务中，买卖双方对由谁去办理保险和支付保险费，以及投保何种险别等要进行磋商，并在合同中加以规定。不同的险别、承保范围、保费都有所不同，外贸从业人员应做到充分了解，并根据货物特性、包装条件、运输行程情况等综合考虑，合理选择保险险别，做到既使货物得到充分的保障，又节约成本和费用。

第一节　货物运输保险的承保范围

一、海洋运输货物保险的承保范围

海洋运输货物保险的承保范围包括海上风险和海上风险以外的其他风险造成的损失及费用。正确理解海洋运输保险的承保范围，对于了解保险条款、选择保险险别，以及如何进行保险索赔，是有重要意义的。

（一）风险

风险是造成货物损失或发生费用的原因。海洋运输货物保险承保的风险分为海上风险和外来风险两类。

1. 海上风险

海上风险(perils of sea)又称海难,在保险业务中有其特定的内容。它一般是指货物在海洋运输中发生的风险,包括自然灾害和意外事故两类。

自然灾害(natural calamity)是指某些自然现象所引起的灾害,如恶劣气候、雷电、海啸、地震、洪水、火山爆发、浪击落海等。这些自然灾害在保险业务中都有其特定的含义。

意外事故(fortuitous accidents)是指由于偶然的、非预料的原因造成的事故,如船舶搁浅、触礁、沉没、焚毁、互撞、与流冰或其他固体物,或者与码头碰撞以及失火、爆炸等原因造成的事故。

2. 外来风险

外来风险(extraneous risks)是指由于海上风险以外的其他外来原因引起的风险。外来风险又可分为一般外来风险和特殊外来风险两种。一般外来风险有雨淋、短量、偷窃、玷污、渗漏、破碎、受潮、受热、串味、锈损和钩损等,特殊外来风险有战争、罢工和交货不到、拒收等。

(二)损失和费用

1. 海上损失

海上损失是指被保险人因被保险货物在运输途中遭遇海上风险而造成的损失。按各国保险业习惯,海上损失也包括与海运相连接的陆上或内河运输中所发生的损失。

提醒您

> 海上风险不仅发生在海上(not merely on the sea),而且还包括连接海上运输的陆上运输和内河运输阶段所发生的灾害事故,如地震、洪水、火车出轨等。

运输途中被保险货物遭到的损失,按其损失程度可分为全部损失和部分损失。

(1)全部损失

全部损失(total loss)简称全损,是指整批或不可分割的一批被保险货物在运输途中全部遭受损失。全部损失又分为实际全损和推定全损。

实际全损(actual total loss)是指被保险货物在运输途中完全灭失,或者受到严重损坏,完全失去原有的使用价值。例如,载货船舶失踪,经过一定时间(例如两个月)后仍没有获知其消息的,视为实际全损。被保险货物在遭到实际全损时,被保险人可按其投保金额获得保险公司全部损失的赔偿。

推定全损(constructive total loss)是指被保险货物在运输途中受损后,实际全损已经不可避免;或者为了避免发生实际全损所需支付的费用与继续将货物运抵目的地的费用之和超过保险价值,也就是恢复、修复受损货物并将其运送到原目的地的费用,将超过该目的地货物价值的全部损失。被保险货物发生推定全损时,被保险人可以要求保险人按实际全损赔偿。在要求按全部损失赔偿时,被保险人必须向保险人发出委付通知(notice of abandonment)。所谓"委付",就是被保险人表示愿意将保险标的的一切权利和义务转移给保险人,并要求保险人按全部损失赔偿的一种行为。委付必须经保险人同意后方能生效,但是,保险人应当在合理的时间内将接受委付或不接受委付的决定通知被保险人。委付一经保险人接受,不得撤回。

(2)部分损失

部分损失(partial loss)是指没有达到全部损失程度的损失。在保险业务中,按照造成损失原因的不同,部分损失又分为共同海损与单独海损两种。

共同海损(general average)是指在海洋运输中,船舶、货物和其他财产遭遇风险,为了共同安全,有意地、合理地采取措施所直接造成的特殊牺牲、支付的额外费用。构成共同海损,必须具备四个条件:第一,危及船、货共同安全的危险是实际存在的;第二,所采取的措施是有意的,而且是合理的;第三,所做的牺牲具有特殊性,支出的费用是额外的,是为了解除危险,而不是由危险直接造成的;第四,牺牲和费用的支出最终必须是有效的,也就是说,经过采取某种措施后,船舶和货物的全部或一部分最后安全抵达航程的终点港或目的港,从而避免了船、货同归于尽的局面。根据惯例,共同海损的牺牲和费用,应由船舶、货物和运费三方按最后获救的价值多寡,按比例进行分摊。这种分摊称为共同海损分摊(general average contribution)。

单独海损(particular average)是指除共同海损以外的部分损失,即被保险货物遭遇海上风险受损后,其损失未达到全损程度,而且该损失应当由受损方单独承担的部分损失。

共同海损和单独海损都属于部分损失。共同海损和单独海损的不同在于:第一,造成海损的原因不同。单独海损是承保风险所直接导致的船舶和货物的损失;共同海损则不是承保风险所直接导致的损失,而是为了解除船舶和货物面临的共同危险有意采取合理措施而造成的损失。第二,损失的承担责任不同。单独海损由受损方自行承担,共同海损则由各受益方按照受益大小的比例共同分摊。

2. 海上费用

海上费用是指海上运输货物遇险后,为营救被保险货物所支出的费用。主要有施救费用和救助费用。

(1)施救费用。

施救费用(sue and labor expenses)是指保险标的在遭遇风险时,被保险人或其代理人、被雇用人员和保险单受让人对保险标的所采取的各种抢救、防止或减少货损的措施而支出的合理费用。保险人对这种施救费用负责赔偿。

(2)救助费用。

救助费用(salvage charges)是指保险标的遭遇风险时,由保险人和被保险人以外的第三者采取了救助措施并获得成功而向其支付的报酬。保险人对这种费用也负责赔偿。

3. 外来风险的损失

外来风险的损失是指海上风险以外的其他外来风险所造成的损失。按照不同的原因,外来风险的损失又可分为一般外来风险的损失和特殊外来风险的损失。前者是指在运输途中由于偷窃、短量、钩损、碰损、雨淋、玷污等一般外来风险所导致的损失;后者是指由于军事、政治、国家政策法令以及行政措施,如由于战争、罢工、交货不到、拒收等特殊外来风险所造成的损失。

二、其他运输方式下货运保险的承保范围

货物运输除了海洋运输外,还有陆路运输、航空运输、邮政运输等。在这些运输方式下,也存在着运输风险,同样也可以进行投保。陆运保险一般限于火车和汽车,空运保险限于飞机,邮运保险限于邮包。

陆运、航空、邮政的运输保险的承保范围包括自然灾害、意外事故和外来原因造成的全部损失、部分损失和费用。

第二节 海洋货物运输保险

在我国,以海洋运输方式进行的国际贸易,可以选用的保险条款有中国海洋货物运输保险条款和伦敦保险业协会海运货物保险条款。

一、中国海洋货物运输保险条款

我国现行的《海洋运输货物保险条款》(Ocean Marine Cargo Clauses)于

1981年1月1日修订实施,主要包括责任范围、除外责任、保险期限、被保险人义务及索赔期限等内容。

（一）保险责任范围

1. 基本险的责任范围

基本险有平安险、水渍险和一切险三种。

(1) 平安险(free from particular average,FPA)

其英文名称直译是"单独海损不赔",它的承保责任范围有六项。①被保险货物在运输途中由于恶劣气候、雷电、海啸等自然灾害造成整批货物的全部损失和推定全损。②由于运输工具遭受搁浅、触礁、沉没、互撞、失火、爆炸等意外事故造成的全部或部分损失。③在运输工具已经发生搁浅、触礁等意外事故的情况下,货物在此前后又在海上遭受自然灾害所造成的部分损失。④在装卸或转运时由于一件或整件货物落海造成的全部或部分损失。⑤由于上述事故引起的共同海损的分摊以及为挽救受险货物和防止或减少货损而支付的合理费用。⑥运输契约订有"船舶互撞责任"条款,根据该条款规定应由货方偿还船方的损失。平安险是三个基本险别中承保范围最小的。

(2) 水渍险(with particular average,WPA/WA)

其英文名称直译是"单独海损也赔",其承保责任范围只是在平安险的基础上,多了一部分责任,即对由于海上自然灾害导致货物的部分损失也给予赔偿。

(3) 一切险(all risks,AR)

其承保责任范围是在水渍险的基础上再加上货物在运输途中由于一般外来风险所导致的全损或部分损失。

> 提醒您
>
> 水渍险的责任范围 ＝ 平安险的责任范围＋自然灾害的部分损失
>
> 一切险的责任范围 ＝ 水渍险的责任范围＋11种一般附加险的责任范围

2. 附加险的责任范围

附加险是基本险的扩展,它不能单独投保,而必须在投保基本险的基础上加保,它承保的是外来风险引起的损失。按承保风险的不同,附加险可分为一般附加险、特别附加险以及特殊附加险。

(1)一般附加险(general addition risk)

一般附加险负责赔偿一般外来风险所致的损失。在我国《海运货物保险条款》中，一般附加险有11种，其条款内容非常简单，一般只规定承保的责任范围。这11种是指偷窃及提货不着险；淡水雨淋险；短量险；混杂、玷污险；渗漏险；碰损及破碎险；串味险；受潮受热险；钩损险；包装破裂险以及锈损险。

(2)特别附加险(special addition risks)

特别附加险所承保的风险大多与国家的行政措施、政策法令、航海贸易习惯有关，其险别主要有交货不到险、进口关税险、舱面险、拒收险、黄曲霉素险、出口货物到香港(包括九龙)或澳门存仓火险责任扩展条款。

(3)特殊附加险(specific additional risks)

特殊附加险主要承保战争和罢工的风险。海运货物战争险承保直接由于战争、类似战争行为和敌对行为、武装冲突或海盗行为所致的损失以及由此引起的捕获、拘留、扣留、禁制、扣押所造成的损失；各种常规武器，包括水雷、鱼雷、炸弹所致的损失；战争险责任范围引起的共同海损的牺牲、分摊和救助费用。罢工险承保货物由于罢工者、被迫停工工人或参加工潮、暴动、民众斗争的人员的行为，或任何人的恶意行为所造成的直接损失和上述行动和行为引起的共同海损的牺牲分摊和救助费用。

(二)除外责任

1. 基本险的除外责任

基本险的除外责任包括：(1)被保险人的故意行为或过失所造成的损失。(2)属于发货人的责任所引起的损失。(3)在保险责任开始前，被保险货物已经存在的品质不良或数量短差所造成的损失。(4)被保险货物自然损耗、本质缺陷、市价跌落和运输延迟所引起的损失或费用。(5)属于海洋运输货物战争险和罢工险条款规定的责任范围和除外责任。

2. 特殊险的除外责任

海洋运输货物战争险的除外责任是，对由于敌对行为使用原子或热核武器所致的损失和费用不负责任；对根据执政者、当权者或其他武器集团的扣押、拘留引起的承保航程的丧失和挫折而提出的索赔也不负责。

罢工险的除外责任是，因罢工造成劳动力不足或无法使用劳动力而使货物无法正常运输、装卸以致损失，属于间接损失，保险人不负责任。

(三)保险期限

1. 基本险的保险期限

保险期限在我国《海洋运输货物保险条款》中被称为"责任起讫",即保险人对运输货物承担保险责任的责任期限。保险人仅对发生在保险期限内的保险事故造成的货物损失负责。海运货物保险承保运输过程中的风险,其责任期限以运输过程为限,在保险实务中通常被称为"仓至仓"条款(warehouse to warehouse clause,W/W Clause)。具体指被保险货物运离保险单所载明的起运地仓库或储存处所开始运输时生效,包括正常运输过程中的海上、陆上、内河和驳船运输在内,直至该项货物到达保险单所载明目的地收货人的最后仓库或储存处所或被保险人用作分配、分派或非正常运输的其他储存处所为止。如未抵达上述仓库或储存处所,则以被保险货物在最后卸载港全部卸离海轮的次日零时起满60天为止。如在上述60天内被保险货物需转运至非保险单所载明的目的地时,则保险责任以该项货物开始转运时终止。

2.战争险的保险期限

海洋运输货物战争险的保险期限以货物装上海轮开始,到卸离海轮为止。如果被保险货物不卸离海轮或驳船,保险责任最长期限以海轮到达目的港当日午夜起算,满15天保险责任自动终止。

我国《海洋货物运输保险条款》规定,海运货物保险的索赔时效为2年,自被保险货物全部卸离海轮起算。一旦过了索赔时效,被保险人就丧失了向保险人请求赔偿的权利。

二、伦敦保险业协会海运货物保险条款

在国际保险市场上,英国伦敦保险协会制定的《协会货物保险条款》(Institute Cargo Clauses,ICC)对世界各国有着广泛的影响。目前采用的伦敦保险协会货物新条款是1982年1月1日完成修订,1983年4月1日正式实施的版本。世界上许多国家在海运保险业务中直接采用该条款,还有许多国家在制定本国保险条款时参考或采用该条款的内容。在我国,按CIF条件出口,虽然一般以中国人民保险公司所制定的保险条款为依据,但如果国外客户要求按英国伦敦保险协会所制定的货物保险条款为准,我们也可酌情接受。在伦敦新条款中,将险别分成六种,即《协会货物保险条款》(A)险[Institute Cargo Clauses(A),ICC(A)]、(B)险[Institute Cargo Clauses(B),ICC(B)]、(C)险[Institute Cargo Clauses(C),ICC(C)]、战争险(institute war clauses cargo)、罢工险(institute strike clauses cargo)、恶意损害险(malicious damage clauses)。前三者是主险,可单独投保,后三者是附加险,一般不能单独投保。在需要时,战争险、罢工险可独立投保。

微型案例

保险责任起讫争议案

新加坡A公司与中国C公司订立CIF(上海)合同,销售白糖500吨,由A公司保一切险。2000年7月21日,货到上海港,C公司检验出10%的脏包,遂申请上海海事法院扣留承运人的船舶并要求追究其签发不清洁提单的责任。当日货物被卸下,港口管理部门将货物存放在其所属的仓库中,C公司开始委托他人办理报关和提货的手续,7月24日晚,港口遭遇特大海潮,共计200吨白糖受到浸泡,全部损失。

C公司向保险公司办理理赔手续时被保险公司拒绝,理由是C公司已将提单转让,且港口仓库就是C公司在目的港的最后仓库,故保险责任已终止。问:保险公司的保险责任是否在货物进入港口仓库或C公司委托他人提货时终止?

[案例评析] 按本案保险合同的规定,保险人的保险责任起讫是负"仓至仓"责任。本案中被保险货物卸离海轮仅3日,堆存于港口所属仓库,被保险人在未提货之前既不能将货物运交任何其他仓库和储藏处所,也不能对货物进行分配或发送,可见,尚未提取的货物仍在保险责任期限内。

提单有物权凭证作用,本案中C公司持有提单,即享有提单项下的所有权。C公司委托他人办理报关、提货等手续,发生的是委托代理关系,不属转让提单的行为。

又由于C公司投保的为一切险,海潮属一切险范围内,对尚未提取并因海潮受损的200吨货物,保险公司有责任赔偿。

——资料来源:幸理主编:《国际贸易实务案例与分析》,华中科技大学出版社2006年版。

提醒您

《协会货物保险条款》的六种险别,即《协会货物保险条款》(A)险、《协会货物保险条款》(B)险、《协会货物保险条款》(C)险、《协会货物保险条款》战争险、《协会货物保险条款》罢工险、《协会货物保险条款》恶意损害险,其中只有《协会货物保险条款》恶意损害险不可以单独投保。

《协会货物保险条款》的六种险别条款中,除恶意损害险之外,其他都按条文性质统一划分为八个部分,即承保范围、除外责任、保险期限、索赔期限、保险利益、减少损失、防止延迟和法律惯例。现将《协会货物保险条款》的主要内容简介如下。

(一)《协会货物保险条款》(A)险

《协会货物保险条款》(A)险大体相当于中国保险条款中的一切险,其责任范围最广,故协会货物条款采用"一切风险减除外责任"的规定办法,其承保风险是:①承保除"除外责任"各条款规定以外的一切风险所造成保险标的损失。②承保共同海损和救助费用。③根据运输契约订有"船舶互撞责任"条款应由货方偿还船方的损失。

《协会货物保险条款》(A)险的除外责任包括下列几个方面:

1. 一般除外责任。其中包括:归因于被保险人故意的不法行为造成的损失或费用;自然渗漏、质量或容量的自然损耗或自然磨损;包装或准备不足或不当所造成的损失或费用;保险标的的内在缺陷或特性所造成的损失或费用;直接由于迟延所引起的损失或费用;由于船舶所有人、经理人、租船人或经营破产或不履行债务造成的损失或费用;由于使用任何原子或热核武器所造成的损失或费用。

2. 不适航和不适货除外责任。这是指在装船时,如被保险人或其受雇人已经知道船舶不适航,以及船舶、装运工具、集装箱等不适货。如违反适航、适货的默示保证为被保险人或其受雇人所知道。

3. 战争除外责任。这是指由于战争、内战、敌对行为等造成的损失或费用;由于捕获、拘留、扣留等(海盗除外)所造成的损失或费用;由于漂流水雷、鱼雷等造成的损失或费用。

4. 罢工除外责任。这是指由于罢工者、被迫停工工人等造成的损失或费用;任何恐怖主义者或出于政治动机而行动的人所造成的损失或费用。

(二)《协会货物保险条款》(B)险

《协会货物保险条款》(B)险大体相当于我国的水渍险,它比《协会货物保险条款》(A)险的责任范围小,故承保范围采用"列明风险"的方式,这种规定办法,既便于投保人选择投保适当的险别,又便于保险人处理损害赔偿。《协会货物保险条款》(B)险具体承保的风险包括:①归因于火灾、爆炸所造成的灭失和损害。②归因于船舶或驳船触礁、搁浅、沉没或倾覆所造成的灭失和损害。③陆上运输工具倾覆或出轨。④船舶、驳船或运输工具同水以外的任何外界物体碰撞。⑤在避难港卸货所致损失。⑥地震、火山爆发、雷电所致损失。⑦共同海损的牺牲。⑧抛货或浪击入海所致损失。⑨海水、潮水或河水进入船舶、驳船、运输工具、集装箱、大型海运或储存处所。⑩货物在装卸时落海或跌落造成整件的全损。

《协会货物保险条款》(B)险的除外责任与《协会货物保险条款》(A)险的规定不同之处有下列两点：

第一，在《协会货物保险条款》(A)险中，仅规定保险人对归因于被保险人故意的不法行为所致的损失或费用，不负赔偿责任；而在《协会货物保险条款》(B)险中，则规定保险人对被保险人以外的其他人的故意非法行为所致的风险不负责任。可见，在《协会货物保险条款》(A)险中，恶意损害的风险被列为承保风险；而在《协会货物保险条款》(B)险中，保险人对此项风险却不负赔偿责任，被保险人如想获得此种风险的保险保障，就需加保"恶意损害险"。

第二，在《协会货物保险条款》(A)险中，标明"海盗行为"不属除外责任；而在(B)险中，保险人对此项风险不负保险责任。

（三）《协会货物保险条款》(C)险

《协会货物保险条款》(C)险的承保风险较《协会货物保险条款》(A)险和《协会货物保险条款》(B)险都小得多，它仅承保"重大意外事故"的风险，而不承保自然灾害及非重大意外事故的风险。《协会货物保险条款》(C)险具体承保风险如下：①火灾、爆炸。②船舶或驳船触礁、搁浅、沉没或倾覆。③陆上运输工具倾覆或出轨。④在避难港卸货。⑤共同海损的牺牲。⑥抛货。

《协会货物保险条款》(C)险的除外责任与《协会货物保险条款》(B)险完全相同，在此不赘述。

第三节 其他运输货物保险

在国际货运中，除绝大部分货运是通过海洋运输完成的外，还有陆上运输、航空运输和邮政运输。由于现代的陆上、航空、邮包等运输保险业务均脱胎于海上运输保险，因而它们在很多方面都与海运保险有相同或近似之处。

一、陆运货物保险

陆运货物保险承保以火车、汽车等运输工具的陆上运输货物的各种风险。

（一）陆运货物的风险

与海运风险类似，它也可以分为运输风险（相当于海洋运输中的海损风险）和外来风险两大类。

1. 运输风险。指陆上运输途中，一切自然灾害或意外运输事故造成货物损失的风险。主要的运输风险有运输途中遇到雷电、洪水、暴风雨、地震、火山爆发、霜雪冰雹等自然灾害；遇到车辆碰撞、倾覆或出轨，公路、铁路、桥梁坍塌或道路损坏，以及失火、爆炸等意外运输事故。不同于海损风险的是，按照保险业的习惯，对陆运货物保险的基本险别设置，是不去区分自然灾害和意外运输事故风险之间的不同的，并且也不区分全部损失与部分损失，不涉及共同损失问题。

2. 外来风险。类似于海运货物的外来风险，进一步分为一般外来风险和特殊外来风险两类。(1)一般外来风险。指陆运途中上述运输风险以外的规定一般外来原因造成货物损失的风险，如偷窃、渗漏、破损、雨淋、承运人短交货物等风险。(2)特别外来风险。指陆运途中上述运输风险以外的特别外来原因造成货物损失的风险，主要是战争、罢工等风险。

(二)陆运货物保险中的险别

陆运货物保险中的险别是指保险条款中规定的陆运货物保险的具体承保责任类别。按照中国人民保险公司制定的《中国保险条款》(China Insurance Clauses, CIC)，先将陆运险别分为基本险和附加险两大类，然后再分类下设一些具体险别。

1. 基本险

基本险指那些可以单独投保的陆运险别，每次投保都必须选择基本险中的一个险别。按照《中国保险条款》，依货物的性质分别制定有两种常用的基本险条款，分别是陆上运输货物基本险和陆上运输冷藏货物基本险。

(1)陆上运输货物基本险。泛对所有的一般货物，下设两个基本险别：①陆运险。承保一切运输风险(自然灾害或意外运输事故)内的货物损失(包括全部损失或部分损失)，并且对于发生运输风险时被保险人采取有效措施抢救、防止或减少货损而支付的合理费用承担赔偿责任(但不超过该批被救货物的保险金额)。它相当于海洋运输货物基本险中的水渍险。②陆运一切险。在承保前述陆运险的基础上，再加上承保下述的一般附加险，它类似于海洋运输货物基本险中的一切险。

(2)陆上运输冷藏货物基本险。专对冷藏货物，不再细分险别，在承保前述陆运险的基础上，再加上承保冷藏机器或隔温设备在运输途中损坏而造成被保险货物腐败或变质的风险，但对于冷藏货物原有的包装不妥或冷冻不合规格以及运输延迟等造成的损失不予承保。

2. 附加险

附加险分为一般附加险和特别附加险两类:(1)一般附加险。承保一般外来风险,其险别设置与海运货物保险条款中的一般附加险类似。(2)特别附加险。承保特殊外来风险,主要有两个险别,战争险和罢工险。通常只能对一般性货物加保这些特殊附加险别,对于陆运冷藏货物是不予加保战争险和罢工险的。实际上,国外许多保险公司干脆就不设陆运货物战争险,但中国人民保险公司设置有陆运货物战争险(不过仅限于火车运输)。

二、空运货物保险

空运货物保险承保以飞机为运输工具的航空运输货物的各种风险。

(一)空运货物的风险

空运货物的风险可以分为运输风险和外来风险两大类。

1. 运输风险。指航空运输途中,遭遇雷电或恶劣气候等自然灾害,以及遭遇失火、爆炸、碰撞或因故障失控等意外运输事故而造成货物损失的风险。按照保险业的习惯,对空运货物保险的基本险别设置,不再区分自然灾害和意外运输事故风险之间的不同;并且不区分全部损失与部分损失;不再涉及共同损失。

2. 外来风险。可分为一般外来风险和特殊外来风险两类,一般外来风险是指空运途中上述运输风险以外的规定一般外来原因造成货物损失的风险,如偷窃、破损、承运人短交货物等风险;特别外来风险是指空运途中上述运输风险以外的规定特别外来原因造成货物损失的风险,主要是战争、罢工等风险。

(二)空运货物保险中的险别

空运货物保险中的险别是指保险条款中规定的空运货物保险的具体承保责任类别。按照《中国保险条款》,将空运险别分为基本险和附加险两大类,再分类下设一些具体险别。

1. 基本险

基本险指那些可以单独投保的空运险别,不再按货物性质分类,而只制定一种统一的航空运输货物基本险条款,下设两个基本险别。

(1)空运险。承保限定运输风险(自然灾害或意外运输事故)内的所有货物损失(包括飞机因遇险而坠落、失踪或被抛弃以及受损而引起的货物全部损失或部分损失)。它相当于海洋运输货物基本险中的水渍险。

(2)空运一切险。在承保上述空运险的基础上,再加上承保下述的一般附加险。它与海洋运输货物基本险中的一切险相类似。

2.附加险

附加险分为一般附加险和特别附加险两类。

(1)一般附加险。承保一般外来风险,但其险别设置较少,主要有偷窃、破损、承运人短交货物等险别。

(2)特别附加险。承保特别外来风险,主要是设置战争险和罢工险两个险别。

三、邮政货物运输保险

邮政包裹保险承保通过邮政机构进行邮包寄送货物的各种风险。

(一)邮政货物运输的风险

邮包运输常常要经由海陆空辗转运送,所以常会面临海陆空运所有的运输风险和外来风险。这里所说的邮政包裹保险是指保险公司办理的邮政包裹保险,而不是指邮政部门自办的邮包保价邮寄(它往往规定有一个保价限额,如我国邮政部规定的保价限额为人民币 800 元,国际邮政联盟参加国一般均规定保价限额为 1 000 金法郎)。

1.运送风险

运送风险指邮包运送途中,可能遇到的一切海陆空自然灾害或意外运输事故造成货物损失的风险。按照保险业的习惯,对邮政包裹保险的基本险别设置,不区分自然灾害和意外运输事故风险之间的不同,并且不区分全部损失与部分损失,不再涉及共同损失问题。

2.外来风险

外来风险分为一般外来风险和特殊外来风险两类:一般外来风险是指邮包运送途中上述运送风险以外的规定一般外来原因造成货物损失的风险,如偷窃、破损、承运人短交货物等风险;特别外来风险是指邮包运送途中上述运送风险以外的规定特别外来原因造成货物损失的风险,主要是战争、罢工等风险。

(二)邮政包裹保险中的险别

1.基本险

基本险指那些可以单独投保的邮包险别,不再按货物性质分类,而只制定一种统一的邮政运输货物基本险条款,下设两个基本险别。

(1)邮包险。承保限定运送风险(自然灾害或意外运输事故)内的所有货物损失,并且对于发生运送风险时被保险人采取有效措施抢救、防止或减少货损而支付的合理费用承担赔偿责任(但不超过该批被救货物的保险金额)。它相当于水渍险。

（2）邮包一切险。在承保上述邮包险的基础上，再加上承保下述的所有一般附加险，它相当于海运一切险。

2. 附加险

附加险指那些不可以单独投保的邮包险别，分为一般附加险和特别附加险两类。

（1）一般附加险。承保一般外来风险，其险别设置较少，主要有偷窃、破损、承运人短交货物等险别。

（2）特别附加险。承保特别外来风险，主要设置战争险和罢工险两个险别。

第四节　国际货运保险实务

一、保险利益原则

保险利益又称可保利益，是指投保人对保险标的具有法律上承认的利益。投保人对保险标的应具有保险利益。投保人对保险标的不具有保险利益的，保险合同无效，这就是保险利益原则。

就货物运输保险而言，反映在运输货物上的利益，主要是货物本身的价值，但也包括与此相关联的费用，如运费、保险费、关税和预期利润等。当保险标的安全到达时，保险人就受益；当保险标的遭受损毁或灭失，被保险人就受到损害或负有经济责任。国际货物保险同其他保险一样，要求被保险人必须对保险标的具有保险利益，但国际货物运输保险又不像有的保险（如人身保险）那样要求被保险人在投保时便具有保险利益，它仅要求在保险标的发生损失时必须具有保险利益。

这种特殊规定是由国际贸易的特点所决定的。例如，在国际货物买卖中，买卖双方分处两国，如以 FCA、FOB、CFR、CPT 条件达成的交易，货物风险的转移以货物在装运港越过船舷或在出口国发货地或装运地交付承运人为界。显然，货物在越过船舷或交付承运人风险转移之前，仅卖方具有保险利益，而买方并无保险利益。如果硬性规定被保险人在投保时就必须具有保险利益，则按这些条件达成的合同，买方便无法在货物装船或交付承运人之前及时对该货物办理保险。因此，在国际货物运输保险中，保险人可视为买方具有预期的保险利益而允许承保。

微型案例

可保利益原则的运用

中国A公司与美国B公司签订出口合同一份,贸易术语CFR NEWYORK,A公司按合同规定在2003年5月20日将货物运至码头装船,在运输过程中车辆遇险翻覆,货物受损,A公司电告B公司事故,由于CFR系买方投保,A提出按保险惯例,承包范围为仓至仓,所以要求B公司向保险公司索赔,保险公司是否应做出赔偿呢?

[案例评析] CFR以装运港船舷为风险划分点,越过装运港船舷前货物属于卖方,风险由卖方承担。本案中虽然B公司已投保,但是货物损失发生在卖方交货完成之前,此时买方B公司还不具有可保利益,所以保险公司无需做出赔偿。(上面案例以FOB、CIF成交结果会如何?)

——资料来源:幸理主编:《国际贸易实务案例与分析》,华中科技大学出版社2006年版。

二、选择保险险别

为保证货运的安全,在合理选择险别时应主要考虑以下因素。

(1)根据货物的性质、特点选择相应的险别。例如,对价值不高的货物可投保平安险,如果此货物属易碎物品,可再加保破碎险。

(2)根据运输途中可能遭受的风险和损失而定。

(3)根据船舶所走的航线和停靠的港口不同而定。

(4)根据国际形势的变化而定。对于政局不稳定,有发生战争可能的,就要考虑加保战争险。

(5)根据以往的经验而定。商人以自己的从商经验和根据保险公司每年总结的货损资料可以确定应选择何种险别投保。

选择投保险别的原则是:既要使货物的运输风险有保障,又要使保险费用的支出减少。因此,要根据货物及其包装的特点、运输工具及方式、运输地区及港口等不同情况来选择投保险别。例如,谷类商品易受水分的影响。经过长途运输,水分可能会蒸发,容易导致此类商品短量;此类产品也会吸收空气中的水分,吸收过度或被海水浸入、淡水渗入,容易引起霉烂。这类商品在选择险别时,一般在水渍险的基础上,加保短量险和受潮受热险。再如,液体化工商品,如果用散舱运输,容易发生短量和玷污,应投保短量险和玷污险;如果用铁桶、塑料桶等做包装,容易发生渗漏,可在平安险的基础上加保渗漏险。

总之,可独立投保中国人民保险公司的平安险、水渍险和一切险三种基本险;此外的特别附加险和特殊附加险要在独立投保一种基本险的基础上才能附加投保;至于一般附加险,已在一切险中包含,而平安险、水渍险中未包含的,要另外加保。

以 CIF 或 CIP 成交的合同,一般均规定保险险别。如果未作规定,根据《INCOTERMS 2000》,如无相反的明示协议,卖方应"按《协会货物保险条款》或其他类似的保险条款中最低责任限度的保险险别投保(the minimum cover)",即伦敦保险业协会的《协会货物保险条款》(C)险或我国海洋运输货物保险条款的 FPA。

三、确定保险金额和计算保费

保险金额(insured amount)是被保险人向保险公司申报的保险标的金额,是保险公司赔偿的最高限额,也是计算保险费的基础。

(一)出口业务中保险金额的确定

在出口业务中,海运保险的保险金额以 CIF 价为基础,并适当加成以补偿贸易过程中支付的各项费用(手续费、利息、往来函电费)及利润损失。因此,

$$保险金额 = CIF \times (1 + 保险加成率)$$

以 CIF 或 CIP 成交的合同一般均规定保险金额。如果未作规定,根据《INCOTERMS 2000》,如无相反的明示协议,最低保险金额应为合同规定的价款加 10%,即 110%,并应采用合同货币。即 CIF/CIP 价的 110%。

在实际业务中,投保加成率通常为 CIF 价的 10%。但如果有的交易利润比较高,进口商所提出的投保加成率大于 CIF 价的 10%,经过保险双方的协商,保险人综合考虑货物在当地的价格、进口商的资信和其所在地区等情况后,如果认为风险较小,一般同意接受投保人提出的高于 10% 的加成率。在具体业务中,为防止被动,如国外进口商要求较高的保险加成率,出口方应事先征求保险人意见,保险人表示同意后才能接受买方的保险条件。

保险金额的确定以 CIF 价或 CIP 价为基础。若进口方报的是 CFR 价或 CPT 价,应先把 CFR 价或 CPT 价转化为 CIF 价或 CIP 价,然后再计算保险金额。计算公式如下:

$$\text{CIF 或 CIP 价} = \frac{\text{CFR 或 CPT 价}}{1-(1+\text{投保加成率})\times\text{保险费率}}$$

$$\text{保险金额}=\text{CIF 或 CIP 价}\times(1+\text{投保加成率})$$

$$\text{保险费}=\text{保险金额}\times\text{保险费率}$$

(二)进口业务中保险金额的确定

在进口业务中,原则上也按进口货物的 CIF/CIP 货价计算。如果以 FOB、CFR 条件成交,则需由买方自行投保,此时保险金额同样以 CIF 价为基础。为简化手续,方便计算,一些企业可与保险公司签订预约保险合同,共同议定平均运费率(也可按实际运费计算)和平均保险费率。其计算公式如下:

$$\text{保险金额}=\text{FOB(或 FCA)价格}\times(1+\text{平均运费率}+\text{平均保险费率})$$

这里的保险金额即估算的 CIF/CIP 价而不另行加成。如投保人要求在 CIF/CIP 价基础上加成投保,保险公司也可接受。

四、取得保险单据

(一)基本的运输保险单据

基本的运输保险单据(insurance documents)是国际贸易中必要的、证明货物运输保险情况的商业单据,是由保险公司/保险商或其代理人以保险人身份签发给被保险人的,用以证明运输货物保险合同,以及保证因自然灾害、意外事故等原因而造成保险标的物损失时凭以对被保险人给予约定经济赔偿的证明单据及索赔凭证。控制基本保单就等于控制了索赔权,转让基本保单就等于转让了索赔权。

(二)基本运输保险单据的种类

按承保方式保险单可分为下列几种。

1. 定名保险单

定名保险单(named policy)统指对于运输工具、运期和运程均已确定的某一特定运输指定货物的各种正式保险单据。定名保险单按照其不同格式又可分为保险单、保险凭证和联合保险凭证三种:(1)保险单(insurance policy)。俗称大保单,指正规格式的定名保险单。它可以背书转让。(2)保险凭证(insurance certificate)。俗称小保单,指简化格式的定名保险单,一般认为(英国等少数国家除外)它与大保单具有同等法律效力。(3)联合保险凭证、承保证明(combined insurance certificate/risk note)。指联合保险发票或红色空运单等定名承保凭证,亦与大保单具有同等法律效力,但不能转让,而且保险联合发票通常只限于在我国内地与港澳地区的贸易结算中使用或在信用证允许的范围内使用。

２．预约保险单

预约保险单(open policy)又称开口保单或总保单,是一种不限定总保险金额(但通常限定每批货物的最高保险金额)的,灵活而且长期有效的不定名正式保险单,但它必须与小保单/大保单联用。这种保险单内只列明总的保险范围、货物种类、运输工具、运程区域、承保险别、保险费率、每批货物的最高保险金额和保险的结算方法等,可以约定保险期限,也可以不约定期限而另外加列一项撤销条款(规定如何撤销该保险单的方式)。每批货物出运前后,被保险人须以装船通知向保险人申报该批货物的保险金额、船名、装运货物情况、运期等具体内容,由保险人审核其属于预保范围,当即签发保险责任不晚于该批货物被装运或接受监管日生效的小保单/大保单。注意,与流动保险单项下的装船通知不同,这里的装船通知只是起着申报保险人出具正式的小保单/大保单以确认其保险责任的作用,如果申报有错漏,即使货物已出险,只要是出于善意(如为了改正原先的错报而如实申报等),还可以更改或补报,而不影响保险效力。预约保险单对于有经常性进出口贸易的单位来说极为方便有利,既可以简化保险手续,又可以避免逐笔投保时因发生失误而造成损失。

五、保险索赔和理赔

保险索赔(claim)是指进出口货物在保险责任有效期内发生属于保险责任范围的损失,投保人按保险单的有关规定向保险人提出损失赔偿的要求。保险人受理投保人的索赔要求,称为保险理赔。

(一)索赔的提出

向保险人提出保险索赔,要做好下列工作:

１．损失通知

当投保人获知被保险货物已遭受损失后,应立即通知保险人或保险单上所载明的保险公司在当地的检验及理赔代理人。因为一经通知,表示索赔已经开始,就不再受索赔时效的限制。保险公司应当立即采取相应的措施,如检验损失,提出施救意见,确定保险责任,查核发货人或承运方的责任。

２．采取合理的施救、整理措施

保险货物受损后,投保人应该对受损货物采取施救、整理措施,以防止损失进一步扩大。如果保险公司对施救、整理提出要求,则投保人要按保险公司的要求去做。因施救、整理而发生的费用,可由保险公司负担,但以不超过该批被施救、整理货物的保险金额为限。

3. 索取货损和货差证明

投保人或其代理人在提货时发现货物受损后，除了要向保险公司发出损失通知外，还要向承运人或有关方面，如海关、港务局等，索取货损、货差证明。如果货损、货差涉及承运人、码头、装卸公司等方面的责任，则还应及时以书面形式向有关责任方提出索赔，并保留追偿的权利。

4. 备齐索赔单证

投保人向保险人提出索赔，除了要做上述几项工作外，还应向保险人提交有关单证。这些单证通常包括：

（1）保险单或保险凭证正本。这是向保险公司索赔的基本证件。

（2）运输契约。包括海运提单、陆空运单、邮寄单等运输单证。

（3）发票。这是计算保险赔款时的数额依据。

（4）装箱单、磅码单。这是核对损失数量的依据。

（5）货损、货差证明。这是在承运人所签发的提单是清洁的，而所交货物有残损或短少的情况下，要求承运人签发的文件。它既作为向保险公司索赔的证明，又是日后向承运人追偿的根据。

（6）检验报告。它是保险人核定保险责任及确定赔款金额的重要依据。

（7）索赔清单。这是被保险人要求保险公司给付赔款的详细清单，主要说明索取赔款数字的计算依据以及有关费用的项目和用途。

（二）理赔的审定

保险人接到投保人的索赔要求后，不是立即按投保人提供的索赔清单给予赔偿，而是要对货损加以审定。

1. 确定损失情况

保险人一般要求货损的检验要向保险单上注明的检验代理人申请检验。如果投保人没有向保险单上注明的检验代理人申请检验，而是向其他检验机构申请检验的，保险人有权拒绝赔偿。此外，保险人还要求申请检验应立即提出。"立即"的含义是收货人在获知货物受损后，在力所能及的情况下，无延迟地申请检验。不然，过了保险责任期限，保险人也可拒绝理赔。保险公司收到检验报告后，会严格审核检验报告，并根据检验报告，会同其他有关单证，确定损失情况。因此，检验报告是保险公司确定损失情况和应赔数额的重要依据。

2. 确定损失原因

损失原因对保险公司核定责任来说至关重要。损失发生后，只从损失现象看，还无法确定责任的归属。例如，棉布受水污损失，尽管投保了水渍险，但保险公司不一定理赔。在这种情况下，要看水污是由海水引起的，还是由淡水或舱汗造成的；是在运输途中发生的，还是在装船以前原有的。保险人对原因的分析主要应掌握以下几个原则：

(1) 只有一个单独的损失原因。这一原因如果属于保险责任范围的，则予以赔偿；反之，则不予理赔。例如，货物在运输途中遭受雨淋损失，对加保淡水雨淋险的商品，保险公司应予以负责；对只投保水渍险的商品，保险公司就不应负责。

(2) 造成损失的原因同时有几个。几个原因都是承保责任范围的，应予以赔偿；反之，则不赔偿。例如，货物在运输途中同时遭受到雨淋和海水损失，投保了一切险的商品，保险公司应予负责；遭到串味和玷污的损失，只保平安险的商品，保险公司就不负责。几个原因中有的属于承保责任，有的不属于承保责任。如果损失能划分，则保险公司只负责承保责任那部分损失；如果损失无法划分，则保险公司可以完全不负责。例如，棉布在运输途中遭受海水水渍斑损和钩损，保的是水渍险，海水损失和钩损的损害后果可以从价值上加以划分，保险公司只赔水渍部分的损失，对钩损部分的损失不予理赔；反之，棉布遭受钩损比较严重，水渍斑损相对比较轻微，定损时只能从钩损估计出理赔值，否则保险公司对此不予赔付。

(3) 损失原因前后是自然联系的。如果前后的损失原因都在保险责任内，则保险公司应当予以负责。例如，五金商品保了一切险，先受雨淋浸损，后又碰到海水泡湿，结果发生锈蚀。因为先后损因都属于承保范围，所以，保险公司应当予以赔偿。如果前面的损因属于保险责任，后面的损因不属于保险责任，但后面的损因是前面损因导致的必然后果，则保险公司应负责前面损因造成的损失。例如，包装食品投保了水渍险，先遭受海水浸湿，外包装受潮，而后发生霉变损失。霉变是海水打湿外包装、导致水汽侵入造成的结果，保险公司应予负责。反之，如果前面的损因不属于保险责任，后面的损因属于保险责任，但后面的损因是前面损因导致的必然后果，则保险公司对损失不予负责。例如，花生含水量过高是引起花生变质的因素，在运输途中放在船舱内发霉，虽然保的是一切险，霉烂属于保险责任，但这是前面的非保险损因导致的，故不予负责。

3. 确定责任

在明确了货损情况和货损原因后，保险公司应对货损是否在其保险责任范围内进行审定。这要视投保人投保的是什么险别，不同险别规定了不同的保险责任范围。如果货损情况和货损原因是在投保的险别范围内，保险公司就要予以赔偿；如果不在投保的险别范围内，保险公司就可以拒赔。确定责任还包括保险期限的审定,即审定货损是否在保险有效期内。

4. 赔偿金额的计算

对损失赔偿金额的计算,应按全损、部分损失(单独海损与共同海损)等不同情况,采取不同的计算方法。

(1)对全损的赔偿计算

如果货物发生全损(包括实际全损和推定全损),保险人按保险金额给予全额赔偿,而不管损失当时货物的完好市价如何。但是在推定全损时,被保险人应首先进行委付,才可获得全损赔偿。

(2)对单独海损赔偿计算

①数量损失的计算

保险货物中部分货物灭失或数量短少,以灭失或损失数量占保险货物总量之比,按保险金额计算赔款。计算公式如下:

$$赔款金额 = \frac{损失数量 \times 保险金额}{保险货物总量}$$

②质量损失的计算

保险货物遭受质量损失时,应先确定货物完好的价值和受损的价值,计算出贬值率,以此乘以保险金额,即可得出赔偿金额。完好价值和受损价值,一般以货物运抵目的地检验时的市场价格为准。如受损货物在中途处理不再运往目的地,则可按处理地市价为准。处理地或目的地市价,一般指当地批发价格。计算公式如下:

$$赔偿金额 = \frac{货物完好价值 - 受损后价值}{货物完好价值 \times 保险金额}$$

在实际业务中,往往由于一时难以确定当地市价,经协议也可按发票价值计算,其计算公式为:

$$赔偿金额 = \frac{按发票价值计算的损失额}{发票金额 \times 保险金额}$$

③有关费用的损失

如受损货物在处理时支付的出售费用,一般只要在保险金额限度内,均可加入损失之内由保险公司补偿。其计算公式为:

$$赔偿金额 = \frac{货物损失的价值 + 出售费用}{货物完好价值 \times 保险金额}$$

至于被保险人或其受让人为防止或减少损失而支付的合理施救费用及为确定保险事故的性质及程度而支出的合理费用等,均可在保险标的的损失赔偿之外另行支付,但赔偿金额最高不超过保险金额。

(3)对共同海损赔偿计算

如果发生共同海损,无论投保何种险别,保险人对共同海损的牺牲和费用都负责赔偿。

对共同海损的牺牲和费用,各国法律都规定应由受益方按照各自的分摊价值比例分摊。

旅客的行李、私人物品、邮包和甲板货,不分摊共同海损。

对共同海损的牺牲,由保险人先按实际损失予以赔付,然后参与共同海损的分摊,摊回部分归保险人所有。如果发生共同海损费用,一般先由保险人出具共同海损担保函,待分摊完毕后,保险人对分摊金额予以赔付。

综上所述,在国际贸易中,货物运输保险是非常重要的一环,合同中的保险条款内容繁简不一,主要取决于所选用的贸易术语。保险条款一般应该包括投保人、保险金额、保险险别、适用的保险条款等。在订立保险条款时,应注意以下几个问题:

(1)明确按什么保险条款投保,是按 CIC 条款投保,还是按 ICC 条款投保;此外,对于美国保险条款,也可以接受。

(2)明确投保险别,是平安险,还是水渍险或一切险。如果需要另加某一种或某几种附加险,也应当写明。

(3)明确由何方负责投保,如系 FOB 或 CFR 合同,应明确由买方负责投保,但卖方为了避免工厂、仓库至码头的运输风险,可加保"仓至船"险(before loading risk);如系 CIF 合同,应明确由卖方负责投保。

(4)明确投保加成率,如超过 10%,由此而产生的超额保险费应由买方负担。

(5)保险单的签订日期不能迟于装运日期,如果货物在装运以后才签订保险合同,则货物从装运到签订保险合同的一段时间没有被保险。

(6)根据不同商品的性质和特点,选择加保有关附加险。

(7)注意合同的贸易术语与船舶的船龄和适航性相适应。

以 CFR 或 CIF 贸易术语成交的进口合同,是由出口方负责租船的。发货人关心的是运输费的高低,而不重视船舶的船龄和适航性。对于进口方来说,不能因为投保了运输保险而不关心货运的安全系数。如果发货人与承运人互相勾结,以破旧船不装或少量装后,在途中故意沉没的情况,也不是绝对没有的。即使不存在欺诈行为,收货方也应注意船龄和适航性。按照国际惯例,保险公司对超过 15 年船龄的船舶所载货物的货运保险,要加收保险费。为了使进口方避免负担增加的保险费,在以 CFR 或 CIF 成交的合同中,应订明老船加费的条款。

保险条款的具体订法举例如下：

由卖方按发票金额××％投保平安险。

Insurance to be effected by the Seller for ××％ of invoice value against F. P. A.

由卖方按发票总金额××％投保水渍险,加保短量险,绝对免赔率为0.5％,以中国人民保险公司1981年1月1日颁布的有关海洋运输货物保险条款为准。

Insurance to be covered by the Seller for ××％ of total invoice value against W. P. A. including shortage in weight in excess of 0.5％, as per and subject to the relevant ocean marine cargo clauses of the People's Insurance Company of china dated Jan. 1,1981.

小 结

关键术语

实际全损　推定全损　共同海损　单独海损　可保利益原则　保险单
CIC　ICC　W/W

本章小结

1. 国际货物运输保险是把国际贸易运输过程中的货物作为保险标的的财产保险,根据运输方式的不同,国际货物运输保险主要分为四类：海洋运输货物保险、陆上运输货物保险、航空运输货物保险、邮包运输货物保险等。由于海洋运输在国际货物运输方式中的重要地位以及在海洋运输过程中发生风险和损失的可能性较大,因此,海洋运输货物保险是国际货物运输保险中的重点内容。

2. 我国进出口商品的货物运输保险一般按《中国保险条款》(CIC)办理,根据需要也可以按照伦敦保险业协会所制定的《协会货物保险条款》(ICC)办理。

3. 不同的保险条款险别、承保范围、保费都有所不同,买卖双方应根据货物特性、包装条件、运输行程情况等综合考虑,合理选择保险险别,做到既使货物得到充分的保障,又节约成本和费用。

4. 合同中的保险条款内容繁简不一,主要取决于所选用的贸易术语。保险条款一般应该包括投保人、保险金额、保险险别、适用的保险条款等。

知识结构图

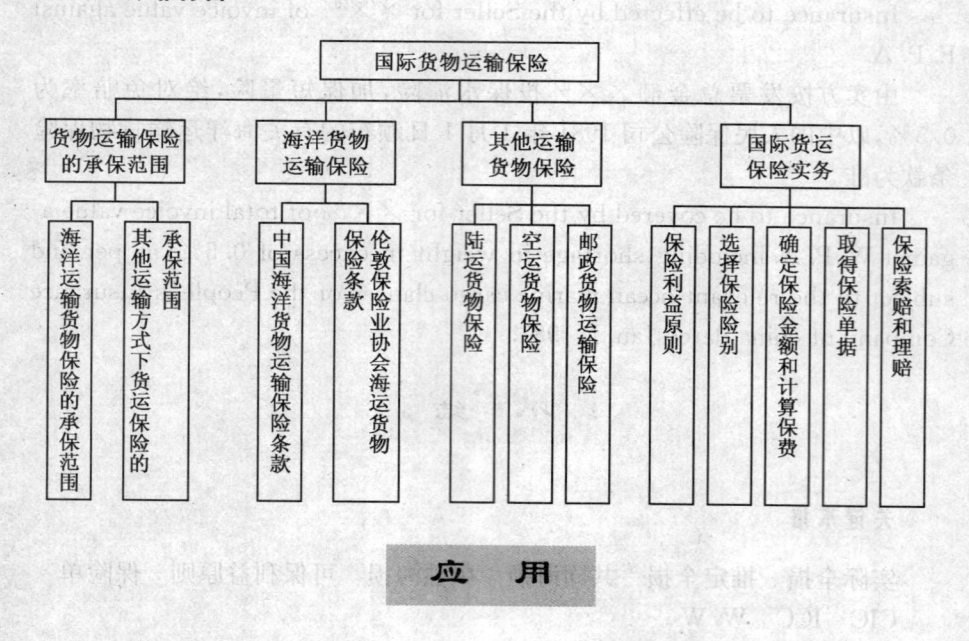

```
                        国际货物运输保险
        ┌───────────────┬───────────────┬───────────────┐
   货物运输保险      海洋货物         其他运输         国际货运
   的承保范围        运输保险         货物保险         保险实务
   ┌─────┬───┐      ┌─────┬───┐     ┌───┬───┬───┐    ┌───┬───┬───┬───┬───┐
  海  其他         中  伦            陆  空  邮         保  选  确  取  保
  洋  运输         国  敦            运  运  政         险  择  定  得  险
  运  方式         海  保            货  货  货         利  保  保  保  索
  输  下           洋  险            物  物  物         益  险  险  险  赔
  货  货           货  业            保  保  运         原  险  金  单  和
  物  运           物  协            险  险  输         则  别  额  据  理
  保  保           运  会                    保                 和             赔
  险  险           输  海                    险                 计
  的  的           保  运                                      算
  承  承           险  货                                      保
  保  保           条  物                                      费
  范  范           款
  围  围
```

应 用

案例研究

　　我某外贸公司以 CFR 条件进口工艺品一批,我方为此批货物向某保险公司投保我国海运保险条款水渍险。货物在上海港卸下时发现部分工艺品损坏,经查 200 件工艺品在装船时就已破损,但由于外表有包装,装船时没有被船方检查出来。还有 300 件工艺品因船舶在途中搁浅,船底出现裂缝,被海水浸湿,另有 100 件工艺品因为航行途中曾遇雨天,通风窗没有及时关闭而被淋湿致生锈。分析导致上述损失的原因,保险人是否应予赔偿,为什么?

　　[分析] 该批钢管以 CFR 条件进口,投保的是我国海运保险条款水渍险。

　　200 件工艺品在装船时就已破损,其损失发生在保险责任开始前,属于保险除外责任,因而保险公司不予赔偿。

　　因船舶在途中搁浅,船底出现裂缝,海水浸湿而致 300 件工艺品的损失是意外事故所致,属于水渍险保险责任,保险公司应予赔偿。

因为航行途中曾遇雨天,通风窗没有及时关闭而被淋湿致损失的 100 件工艺品的损失,损失因外来风险所致,不属于水渍险保险责任,保险公司不予赔偿。

复习思考题

1. 推定全损和实际全损有什么不同？构成实际全损和推定全损有哪几种情况？
2. 我方按 CIF 或 CIP 贸易术语对外成交,一般应怎样确定投保金额？为什么？
3. 什么叫共同海损？什么叫单独海损？二者有何异同？
4. 构成共同海损应具备哪些条件？
5. 海上运输货物保险的保障的费用有哪些？其含义是什么？
6. 某货物从天津新港驶往新加坡,在航行途中船舶货舱起火,大火蔓延到机舱,船长为了船、货的共同安全,决定采取紧急措施,往船中灌水灭火。火虽被扑灭,但由于主机受损,无法继续航行,于是船长决定雇用拖轮将货船拖回新港修理。检修后重新驶往新加坡。事后调查,这次事件造成的损失有:(1)1 000 箱货烧毁;(2)300 箱货由于灌水灭火受到损失;(3)主机和部分甲板被烧毁;(4)拖船费用;(5)额外增加的燃料和船长、船员工资。从上述各项损失性质来看,各属于什么海损？从成本最小化的角度考虑,投保何种险别保险公司才予赔偿？
7. 某外贸公司按 CIF 术语出口一批货物,装运前已向保险公司按发票总值 110% 投保平安险,6 月初货物装受顺利开航。载货船舶于 6 月 13 日在海上遇到暴风雨,致使一部分货物受到水渍,损失价值 2 100 美元。数日后,该轮又突然触礁,致使该批货物又遭到部分损失,价值为 8 000 美元。问:保险公司对该批货物的损失是否赔偿？为什么？

第七章　国际贸易结算与融资

学习目标

通过本章学习,你应能够:

掌握汇票的定义、内容、种类及其使用;

了解本票、支票的定义及其使用;

掌握汇付的特点、方式及其在实践中的使用;

掌握托收的种类、特点、国际惯例及其利弊;

掌握信用证的定义、主要当事人、基本收付程序、主要内容、特点、国际惯例和种类;

了解银行保证函和备用信用证的含义、性质及用途;掌握收付方式的选用和合同中的支付条款。

开篇案例

对客户资信缺乏调查导致的货款损失案

某外贸公司与某美籍华人客商做了几笔顺利的小额交易,付款方式为预付。后来客人称销路已经打开,要求增加数量,可是,由于数量太多,资金一时周转不开,最好将付款方式改为 D/P AT SIGHT。

当时我方考虑到采用 D/P AT SIGHT 的情况下,如果对方不去付款赎单,就拿不到单据,货物的所有权归我方所有。结果,未对客户的资信进行全面调查,就发出了一个 40' 货柜的货物,金额为 3 万美元。

第七章 国际贸易结算与融资

后来,事情发展极为不顺。货物到达目的港后,客户借口资金紧张,迟迟不去赎单。10天后,各种费用相继发生。考虑到这批货物的花色品种为客户特别指定,拉回来也是库存,便被迫改为D/A 30天。

可是,客户将货提出之后,就再也没有音信。到涉外法律服务处与讨债公司一问才知道,到美国打官司费用极高,于是只好作罢。

——资料来源:《国际商报》,2001年11月6日。

[案例评析] 本案中导致出口公司货款损失的根本原因是缺乏对进口商的资信调查。国际贸易中进口方经常在开始时往往付款及时博得出口方的好感,后来突然增加数量,要求出口方给予优惠的付款条件如D/P、D/A或O/A(OPEN ACCOUNT)。由于前期进口方较好的付款记录,出口方往往忽略对进口方的资信调查,从而答应客户条件,为以后的纠纷埋下了隐患。本案即属此种情况。

国际贸易结算是以物品交易、钱货两清为基础的有形贸易结算。在象征性交货条件下,出口商的交货义务是由装运和交付全套单据来完成的,特别是通过交付代表物权的提单来完成的。因此,进出口商之间物流和资金流的对流在国际结算中便反映为以提单为中心的结汇单据与货款的对流形式。

在国际货物贸易中发生的货款收支经历了从现金结算发展到票据结算,从凭实物结算发展到凭单据结算,从买卖双方直接结算发展到通过银行进行结算。国际贸易结算的目标之一是通过银行的中介服务,使进出口双方顺利实现物权的交接和货款的给付,克服物流和资金流的时间不对称引起的贸易双方在资金占压和风险承担上的不平衡;目标之二是通过银行提供的短期票据融资帮助进出口商提高资金周转效率,扩大贸易规模。从整体来看,国际贸易结算实质上是以票据为基础、以单据为条件、以银行为中枢、结算与融资相结合的结算体系。

第一节 贸易结算票据

票据一般是指以支付一定金额为目的、用于债权债务清偿和结算的凭证。票据建立在一定的信用基础之上,票据给付的标的物是一定的金额。出票人在票据上立下书面的支付信用保证,付款人或承兑人允诺按照票面的规定履行付款义务。票据经过背书或交付可以转让给他人,再经背书还可再转让。

背书人对于票据的付款负有担保的义务。背书次数越多,票据负责人越多,票据的担保性也越强。由于背书转让,票据就在市场上广泛地流通,形成一种流通工具,节约了现金的使用,扩大了流通手段。

在国际货物买卖中,货物的所有权随商业单据的转让而转移,货款的收付通过金融票据的流通转让而结清。票据可分为汇票、本票和支票,国际贸易结算中以使用汇票为主。各国都对票据进行了立法。我国于1995年5月10日颁布了《中华人民共和国票据法》,并于1996年1月1日起施行。

一、汇票

(一)汇票的概念及当事人

1. 汇票的定义

根据各国广泛引用或参照的英国票据法关于汇票(draft or bill of exchange)的规定:汇票是一个人向另一人签发的,要求受票人即期或定期或在可以确定的将来时间,对某人或其指定人或持票人支付一定金额的无条件书面命令。

2. 汇票的关系人

汇票上有三个基本关系人,即出票人、受票人(付款人)和收款人(持票人)。远期汇票还有承兑人。每一关系人在票据上签名后,都要对正当的持票人负支付责任。

(1)出票人(drawer):签发汇票并交付给他人的人。根据票据法的规定,出票人是汇票的主债务人,出票人签发汇票后,对收款人及正当持票人承担汇票在提示时付款人一定付款或承兑的保证责任。如果汇票遭到拒付,出票人被追索时,应负偿还票款责任。

(2)受票人(drawee):票据中指定的支付票款的人,即付款人。收款人或持票人不能强迫付款人付款或承担到期付款的责任,因为付款人并不一定是票据的债务人,他之所以被指定为票据的付款人,只是因为他是出票人的债务人;而在汇票项下只要受票人未在汇票上签字,其就无需承担付款义务。

(3)收款人(payee):票据中指定的收取票款的人,是票据的主债权人。收款人有权向付款人要求付款或承兑,如遭拒付,有权向出票人追索票款。

(4)承兑人(acceptor):承诺远期票据到期付款的人。承兑人大多是汇票承兑以前的受票人(付款人)。票据一经承兑,即表示承兑人同意出票人的支付命令,承担到期付款的责任。这时,承兑人即成为票据的主债务人,出票人退居从债务人的地位。所以票据承兑后,其背书人、持票人或出票人均可据以向承兑人要求付款。

> **提醒您**
>
> 汇票的出票人是汇票的债务人;付款人不一定是汇票的债务人。远期汇票项下,付款人对汇票做出承兑之后成为汇票的主债务人,出票人由主债务人变为从债务人。

(二)汇票的种类

汇票从不同角度可分成以下几种。

1. 按出票人身份区分

按出票人身份不同,可分成银行汇票和商业汇票。银行汇票(bank's draft),出票人和付款人都是银行。商业汇票(commercial draft),出票人是企业或个人,付款人可以是企业、个人或银行。

2. 按是否附有商业单据区分

按是否随附商业单据,可分为光票和跟单汇票。光票(clean draft),指不附带商业单据的汇票。银行汇票多是光票。跟单汇票(documentary draft),指附有包括运输单据在内的商业单据的汇票。商业汇票多是跟单汇票。

3. 按付款日期不同区分

按付款日期不同,汇票可分为即期汇票和远期汇票。汇票上付款日期有四种记载方式:见票即付(at sight);见票后若干天付款(at days after sight);出票后若干天付款(at days after date);定日付款(at a fixed day)。见票即付的汇票为即期汇票(sight bill or demand draft)。其他三种记载方式为远期汇票(time bill)。若汇票上未记载付款日期,则视为即期汇票。

4. 按汇票抬头的不同区分

汇票可分为限制性抬头、非限制性抬头和指示性抬头的汇票。汇票抬头即汇票的收款人。抬头上指明"仅付某人或某公司"(pay ×× Co. only)的,称为限制性抬头汇票,这种汇票只有指定的人或公司才能受款,安全性好而流通性差;抬头上填写"款付来人"、"款付持票人"(pay bearer)的,称为非限制性抬头汇票,这种汇票谁都可以凭票受款,无需背书即可以自由流通,因而安全性差而流通性好。抬头上写明"款付某人或其指定人"(pay ×× Co. or order)的,称为指示性抬头汇票,这种汇票所指定的人可以自己凭票收款,也可以通过背书指定其他人收款,兼顾安全性和流通性两方面的要求,在实际中应用最广泛。

5. 按承兑人的身份不同区分

汇票可分成商业承兑汇票和银行承兑汇票。远期的商业汇票,经企业或个人承兑后,称为商业承兑汇票(commercial acceptance bill)。远期的商业汇票,经银行承兑后,称为银行承兑汇票(bank's acceptance bill)。银行承兑后成为该汇票的主债务人,所以银行承兑汇票是一种银行信用。

提醒您

> 票汇中的汇票:银行即期汇票(出票人:汇出行;付款人:汇入行;收款人:出口商);
>
> 托收中的汇票:商业即期/远期汇票(出票人:出口商;付款人:进口商;收款人:出口商/托收行);
>
> L/C中的汇票:商业即期/远期汇票(出票人:出口商;付款人:开证行/付款行;收款人:出口商/指定银行)。

(三)汇票的使用行为

汇票使用过程中的各种行为,都由票据法加以规范。主要有出票、提示、承兑和付款。如需转让,通常应经过背书行为。如汇票遭拒付,还需做成拒绝证书和行使追索权。

1. 出票(issue)。即出票人签发汇票并交付给收款人的行为。签发汇票是票据的基本行为,只有经过交付才算完成出票行为。汇票的各有关当事人都必须依法履行各自的权利和义务。

2. 提示(presentation)。持票人将汇票提交付款人要求承兑或付款的行为,是持票人要求取得票据权利的必要程序。提示又分付款提示和承兑提示。

3. 承兑(acceptance)。远期汇票的付款人明确表示同意按出票人的指示付款的行为。付款人在接到汇票的首次提示时,在汇票正面写明"承兑"(accepted)字样,注明承兑日期,于签章后交还持票人。付款人一旦对汇票作承兑,即成为承兑人,以主债务人的地位承担汇票到期时付款的法律责任。

4. 背书(endorsement)。以汇票权利转让给他人为目的的行为。它是转让指示性抬头汇票时的一种法律手续。经过背书,票据权利即由背书人转移至被背书人,由被背书人取得票据权利。背书人对票据所负的责任与出票人相同。背书人对其后手有担保票据被付款人承兑及付款的责任。持票人行使其票据上的权利,以背书的连续行为作为其取得正当权利的证明。汇票转让次数越多,则汇票的信用价值越高,流通性越好。

5. 付款(payment)。付款人在汇票到期日,向提示汇票的合法持票人足额付款。持票人将汇票注销后交给付款人作为收款证明。汇票所代表的债权债务关系即告终止。

6. 拒付和追索(dishonor & recourse)。拒付是指持票人向付款人提示付款或提示承兑时,付款人拒绝、或逃匿、死亡、破产,以致持票人无法实现提示。出现拒付,持票人有追索权,即有权向其前手(背书人、出票人)要求偿付汇票金额、利息和其他费用的权利。但是,在追索前必须按规定作出拒绝证书和发出拒付通知。拒绝证书,用以证明持票人已进行提示而未获结果,由付款地公证机构出具,也可由付款人自行出具退票理由书,或有关的司法文书。拒付通知,用以通知前手关于拒付的事实,使其准备偿付并进行再追索。

二、本票

(一)本票的定义

按照英国票据法关于本票(promissory notes)的规定,本票是一人向另一人签发的保证即期或定期或在可以确定的将来的时间,对某人或其指定人或持票人支付一定金额的无条件书面承诺。

本票是出票人承诺付款的保证,以出票人自己作为付款人,所以本票只有两方当事人:出票人(付款人)和收款人。

(二)本票的种类

本票按出票人不同,可分成商业本票和银行本票。

1. 商业本票(commercial paper):又称一般本票,出票人是企业或个人。根据付款时间不同,又可分为即期本票和远期本票。远期的商业本票一般不具备再贴现条件,特别是中小企业或个人开出的远期本票,因信用保证不高,因此很难流通。

2. 银行本票(casher's order):出票人为银行。付款期限只有即期没有远期。在国际贸易结算中使用的本票大多是银行本票。

在国际贸易中,本票主要用于支付购买劳务的费用或贸易从属费用,如运费、来料加工费等。

> **提醒您**
>
> 远期汇票项下,付款人接受付款委托在汇票上签字,称为"承兑"(accepted);
>
> 远期本票项下,为明确付款日期,出票人见票在本票上签字,称为"签见"(visa)。

三、支票

(一)支票的定义

根据英国票据法关于支票(check)的定义,支票是以银行为付款人的即期汇票,它是银行存款客户(出票人)对银行(付款人)签发的授权银行对某人或其指定人或持票人(收款人)即期支付一定金额的无条件支付的书面命令。

(二)支票的当事人

支票的出票人应是在付款行有不低于票面金额存款的存款人,如存款不足,持票人提示时会遭拒付,这种支票称为空头支票。开出空头支票的出票人要负法律责任。

支票的受票人和付款人是存款银行。所谓无条件支付,仅是表示存款银行不管款项的用途和受款人是谁,但银行需要在确定了受款人的身份和确保账上的存款足以支付支票的金额时,才决定付款。

(三)支票的种类

支票分为记名支票、不记名支票、现金支票、划线支票、保付支票和转账支票6种。

1. 记名支票。出票人在收款人栏中注明"付给某人"、"付给某人或其指定人"。这种支票转让流通时,须由持票人背书,取款时须由收款人在背面签字。

2. 不记名支票。又称空白支票,抬头一栏注明"付给来人"。这种支票无须背书即可转让,取款时也无须在背面签字。

3. 现金支票。凭此支票持票人可以按票面金额提取现金,其作用类似于现钞。

4. 划线支票。在支票的票面上划两条平行的横向线条,此种支票的持票人不能提取现金,只能委托银行收款入账。

5. 保付支票。为了避免出票人开空头支票,收款人或持票人可以要求付款行在支票上加盖"保付"印记,以保证一定能得到银行付款。

6. 转账支票。出票人或持票人在普通支票上载明"转账支付",从而对付款银行在支付上加以限制。

四、支票与汇票、本票的区别

1. 当事人:支票和汇票有三个当事人;本票有两个当事人。
2. 性质:支票和汇票属于委托支付证券;本票属于自付证券。
3. 到期日:支票为见票即付;汇票和本票除有即期付款之外,还有定日付款、出票后或见票后远期付款等。
4. 承兑:支票均为即期,无需承兑;远期汇票需要承兑;本票的出票人就是付款人,也无需承兑。
5. 出票人与付款人的关系:汇票的出票人与付款人之间无资金关系,如果出票人就是收款人,称为"已收汇票",常见于托收;本票的出票人与付款人是同一个人;支票的出票人与付款人之间有资金关系,即出票人在付款人处有存款,用于出票人向银行解付款项。

汇票、本票和支票作为国际贸易结算中的支付工具,代替货币在不同国家或地区之间运送或进行一国、异地之间债务偿还或付款。在结算前或结算过程中,卖方或买方可以向银行提出给予资金融通的申请,银行充当中介人或保证人,按照买卖双方约定的交单条件和付款方式,办理单据和货款的对流,正确结清买卖双方的债权与债务。

> **提醒您**
>
> 汇票的实质:委托付款命令。
> 本票的实质:付款承诺。
> 支票的实质:以银行为付款人的即期汇票。

第二节 贸易结算方式

在国际贸易中,货物和货款的相对给付是不可能由买卖双方当面完成的。卖方发货交单,买方凭单付款,以银行为中介,以票据为工具进行结算,是当代国际结算的基本特征。传统的国际结算由汇款到托收再到信用证,以商业信用为基础的结算方式逐渐为银行信用所取代,证明了银行作用的增强。在现代的国际结算中,银行充分利用自身优势,为进出口商提供资信调查、会计处理、信誉担保、资金融通等多功能服务,从而帮助贸易的双方简化手续,减少资金占用,节省非生产性费用,甚至转嫁风险。银行自身能力的增强对国际结算影响的扩大,使得贸易结算方式多元化成为可能。

贸易结算方式多元化,在很大程度上满足了贸易双方根据各自需要自由选择支付方式。但是,由于各地法律和习惯的不同,对使用的方式选择有所不同。结算过程中买卖双方所承受的手续费用、风险和资金负担也是双方选择结算方式所考虑的主要因素。我们在本节中对世界贸易中使用最广泛的几种方式加以介绍。

一、汇付

(一)汇付的概念

汇付(remittance)又称汇款,是指付款人通过银行把款汇给收款人的一种方式。在汇款方式下,结算工具(委托通知或汇票)的传送方向与资金的流动方向相同,因此称为顺汇。

> **提醒您**
>
> 顺汇:支付工具和资金流向是一致;
> 逆汇:支付工具和资金流向相反。
> 汇付属于顺汇,托收和信用证业务都属于逆汇。

在国际贸易中,汇付方式一般是由买方按合同约定的条件,主动将货款通过银行汇交给卖方。银行在汇付业务中只提供服务,不提供信用,也不处理商业单据,货款能否结清,交货能否实现,完全取决于买卖双方相互提供信用,因此它属于商业信用。

(二)汇付方式的关系人

汇款业务通常涉及四个关系人:
1. 汇款人(remitter):一般是贸易合同的买方;
2. 收款人(payee):一般是贸易合同的卖方;
3. 汇出银行(remitting bank):进口国家的办理此项业务的银行;
4. 汇入银行(paying bank):即受汇出行委托将款项解付给收款人的银

行。一般是汇出行在国外的分行或代理行。

(三)汇款方式的种类

1. 信汇(mail transfer, M/T):汇出银行通过信函,授权进口国家付款银行向收款人付款。目前已很少使用。

2. 电汇(telegraphic transfer, T/T):汇出行接受汇款人委托后,以电报、电传或SWIFT(全球银行金融电讯协会)等电讯方式通知汇入行完成解付工作。电汇方式的一个显著特点是快捷安全,它适用于汇款金额大、汇款急的汇款项目。目前,电汇是最常使用的汇付方式。

3. 票汇(remittance by bank's demand draft, D/D):汇出行接受汇款人申请以后,用金融票据(如汇票、支票、本票等)完成汇付的任务。

(四)汇付基本程序和特点

信汇和电汇在收付货款程序上基本相同,区别在于收款速度不同。票汇的收款程序与信汇和电汇不同:票汇的汇入行无需通知收款人取款,而由收款人向汇入行主动提示付款;票汇下的金融单据背书后可以转让,而信/电汇下的付款委托书则不能转让流通。

1. 信/电汇结算的一般程序

信/电汇结算的一般程序见图7—1。

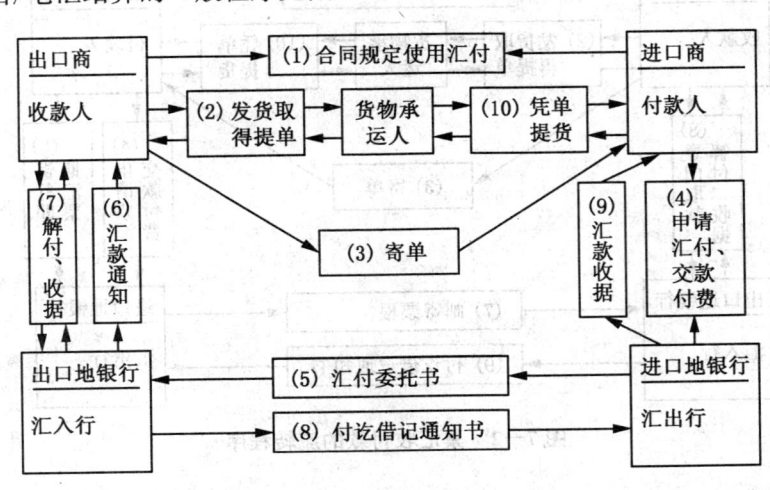

图7—1 信汇/电汇方式收付款的流转程序

说明:

(1)签订贸易合同,规定使用信汇/电汇结算;

(2)卖方发货,从承运人那里取得交货证明;
(3)出口人直接将商业单据寄交给国外进口人;
(4)进口人向汇出行提出汇付申请,并交款付费给汇出行;
(5)汇出行将汇付委托书邮寄给汇入行,或拍发加押电报或电传或SWIFT给汇入行,授权其解付一定金额给出口商或其指定人;
(6)汇入行按双方银行事先订立的代理合约的规定,向收款人发出汇款通知;
(7)收款人持汇款通知书到汇入行取款时,须在"收款人收据"上签字或盖章,交给汇入行;
(8)汇入行解付汇款后,把付讫借记通知书(debit advice)寄给汇出行;
(9)汇出行向汇款人提交"收款人收据",双方债权债务结清;
(10)进口人凭提单向承运人提取货物。

2.票汇结算的一般程序

票汇结算的一般程序见图7-2。

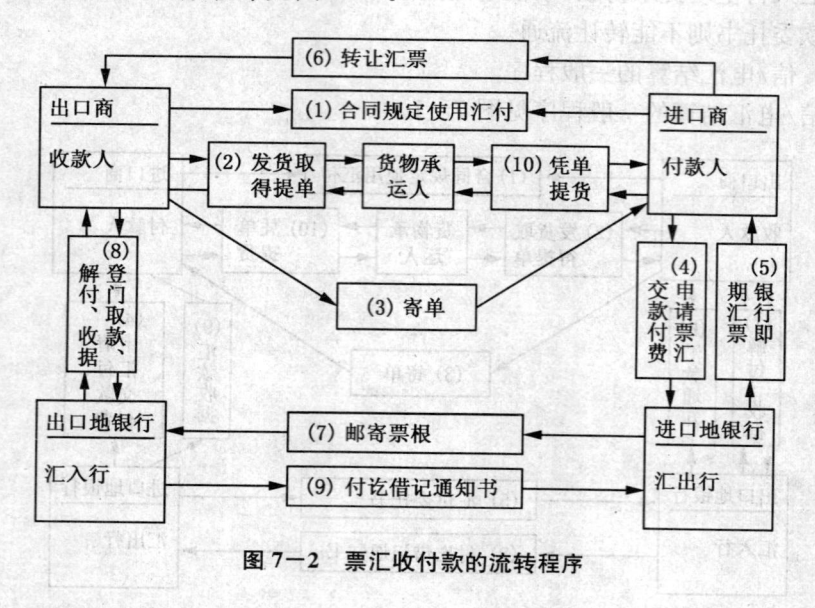

图7-2 票汇收付款的流转程序

说明:
(1)签订贸易合同,规定使用票汇结算;
(2)卖方发货,从承运人那里取得交货证明;
(3)出口人直接将商业单据寄交给国外进口人;

(4)进口人向汇出行提出票汇申请,并交款付费给汇出行;

(5)汇出行开立银行即期汇票交给汇款人;

(6)汇款人自行邮寄给收款人或将汇票带到国外亲自取款;

(7)汇出行将汇票通知书或称票根(advice of drawing)邮寄给汇入行;

(8)收款人持汇票向汇入行取款时,汇入行验对汇票与票根无误后,解付票款给收款人,收款人持汇款通知书到汇入行取款时,须在"收款人收据"上签字或盖章,交给汇入行;

(9)汇入行把付讫借记通知书寄给汇出行,以利双方的债权/债务得以结清;

(10)进口人凭提单向承运人提取货物。

汇付经常用于预付货款(payment in advance)或货到付款(deferred payment),是一种商业信用付款方式,货款收付的安全完全依赖进出口双方的信用,风险较大。但是其方便快捷,因而很受买卖双方的欢迎。目前在鲜活商品贸易和寄售贸易中使用较多。

(五)贸易合同中汇付条款举例

1. 票汇预付方式条款

Payment by transfer—D/D:The buyers shall pay the 30% of the sales proceeds to the sellers in advance by D/D not later than the 7th after receiving the note of sellers.

买方应不晚于收到卖方通知后第 7 天,将 30%货款,以 D/D 预付方式汇寄卖方。

2. 电汇货到付款条款

Payment by remitting—T/T:The buyers shall pay the total value to the sellers with remittance by T/T within 7 days after arrival of goods.

买方应于货到后 7 日内将全部货款电汇卖方。

二、托收

(一)托收的含义

托收(collection)是债权人(出口人)出具单据委托银行代收货款的方法,也称委托银行收款。按照国际商会《托收统一规则》(URC522)规定,托收是银行根据委托人的指示处理金融单据和/或商业单据,取得付款/承兑,凭付款/承兑或其他条款或条件交出单据(这里提到的金融单据是汇票、本票、支票和付款收据等。商业单据指的是发票、运输单据、物权单据或其他类似单据)。由此可以看出,托收是银行接受并按照委托人的委托书,凭金融或商业票据收回应收款项的方法。

(二)托收方式的关系人

按照国际商会《托收统一规则》规定,办理托收业务涉及的关系人有下述各方:

1. 托收人(principal):委托银行办理托收的人,通常就是贸易合同的卖方;

2. 托收行(remitting bank):在出口国家,接受委托收款的银行;

3. 代收行(collecting bank):在进口国家代表托收行向债务人收款的人;

4. 提示行(presenting bank):与委托人有关系,向债权人出示单据的银行,有时就是代收行;

5. 付款人(drawer):接收票据付款的人,一般是进口人;

6. 需要时的客户代表(customer's representative in case-of-need):当托收被拒绝时,可以代表托收人处理收款事宜的人。

(三)托收的种类

1. 光票托收

光票托收(clean collection)指不附有商业单据的金融票据托收。在国际贸易中,光票托收一般只用于小额款项,如预付货款、样品费、从属劳务费等。期限上有即期和远期之分。

2. 跟单托收

跟单托收(documentary collection)指凭附有商业单据的金融单据,或仅凭商业单据的托收。多用于国际贸易的货款收付。通常有两种形式:

(1)付款交单(delivery against payment,D/P):进口人只有付清款项才能从银行手里取得代表货物的单据。付款交单又可以分为即期付款交单(D/P sight)和远期付款交单(D/P after sight)。

(2)承兑交单(delivery against acceptance,D/A):只要付款人在托收汇票或单据上签名承兑,进口人就可以从受托收款的银行手里取得代表货物的单据。承兑交单都是远期,风险较大。

提醒您

即期 D/P:进口商见票→立即付款→代收银行立即交单;

远期 D/P:进口商见票→立即承兑→等待付款期届满→进口商付款→代收行交单;

D/A:进口商见票→立即承兑→银行交单→付款期到进口商付款。

第七章 国际贸易结算与融资

（四）托收的程序

托收由债权人向银行提交托收申请书，阐明托收事宜，托收银行根据托收指示完成托收业务。但是银行不保证一定完成此项任务，如果因某种原因货款收付不能实现，银行将于通知发出一定时间以后，将单据退回托收人，不承担任何责任。图7-3为即期D/P的流转程序。

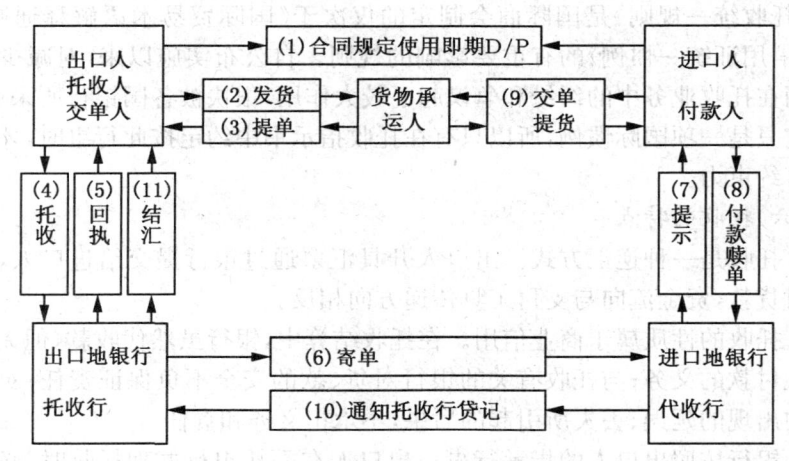

图7-3 即期付款交单的流转程序

说明：
(1) 双方贸易合同确定使用即期付款交单方式；
(2) 出口人根据合同按期发货；
(3) 从承运人那里取得提单；
(4) 开具跟单即期汇票和托收委托书交托收银行；
(5) 交单后从托收行取回回执；
(6) 托收行向进口地代收行寄单；
(7) 代收行向进口人提示汇票要求付款；
(8) 进口人即期付款赎单；
(9) 进口人凭单提货；
(10) 代收行贷记托收行账户并通知托收行；
(11) 托收行向出口商付款并取回回执。

（五）托收的国际惯例

在托收业务中，银行与委托人之间的关系，往往由于各方对权利、义务和责任的解释有分歧，常会导致误会、争议和纠纷。国际商会经过多次修改和多年来的实践,在1995年完成了最新的关于托收的规则解释,即《托收统一规则》[Uniform Rules for Collection(URC522),已于1996年1月1日起正式实施]。《托收统一规则》全文共26条,分为总则、托收的形式和结构、提示方式、义务和责任、付款、利息和手续费及其他费用、其他规定等,共七个部分。

《托收统一规则》是国际商会制定的仅次于《国际贸易术语解释通则》和《跟单信用证统一惯例》的有重要影响的规则。自公布实施以来,对减少当事人之间在托收业务中的纠纷和争议起了较大作用,很快被各国银行所采用,但由于它只是一项国际惯例,所以只有在托收指示书中约定按此行事时,才对当事人有约束力。

(六)托收的特点

1. 托收是一种逆汇方式。出口人开具汇票通过银行提交给进口人,进口人支付货款,资金流向与支付工具传递方向相反。

2. 托收的性质属于商业信用。在托收结算中,银行虽然代收款,但无敦促债务人付款的义务;与托收有关的银行对货、款的安全不负保证责任;对单据传送中出现的延误、丢失所引起的后果,不承担义务和责任。

3. 银行按照出口人的指示行事。出口人在委托银行办理托收时,必须附有托收委托书,完整明确地对托收事项做出指示,银行根据指示办理,委托人和托收行的关系是委托代理关系。

4. 资金负担和风险负担不平衡。出口商资金负担和风险负担较重,进口商负担相对较轻。卖方发运货物后,才能凭运输单据办理托收,占压资金时间长,如果遇上买方拒付货款则更加被动。而买方则进退自如,有时甚至可以做无本生意。

(七)出口方托收方式下应注意的问题

1. 尽量用CIF术语成交,掌握保险索赔主动权。如不用CIF条件成交,则要投保卖方利益险。

提醒您

> 卖方利益险:是专门针对托收(D/P、D/A)或赊销(O/A)交易项下买方不支付受损货物的价款时,保险公司对卖方利益承担责任的一种特殊的独立险别。

2. 投保出口信用险。转嫁由于进口国政治风险（包括战争、外汇管制、进口管制和颁发延期付款等）和进口商商业风险（包括破产、拖欠和拒收）而引起的收汇损失。

3. 准确把握交易对手信用。根据进口人的信用状况、经营作风考虑是否可以采用托收结算,适当控制交易规模。

4. 结合国际保理业务。为了解除应收账款追收方面的麻烦和减少业务管理费用,委托保理商参与风险管理和风险承担。

5. 指定"需要时代理"。避免进口人弃货拒付时,出口人货款两空。因此,在办理托收时预先规定一个在付款地的代理人,一旦发生拒付由代理人代办报关、存仓、转售和返运等事宜。

为了便于卖方融资,托收行在出口商要求下,可以叙做押汇业务。在远期D/P中,进口商还可凭信托收据借单提货。使用托收比较方便,一般客户易于接受,所以,目前在中国市场使用量呈上升趋势。

提醒您

有些国家的银行习惯上把D/P远期当作D/A处理,因此《托收统一规则》不建议用D/P远期,否则后果自负。

（八）贸易合同中托收支付条款举例

1. 即期付款交单条款

Payment by D/P sight: Upon first presentation the buyers shall pay against documentary draft drawn by the sellers at sight. The shipping documents are to be delivered against payment only.

买方应凭卖方开具的即期汇票,于见票时立即付款,付款后交单。

2. 承兑交单条款

Payment by D/A: The buyers shall duly accept the documentary draft drawn by the sellers at ... days sight upon first presentation and make payment on its maturity. The shipping documents are to be delivered against acceptance.

买方对卖方开具的见票××天付款的跟单汇票,于提示时立即承兑,并应于汇票到期日付款,承兑后交单。

三、信用证

（一）信用证的概念和特点

1. 信用证的定义

信用证（letter of credit，LC）是开证行接受开证人（一般为买方）的申请，按照申请人的指示，开给受益人（一般为卖方）的凭单付款的承诺书。也就是说，开证行向受益人保证，只要受益人提交信用证项下合格的单据，开证行即保证对受益人付款。

> **提醒您**
> 信用证实质：银行开立的有条件的付款承诺。

2.《跟单信用证统一惯例》和信用证的特点

在信用证发展的过程中，由于各国银行根据各自的习惯和利益自行其是，所以经常会发生各当事人的争议和纠纷。在这种情况下，国际商会为了减少因解释或操作不同而引起的争端，于 1929 年制定了《商业跟单信用证统一规则》(Uniform Regulations for Commercial Documentary Credits)，并建议各国银行采用。这一规则以后曾作过多次修改。值得一提的版本是 1993 年修订本，即于 1994 年 1 月 1 日起实施的国际商会第 500 号出版物，简称 UCP500。在这以后的十几年中，随着国际贸易范围的不断扩大和贸易形式的日趋复杂化，以及银行、运输、保险等行业的发展，信用证的有关当事人在信用证的使用过程中遇到了新的问题。因此，国际商会自 2002 年起再次对 UCP 进行修订，历经三年多的修订工作，新的《跟单信用证统一惯例》于 2006 年 11 月在国际商会年会上通过，并于 2007 年 7 月 1 日起在全世界范围内实施，即 UCP600。UCP 虽然不是一个国际的法律规定，但已为各国银行普遍接受，成为一种国际惯例。在采用信用证支付时，信用证绝大多数均列明"按《跟单信用证统一惯例》办理"字样，并作为该证条款的一个组成部分。

根据 UCP600 的解释，信用证有以下三个主要特点：

（1）开证银行负第一性付款责任。按 UCP600 的规定，在规定的单据符合信用证条款的情况下，开证银行将自行或授权另一银行向受益人或其指定人付款、承兑或议付。信用证是一种银行信用，开证行以自己的信用作为担保，只要受益人满足信用证条件，开证行必须履行付款责任。该责任不仅是首要的而且是独立的。即使进口人在开证后失去偿付能力，如宣告破产等，只要出口人提交的单据符合信用证条款,开证银行也要负责付款,之后再自行与申请人交涉。

(2)信用证是一项自足文件。按照UCP600规定,信用证与其可能依据的买卖合同或其他合同,是相互独立的交易,即使信用证中援引该合同,银行也与该合同无关,且不受其约束。信用证虽然是根据买卖合同开立的,但信用证一经开立,就成为独立于买卖合同以外的约定,不再受买卖合同的约束。所以信用证的各当事人的权利和责任完全以信用证中所列条款为依据,出口人提交的单据即使符合买卖合同的要求,但若与信用证条款不一致,仍会遭银行拒付。

微型案例

信用证与合同不一致导致的纠纷

我国A公司与美国拜耳中国有限公司(HK)签订一进口合同,进口BPA500公吨。合同要求拜耳方在2001年7月装船。A公司7月5日开出信用证,信用证规定最迟的装船期是7月28日。A公司于7月5日将L/C副本传真给拜耳方面。但拜耳公司在没有征得我方公司同意,又没有要求修改信用证的情况下,擅自在7月31日装船,违反了信用证的条款,造成迟装。开证行提出拒付并退单给拜耳是否合理?

——资料来源:幸理主编:《国际贸易实务案例与分析》,华中科技大学出版社2006年版。

[案例评析] 开证行拒付合理。因为根据UCP600规定,信用证是独立于合同以外的文件,信用证一经开出,与合同无关,开证行在处理信用证业务时只看信用证,只要受益人提交了和信用证相符的单据,银行就要履行付款条件,而银行是否付款与是否符合合同无关。

本案中合同规定:2001年7月装船;L/C规定:最迟的装船期是7月28日;卖方实际做法:在7月31日装船,虽然与买卖合同相符,但是与信用证相矛盾,所以开证行拒付合理。

---

(3)信用证方式是纯单据业务。UCP600明确规定:"银行处理的是单据,而不是单据可能涉及的货物、服务或履约行为。"所以信用证处理的是一种纯

单据业务。银行虽有义务"合理谨慎地审核一切单据",但这种审核只是用以确定单据表面上是否符合信用证条款,开证银行只根据表面上符合信用证条款的单据付款。UCP600特别强调指出"银行对任何单据的形式、充分性、准确性、内容真实性、虚假性或法律效力,或对单据中规定的或添加的一般及或特殊条件,一概不负责"。因此,银行在处理信用证业务时,只凭单据,不问货物,它只审查受益人所提交的单据是否与信用证条款相符,以决定其是否履行付款责任。

虽然银行只根据表面上符合信用证条款的单据承担付款责任,但银行出于保护自身利益的考虑,对这种"符合"的要求十分严格,实行"严格相符的原则",不仅要求"单证一致",而且还要求"单单一致"。即受益人提交的单据要在表面上与信用证规定的条款一致,同时各种单据之间在表面上也须一致。

(二)信用证的关系人及运作程序

1. 使用信用证涉及的关系人

(1)开证申请人(applicant):向指定银行申请开证的人,一般是买卖合同中的进口人。

(2)开证银行(opening bank or issuing bank):接受申请人要求,开立信用证的银行。

(3)通知行(notifying bank or advising bank):受开证行指定,向受益人通知并转递信用证的银行。

(4)受益人(beneficiary):凭信用证规定单据,可以向开证行或其指定行要求议付货款的人,一般是买卖合同中的出口人。

(5)议付银行(negotiating bank):审核信用证要求的单据,并在受益人质押货权的条件下付出对价的银行。付出对价意指银行立即购买单据或承诺支付的责任。

微型案例

单据与信用证不一致导致的纠纷

我某进出口公司收到一张A银行开来的即期不可撤销议付信用证,该信用证要求装"机械零件,X型号5 000件,Y型号3 000件,共8 000件","2004年9月10日前装运",我公司在收到信用证后发现X和Y型号的零件并无实质差别且用途相同。由于X型号的零件只有3 000件,因此我公司为早日结汇,于9月1日将货物

第七章 国际贸易结算与融资

装运,发票上显示"机械零件,X 型号 3 000 件,Y 型号 5 000 件,共 8 000 件",并附带了一张 X 与 Y 零件用途相同的证明(信用证中未要求),于信用证有效期内议付。但遭到开证行拒付。请根据信用证的特点进行分析。

——资料来源:幸理主编:《国际贸易实务案例与分析》,华中科技大学出版社 2006 年版。

[案例评析] 不妥。根据 UCP600 规定,信用证是纯单据业务,开证行在处理信用证业务时只看单据不管货物,只要受益人提交了和信用证相符的单据,银行就要履行付款条件,而银行是否付款与货物是否符合买卖合同无关。

本案中 L/C 规定:X 型号 5 000 件,Y 型号 3 000 件;卖方提供单据显示:X 型号 3 000 件,Y 型号 5 000 件。可见受益人提交的单据不符合信用证要求,开证行的拒付合理,因此开证行可以以单据不符合同拒付,而且 UCP600 规定,银行没有义务审核信用证中没有规定的单据。

(6)付款银行(paying bank):是开证行指定的,代表开证银行对信用证受益人依照信用证开立的汇票付款的银行。

(7)保兑行(confirming bank):接受开证行的授权,为其开出的信用证加具保兑的银行。信用证一旦保兑,保兑行就和开证行一样,具有了对信用证独立的第一性付款责任。

提醒您

保兑行一旦在信用证上加具保兑,就具有和开证行相同的付款责任:第一性、终局性的付款责任。

(8)偿付行(reimbursement bank):开证行指定的,对议付行或代付行已付款项,代其预先偿付的第三家银行。偿付行的付款是代开证行转账的单纯付款,并非终局。开证行审单后,若有拒付,可向索偿行追索已付款项。

2. 信用证流转程序:以议付信用证为例

采用信用证方式结算货款,其具体程序会因信用证种类不同而有所差异,但其一般原理是相同的。图 7-4 是议付信用证的流转程序。

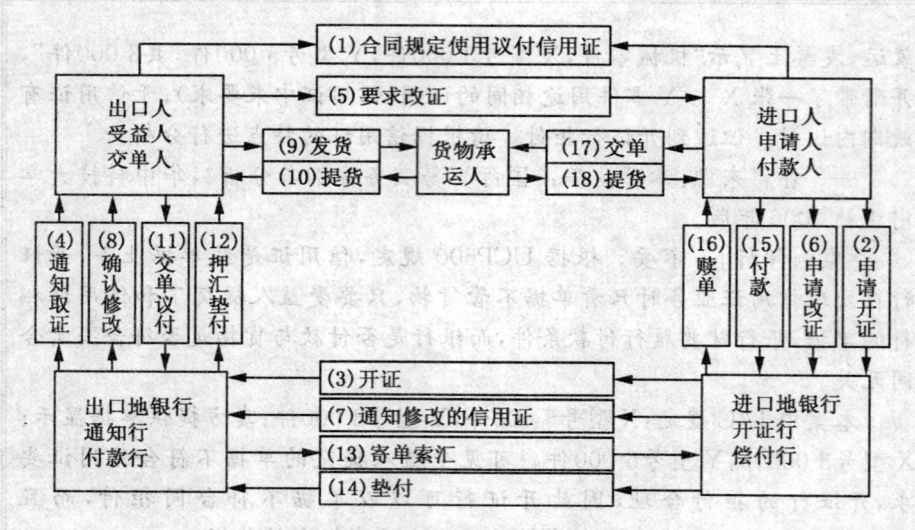

图7—4 议付信用证的流转程序

说明：
(1)双方约定使用议付跟单信用证支付；
(2)进口商向当地银行申请开立议付信用证；
(3)进口地银行开证后寄给出口地通知行同时指定议付行；
(4)出口地通知行对信用证真实性审查后通知出口商审证；
(5)出口商审查信用证发现问题后向开证申请人提出改正条款；
(6)进口商向开证行申请修改信用证；
(7)开证行把改正条款通知通知行；
(8)通知行把改正后的条款通知出口人；
(9)出口人认可信用证修改后发货；
(10)出口人取得代表货物的提单；
(11)出口人向开证行指定的议付行交单议付；
(12)议付行审单认为符合信用证要求以后垫付货款给出口商；
(13)议付行向开证行寄单索汇；
(14)开证行偿付给议付行；
(15)进口人付款；
(16)赎回单据；
(17)进口人向运输人交单；

(18)凭单提货。

(三)开立信用证的方式

1. 信开(to open by airmail)：即依照各银行印就的信函格式开立，并航空邮寄给通知行的信用证。目前已经很少使用。

2. 电开(to open by cable)：即用电报的形式开证。电报开证又分简电本(brief cable)、全电本(full cable)和 SWIFT 信用证。

简电本：是指开证行只用简单的电文，将正在开立的信用证的主要项目，如信用证号码、受益人名称和地址、开证人名称、总金额、货物名称、数量、单价、货物装运期和信用证效期等，预先通知卖方。简电开证一般附有"详情后告"(full details to follow)等类似字样。附有类似词语的简电本无法律效力，只能作参考，应以开证行随后发送的全电本为准。

全电本：是开证银行直接或继简电本之后，用电讯的形式，开给受益人的具备全部内容的信用证的合法文本。

SWFIT 信用证：SWIFT 是全球同业银行金融电讯协会(Society for Worldwide Inter-bank Financial Telecommunication)和其制定的专用电讯格式的英文名称及缩写。

SWFIT 是一个国际银行之间非营利性的国际合作组织，成立于 1973 年 5 月，为 SWIFT 会员提供安全、可靠、快捷、标准化、自动化的通信服务。目前有 130 多个会员，它的环球数据通信网运行中心设在荷兰和美国。在中国上海、北京设有地区处理站。SWIFT 编码格式被世界范围内的许多专业银行办理商业信用证广泛采用。目前的电开信用证，主要通过 SWIFT 电讯格式(format)开立。

SWIFT1985 年在中国正式开通启用，国内已有 14 家银行加入，并与各国和地区 2 400 多家银行建立了 SWIFT 密押关系，日处理 SWIFT 电讯 25 000 多笔。

(四)信用证的种类

信用证从不同的角度，可以分为很多种类。

1. 跟单信用证(documentary letter of credit)和光票信用证(clean letter of credit)：从信用证项下的支付是否需要提供必要的单证为条件进行划分。跟单信用证是指该信用证项下的支付，要凭跟单汇票或仅提交符合信用证要求的单证才能实现。而光票信用证则只凭信用证受益人开出的汇票即可付款。国际贸易货款的支付多用前者，而后者多用于信用证预付货款。

2. 保兑信用证(confirmed letter of credit)和不保兑信用证(un-confirmed

letter of credit)：从开证行开立信用证以后，是否由另一家银行参与保兑进行划分。保兑的信用证是指开证行开出信用证以后，又指定另一家银行对其信用证加具保兑，即由保兑银行在信用证上加列，按原信用证条件保证付款字样。而加具保兑的银行则和开证行一样，成为该信用证的第一付款人。不保兑的信用证则不经过保兑程序，只有开证行对支付负责。保兑的信用证可提高信誉度和可流通性。

3. 付款信用证(payment letter of credit)、承兑信用证(acceptance credit)和议付信用证(negotiation letter of credit)：按照 UCP600 规定，所有信用证都必须标明其所属付款行为的属性是付款信用证、承兑信用证或议付信用证。

(1)付款信用证：即开证行指定的付款行，见到合法受益人提交的符合信用证规定的货运单证或/和即期汇票以后，负责代开证行即期付款的信用证。付款信用证包括即期付款信用证(sight payment credit)和延期付款信用证(deferred payment credit)。即期付款信用证标明有"available by payment at sight"，可以凭受益人所交的信用证项下的合格的货运单据即期付款，一般不要求开具汇票；延期付款信用证标明有"装运日后若干天付款"或"于交单日后若干天付款"，但这种信用证使出口人失去了利用贴现进行融资的机会，因为它不使用远期汇票。

(2)承兑信用证：是指当受益人向开证行指定的银行，开具并提示远期汇票时，该指定银行即行承兑，并保证于汇票到期付款的信用证。根据 UCP600 规定，"信用证不应要求凭申请人为付款人的汇票支付""仅限于开证行或其指定的其他银行"付款承兑的规定，这种信用证是属于银行承兑远期汇票的信用证。

买方在同卖方签订远期付款合同时，为了能够利用银行承兑后的远期汇票在资金市场上通过贴现融通资金，或由承兑行贴现融资，往往要求信用证规定"远期汇票即期付款，所有贴现和承兑费用由买方负担"。这样，受益人虽然开出的是远期汇票，仍可以即期收回全部货款。业内人士称为"假远期信用证"。

(3)议付信用证：即开证行指定某银行对受益人交来的符合信用证规定的单据，实行议付的信用证。按照 UCP600 条款，议付即为押汇。从银行角度说，押汇也称买单议付，即议付行在审单无误后，扣除时差利息和手续费，将票款垫付给受益人。如果是假远期信用证，则垫款利息由开证申请人负担。

议付信用证有两种议付方式：一种是自由议付，即可以到任何愿意接受议付的银行议付；另一种是限制议付，即只能到开证行指定的银行议付，其他银行无权议付。这两种议付方式下的信用证到期日都在议付所在地,议付行议付后如发生不能从开证行索得票款的情况时,议付行有权对受益人行使追索权(with recourse)。

4. 即期信用证和远期信用证。

按付款时间的不同,信用证可分为即期信用证(sight L/C)和远期信用证(time L/C;usance L/C)。

即期信用证是指开证银行或付款行在收到符合信用证条款的汇票及/或单据即予付款的信用证。使用即期信用证对出口人及时收汇有安全保障,有利于资金周转,还可降低因汇率波动带来的风险。

远期信用证是指开证银行或付款行在收到符合信用证条款的汇票及/或单据后,在规定的期限内保证付款的信用证。其主要作用是便利进口人资金融通。这种远期信用证通常也被称为真远期信用证(卖方远期信用证)。

另外在业务中还有一种"假远期信用证"(或称"买方远期信用证"),它规定远期汇票可按即期议付。这通常是由于进口人为了融资方便,或利用银行承兑汇票取得优惠贴现率,在与出口人订立即期付款的合同后,要求银行开立远期承兑信用证,证中规定受益人应开立远期汇票,而这种远期汇票可即期付款,所有贴现和承兑费用由买方负担。使用这种信用证,对进口人来说可以承兑后取得货物所有权,到期再向银行支付货款,有利于资金的融通。因此应选择贴现费用较低的地区的银行以降低贴现费用。这种信用证的汇票付款人可以是开证行,也可是出口地或第三国银行,使用这样的假远期信用证,实际上是开证行或贴现银行对进口商融通资金。

提醒您

> 假远期信用证又称买方远期信用证:合同规定即期付款;信用证规定,受益人开具远期汇票,但由指定的银行负责对远期汇票承兑和贴现,所产生的利息和贴现的费用由进口人承担。

5. 可转让信用证(transferable letter of credit)和不可转让信用证(non-transferable letter of credit)。

根据受益人是否有权转让信用证的使用权来划分。可转让信用证是指授权信用证的第一受益人将信用证全部或部分转让给一个或数个第二受益人。这种信用证只能转让一次,即第二受益人无权将信用证再行转让。但如果转让回原出让人则是允许的。

信用证转让时，除信用证金额、商品单价、信用证到期日、装运日期、交单日期可以减少或缩短，保险比例可以增加和信用证申请人可以变更外，其他条款基本不变。可转让信用证适用于中间商做转手经营，将信用证的使用权转让给实际供货人。在办理货款支付时，可以用原受益人的发票和汇票，替换实际供货商的发票和汇票，保持信用证原金额，以取得两者之间的差额。UCP600规定，只有标明"transferable"字样的信用证被认为是可转让的信用证，其他类似字眼不予理会。不可转让信用证，即不可办理转让事宜。凡没有标明"transferable"字样的信用证都是不可转让信用证。

6. 循环信用证（revolving credit）和非循环信用证（un-revolving credit）。

根据信用证金额可否重复利用进行划分。循环信用证是指，当信用证限定的金额用完以后，可以恢复到原金额重复使用的信用证。其循环方式有三种：自动循环、非自动循环和半自动循环。大宗单一商品长期供货、分期分批交货时适合使用循环信用证。它可以节省开证费用，少占压资金，降低经营成本。凡信用证中未标明"revolving"字样的信用证，都视为非循环信用证。

7. 对开信用证（reciprocal credit）和背对背信用证（back to back credit）。

每种类型都涉及两个信用证的存在。对开信用证是指两份相互联系，互为条件，并且各自向对方开出的信用证。它在双方互为进口商和出口商的交易中使用，如易货贸易、来料加工、小型补偿贸易等。两张信用证的双方各自互为受益人和开证申请人，两证的通知行和开证行也互相易位，以实现互相约束。两证在开证时间、信用证生效时间、开证金额方面可以相同，也可以不同。

背对背信用证，也称转开信用证，指原始信用证受益人，要求信用证的通知行或其他银行向其供货人（另一受益人）开立一张以原信用证为背景、内容相似的信用证。这种信用证用于中间商转手供货人的货物，或两客户之间不便直接办理进出口时使用。背对背信用证的开立是以原证为基础的，除了价格和总金额低于原证，交货期和交单期早于原证之外，其所涵盖的商品等其他条件和原始信用证一样。背对背信用证的开立是以原证为担保品，因此原证必须是不可撤销信用证。由于受原证的约束，背对背信用证的修改必须征得原证开证行的同意，同时原证也做相应变更。

8. 预支信用证（anticipatory letter of credit）。

预支信用证指信用证允许受益人在货物出运前，凭光票（或收据）预先支取部分或全部信用证金额（扣减利息），用于备货、包装和装运货物，待货物出运后，提交规定的货运单据，归还贷款和利息。它是进口人对出口人提供短期融资的一种手段。预支信用证的预支款可由进口人直接垫款,或由开证行代替进口商垫款,或由指定银行代替进口商或开证行垫款。若到期受益人未补交单据或归还垫款,其风险应由进口商或开证行承担。授权指定银行垫款的预支条款在历史上使用红字或绿字标出,因此习惯称为红条款信用证和绿条款信用证,两者区别在于后者的预支条件要比前者的预支条件更严格些。不过这些标注红绿字的方法,目前已不多见。

9. 备用信用证(standby letter of credit)。

备用信用证又称商业票据信用证或担保信用证,是在商业信用证的基础上发展起来的一种担保文件。开证行应申请人的要求向受益人承诺,如果信用证申请人没能完成其和受益人之间约定的义务,受益人可以凭备用信用证规定的客观证明或/和开具汇票,从开证行获得损失赔偿。如果开证申请人未发生违约行为,该信用证并不生效,即备而不用。

备用信用证属于银行信用,是在开证申请人发生毁约时受益人取得补偿的一种方式。备用信用证与跟单信用证之间的区别表现在:

(1)适用范围不同:它比普通信用证的适用范围要宽,可用于投标、还款、履约保证和赊销等。

(2)启动条件不同:在跟单信用证项下,受益人只要履行了信用证规定的条件即可要求开证行付款;备用信用证项下,受益人只有在开证申请人未履行义务时才能使用信用证规定的权利。

(3)开证行付款的条件不同:在跟单信用证项下,以提交符合信用证规定的单据作为付款条件;而在备用信用证项下,一般是凭受益人出具说明开证申请人未能履行约定义务的证明,开证行即可付款。

(五)对信用证支付方式的评价

信用证是一种相对安全的支付方式。出口人只要按照信用证要求提交合格的单据就能安全拿到货款。因为,虽然信用证的单据条款效力并不依赖于合同,但是,信用证的要求的基础在合同,所以一般来说,只有认真履行了合同才能满足信用证的要求。所以这对出口人履约也是一个约束。另一方面,进口人通过开证指示,在信用证中列入了保证货物安全的必要单据和安排,所以只要能从银行手中拿到合格的单据,就等于能安全地得到货物,对进口人也是安全的。

具体来说,信用证支付方式对出口人有三点好处:(1)在一定条件下能安全地得到货款;(2)凭跟单信用证可以方便从银行取得贷款;(3)在实行进出口管制和外汇管制的国家和地区,银行开出信用证就等于取得了进口许可证。

对进口人的好处：(1)银行开证能提高进口人的信誉度；(2)便于进口人取得资金融通；(3)取得合格单据有保障，所以基本可以保证货物安全、保质保量的到达。

对出口地银行有两点好处：(1)有进口国银行开立的信用证作担保，所以对出口商融通资金比较安全；(2)可以扩大业务，增加利息和手续费收入。

对进口地银行的好处：(1)可以拿到开证押金和手续费，且不占用资金；(2)可以扩大业务关系，提高银行信誉。

信用证方式虽然有诸多优点，但也存在一定的缺陷。主要表现在：(1)风险并没有完全排除。在信用证方式下，出口商仍有可能遭到进口商不开证或不按期开证的风险，或开证行倒闭或无理拒付的风险。(2)信用证方式下银行只认单据，不管实际交付的货物，这就使不法行为有了可乘之机，由此而产生的出口商以伪劣商品和假冒单据进行欺诈的事件屡见不鲜。(3)费用和成本高。进口商需要在申请开立信用证时向开证银行缴纳20%~80%的开证押金，以及开证申请费和电报费等，致使进口方的资金被长期占用。出口企业也需要支付通知费和议付费等，相对费用较多。(4)操作复杂。信用证要经过开证、审证和改证等繁琐的程序，还有复杂的制单手续，特别是银行要求出口商提交的单据必须严格一致，从而使信用证成为最复杂的支付方式。

在20世纪80年代以前的国际贸易结算中，信用证一直是最主要的结算方式。这是因为较之国际贸易的其他两种传统方式——汇款和托收——来说，信用证方式有着不可比拟的优点：其一，汇款方式和托收方式中买卖双方凭借的是商业信用，一般只适用于买卖双方彼此比较了解、比较信任的贸易状况。信用证则是一种银行信用，它比较成功地解决了国际贸易中身处不同国家的进出口商互不了解、互不信任的问题，起到了推动国际贸易发展的作用。其二，汇款方式和托收方式中资金的占压和结算的风险全部集中于信用的提供者，而在信用证方式下，资金负担和风险的承担比较分散。但自20世纪90年代以来，随着国际贸易竞争日趋加剧，信用证方式在国际结算中所占比重不断下降，国际贸易结算领域出现了国际结算方式多元化的趋势，且这一趋势在工业发达国家已越来越明显。

(六)贸易合同中常见的议付信用证支付条款

1. The buyer shall open through a bank acceptable to the sellers an irrevocable Sight Letter of Credit in 30 days before the month of shipment and remain valid for negotiation in Bank of China until the 20 days after the date of shipment.

买方应通过卖方所接受的银行于装运月份前 30 天开出不可撤销的即期信用证，于装运日后 20 天在中国银行议付。

2. Payment: By Irrevocable L/C available by seller's documentary draft at... days after sight, to be valid for negotiation in China until 15 days after date of shipment. The L/C must reach the seller 30 days before the contracted month of shipment.

以不可撤销的信用证，凭卖方开具的见票后××天付款的汇票议付，有效期限为装运后 15 天在中国到期。该信用证须于合同规定的装运月份前 30 天到达卖方。

四、银行保函

（一）保函的定义和性质

保函是一种信誉保证书，由银行、保险公司、担保公司或担保人应申请人的请求，向受益人开立的一种信用担保书面凭证，保证在申请人未能按双方协议履行其责任或义务时，由担保人代其履行一定金额、一定时限范围内的某种支付或经济赔偿责任。

银行保函(letter of guarantee, L/G)是由银行开立的承担付款责任的一种担保凭证，银行根据保函的规定承诺担保其履行协议义务。银行保函的适应面比较宽，如贸易、借款、投标等的任一方，都可以申请要求银行为其向另一方担保。所以贸易的买方可以申请由银行代其向卖方担保付款，也可以由卖方申请向买方担保发货，所以我们也把它归为贸易支付方式的一种。因为它能依赖于银行的金融实力，满足经济活动很多方面的需要，使用起来又比较灵活，因此，近年来银行保函使用较为广泛。

微型案例

不该遭遇的拒付

2001 年 4 月份广交会上某公司 A 与科威特某一老客户 B 签订合同，客人欲购买 A 公司的玻璃餐具（名：GLASS WARES），A 公司报价 FOB WENZHOU，温州出运到科威特，海运费到付。合同金额达 USD 25 064.24，共 1×40'高柜，支付条件为全额信用证，客人回国后开信用证到 A 公司，要求 6 月份出运货物。A 公司按照合同与信用证的规定在6月份按期出货,并向银行交单议付,但在审核过程发现2个不符点:(1)发票上:GLASS WARES 错写成 GLASS-WARES,即没有空格;(2)提单上:提货人一栏,TO THE ORDER OF BURGAN BANK,KUWAIT 错写成了 TO THE ORDER OF BURGAN BANK。即漏写 KUWAIT。A 公司认为这两个是极小的不符点,根本不影响提货。A 公司本着这一点,又认为客户是老客户,就不符点担保出单了。但 A 公司很快就接到由议付行转来的拒付通知,银行就以上述两个不符点作为拒付理由拒绝付款。A 公司立即与客户取得联系,原因是客户认为到付的运费(USD 2 275.00)太贵(原来 A 公司报给客户的是5月份的海运费,到付价大约是 USD 1 950.00,后6月份海运费价格上涨,但客户并不知晓),拒绝到付运费。因此货物滞留在码头,A 公司也无法收到货款。

后来 A 公司人员进行各方面的协调后,与船公司联系要求降低海运费,船公司将运费降到 USD 2 100.00,客户才勉强接受,到银行付款赎单,A 公司被扣了不符点费用。整个解决纠纷过程使得 A 公司推迟收汇大约20天。

——资料来源:高洁编著:《国际结算案例分析》,对外经济贸易大学出版社2006年版。

[案例评析] 在信用证业务中,银行根据"单单一致,单证相符"的原则审核信用证项下单据的表面相符性。因此(1)外贸人员在制单时一定要严格按照信用证的要求,(2)如果已知单据存在不符点,最好将其修改。

本案中 A 公司遭拒付的原因是(1)A 公司事先知道单据存在不符点的情况下还是出单,存在潜在风险。A 公司认为十分微小的不符点却成了银行拒付的正当理由。(2)信用证业务中一旦出现不利于买方的情况,买方会极力挑剔单据,以不符点要求卖方降价或拒收单据。本案中 FOB 项下运费上涨不利买方,本来与卖方 A 公司无关,但是客户借口单据的不符点进行讨价还价,使卖方遭受本不应该承担的损失。

(二)保函索赔方式

1. 见索即付保函

见索即付保函也称无条件保函,是指只要在保函所提供的担保或付款承诺范围内,提交未能履行义务的证明文件提出索赔时,担保人应付第一付款责

2. 有条件的保函

有条件的保函是指要求赔偿的当事人只有在符合保函规定的条件下要求索赔,并交来符合保函规定的手续才能赔偿。

银行保函大多属于"见索即付",是不可撤销的文件。

(三) 保函的当事人及其责任

申请人:申请银行为其开立保函的人,并在必要时偿付开立保函的银行为其所作的支付。

受益人:接受保函,并有权根据保函的承诺向银行提出索赔的人。

担保人:颁发银行保函的银行。

通知行:为担保行通知和转交保函的人。

保兑行,也称第二担保人。

转开行:接受担保银行的要求,凭担保银行的反担保,向受益人开立担保书的人。

反担保人:为申请人向担保银行开出反担保函的人。

(四) 保函的主要内容

根据国际商会第458号出版物(UGD458)规定,保函主要内容包括:(1)有关当事人(名称与地址);(2)开立保函所依据的文件;(3)担保金额和金额递减条款;(4)要求付款的条件;(5)保函的失效;(6)保函的法律依据等。

(五) 保函的种类

银行保函的种类按用途可分为:

1. 投标保证书。指银行、保险公司或其他保证人向招标人承诺,当申请人(投标人)不履行其投标所产生的义务时,保证人应在规定的金额限度内向受益人付款。

2. 履约保证书。保证人承诺,如果担保申请人(承包人)不履行他与受益人(业主)之间订立的合同时,应由保证人在约定的金额限度内向受益人付款。此保证书除应用于国际工程承包业务外,同样适用于货物的进出口贸易。

3. 还款保证书。指银行、保险公司或其他保证人承诺:如申请人不履行他与受益人订立的合同的义务,不将受益人预付、支付的款项退还或还款给受益人,银行则向受益人退还或支付款项。还款保证书除在工程承包项目中使用外,也适用于货物进出口、劳务合作和技术贸易等业务。

(六) 贸易合同中保函支付条款举例

Payment by L/G:The applicant shall open a letter of guarantee through the Bank of China to the beneficiary within 30 days after the contract concluded, in which the bank must guaranty the applicant who will pay the full value of relative fund in the validity, otherwise the bank shall pay to the beneficiary upon the payment failure of the beneficiary.

银行保函保付：申请人必须以合同签署后 30 天内，通过中国银行对受益人开具保函，表明中国银行保证申请人于限定期限内偿付全部货款，否则中国银行负责偿付。

五、国际保理

（一）国际保理的概念和特点

国际保理（international factoring）又称承购应收账款，是指在使用托收、赊销等方式结算货款时，保理商（factor）向出口商提供的一项集买方资信调查、应收款管理和追账、贸易融资及信用风险保障于一体的综合性现代信息金融服务。其基本做法是，在以商业信用出口货物时，出口商交货后把应收账款的发票和装运单据转交给保理商，即可取得应收账款的全部或大部分货款，从而取得资金融通。日后一旦发生进口商不付或逾期付款，则保理商承担付款责任。

国际保理是近些年发展起来的一种买卖双方都愿意接受的，由进出口保理商参与进行风险管理和风险承担的方式。国际保理的服务范围主要是对海外进口商进行资信调查、信用评估，并对进口商的信用风险提供 100% 的担保；在担保业务中，以贷款或预支的形式，对出口商提供资金融通并严格地对应收账款实施管理和追收。

在实际业务中，当按托收（D/A）或赊销（O/A）方式成交时，出口商对国外进口商的资信和财务能力存有疑虑，担心货款的安全的情况下，就可以在达成交易后，向出口商申请叙做出口保理业务；或出口商为了解除平时账务管理和应收账款追收方面的麻烦和减少业务管理费用，也可以全部或部分地委托保理商代管。有时，进口商为了打消出口方对其资信及财务状况方面的疑虑，也可以主动提出叙做进口保理业务。

（二）国际保理业务的关系人

出口人（exporter）：为出口货物或服务出具发票的人，也就是把应收账款交由出口保理商叙做保理业务的人。

进口人（importer）：也称债务人，是对因接受货物或服务应承担付款责任的人。

出口保理商(exporter factor)：多是出口地银行兼营，是和出口人(债权人)签有叙作保理业务协议的一方。

进口保理商(importer factor)：根据合作协议，同意代收以卖方发票所表示的应收账款的一方。根据国际保理惯例，进口保理商对转让给他的应收账款承担信用风险，并必须保证对出口保理商在限期内付款。

(三)出口保理业务程序

1. 买卖双方以 D/A 或 O/A 付款条件签约成交。贸易合同条款中必须没有限制债权转让以及限制寄售的条款。

2. 出口商向出口保理商递交《保理业务申请书》申请叙做保理。出口商须提供出口保理获批准的时间、进出口商名称、交易量和交货时间表等，供保理商批准信用额度时参考。

3. 向进口保理商申请信用额度。出口保理商可根据出口商的提议或自己掌握的信息，选定进口保理商为合作对象。然后，通过保理电子数据交换系统(EDI factoring)，直接向进口保理商发送信用额度申请。

4. 进口保理商回复初步信用额度。进口保理商对进口商的情况进行审核，并做出初步评估以后，向出口保理商回复初步信用额度。回复的内容一是对进口商的初步评估结果，二是批准的信用额度和费率标准。

5. 出口保理商与出口商签订保理协议。出口保理商把进口保理商已同意的信用额度，通知出口商，并与其订立《保理协议》。然后，督促出口商按进口保理商要求的格式出单。若出口商在信用额度核准日期以后半年之内未向进口商发货并叙做保理业务，出口保理商应向出口商收取一定的资信调查费。

6. 向进口保理商申请正式信用额度。签订保理协议以后，出口保理商通过保理系统，向进口保理商申请正式信用额度。得到进口保理商的回复以后，在系统中录入相关信息并于一个工作日内向出口商签发《出口保理信用额度核准书》，由出口商签收并明确注明签收日期。要求出口商指定进口保理商为代收行，所有单据直接寄送给进口保理商。

7. 进口保理商与进口商签订正式《进口保理协议》。内容包括保理的性质、做法、费用、条款及争议处理等。

8. 向进口保理商转让债权。出口商按规定向出口保理商交单以后，出口保理商应进行单据审核。审核无误后，向进口保理商寄送单据并通过国际保理业务系统发送报文，将出口商的债权转让给进口保理商。O/A 项下可由出口商直接寄送单据，也可以由出口保理商寄送。D/A 付款可由出口保理商按进口保理商的指示办理。

9. 出口融资。若出口商需要保理融资，可同时向出口保理商提出申请，出口保理商核准融资比例和融资金额，一般可以向出口商提供60%～80%融资。办理融资手续以后，出口保理商为出口商办理转账手续，并按照规定办理外汇核销手续。

10. 催收货款。首先是进口保理商根据出口保理商和出口商的《债权转让通知书》向进口商催收货款，并将收到的货款按付款到期日付给出口保理商。如果进口商到期无力付款或不付款，进口保理商则在其他批准的信用额度内，全额向出口保理商赔偿。

11. 按保理协议向出口商付款。出口保理商收到货款后，如已付出口融资，则扣掉融资和手续费，余款付给出口商。

（四）国际保理业务对进出口各方的益处

国际保理业务在国际贸易促销方面具有很大的优势。出口人不再因为担心使用信用证以外的付款方式而丧失成交的可能；进口人不再因为占压资金的矛盾而与贸易机会失之交臂。使用国际保理让买卖双方都可以放下包袱轻装上阵。

1. 增加贸易成交的机会。出口商可以在谈判桌上，轻松地以国际保理为筹码，允诺使用D/A或O/A，对进口商让步以扩大业务，不失商机；进口一方可以利用D/A和O/A条件，以有限的资本扩大业务，增加购进，加快资金周转，改善盈利水平。

2. 经营风险得到保障。出口人最担心的就是进口商的资信状况，因为一旦其信用出问题，出口人的货款就会落空。使用保理方式，由此产生的信用风险转由保理商来承担，出口收汇有了保障；对于进口商来说，等于以自己的信誉良好为前提，获得了买方信贷，无需任何抵押，既提高了企业的信誉度，又取得了资金周转的便利，可谓一举两得。

3. 节约经营成本，提高盈利水平。由于叙做保理业务，出口人对进口商的资信调查、账款追收和账务管理等都由保理商负责，出口人减轻了负担，从而节约了管理成本，并排除了信用风险和坏账损失；对于进口人来说，节省了开立信用证的繁杂手续和提前垫付的资金和费用，加快了资金和物流周转速度，节约了进货成本，增加了盈利机会。

目前，我国已经加入了国际保理商联合会（Factors China International, FCI），同美国、英国、德国、意大利、法国、比利时、澳大利亚、土耳其、日本、马来西亚、韩国、中国香港、新加坡、中国台湾、丹麦、南非、泰国、奥地利、挪威、西班牙、希腊、以色列、匈牙利、波兰、爱尔兰等国家和地区的保理公司签署了保理协议,开展了广泛的业务合作。各会员之间已经开通保理电子数据交换系统(EDI factoring),信息和业务处理已经进入高速化运转。

第三节 贸易融资方式

贸易融资是银行对进口商或出口商提供的与进出口结算业务相关的资金融通或信用便利。简单来说就是指银行对客户提供的进出口贸易项下的信贷支持。

贸易融资包括一整套为从事进出口贸易的客户设计的融资手段,以满足客户在贸易过程中各阶段的融资需求。根据融资对象不同,贸易融资可以分为进口贸易融资、出口贸易融资、包买单据业务和保理融资业务。在进口贸易融资中,采用信用证结算方式时,银行在收到合格单据后对进口商可提供进口押汇,进口货物先于提单到达时可办理提货担保;采用托收方式结算时,银行凭信托收据可先行借单给进口人。在出口贸易融资中,银行对出口商在出口备货阶段可提供打包贷款,出口交单后可提供出口押汇及票据贴现等。在国际贸易中,规范的金融工具为企业融资发挥了重要作用。

贸易融资是银行为客户进出口贸易提供的主要金融服务,不仅为企业减少资金占压、把握市场先机、优化资金管理提供了支持,而且也是企业规避汇率风险的工具之一。如对出口商来说,货物出口后向银行申请做出口押汇、出口单据贴现、融资保理、福费廷等贸易融资业务,可提前获得应收外汇款项,办理结汇手续后即可在汇率升值预期的情况下实现规避汇率风险的目的。对银行来说,用外汇、收外汇不存在汇率风险的问题。由于贸易融资具有规避汇率风险的特点,因此当前发展速度非常迅猛。

一、进口贸易融资

进口商通过运用银行提供的贸易融资产品可用最小的成本、最便利的方式实现进口目的。

(一)信托收据

1. 信托收据的概念

信托收据(trust receipt)是付款交单托收方式下进口商从银行获取短期融资的一项业务。在托收付款交单中进口人只有在付清全部货款条件下才能从银行取得货运单据,进口人为了借单先行提货,向银行提供一种书面信用担保文件,用来表示愿意以代收行的受托人身份代为提货、报关、存仓、保险、出售并承认货物所有权属于银行。信托收据是基于进口商不能及时偿还其对卖方的款项，而由银行预先支付卖方的款项。银行持有该收据后，对该货物享有所有权，进口人仅作为银行的受托人代其处理货物，受托人将从银行获取短期融资。信托收据的基本功能在于预借单据，为进口商提供融资的便利。

2. 信托收据的内容

信托收据须指明进口人作为银行的受托人代银行保管有关货物，同时保证：

(1)将信托收据项下货物和其他货物分开保管。

(2)在售货前代购保险以保证货物的安全。

(3)售得的货款应交付银行，或暂代银行保管，但在账目上须与自有资金分别开来。

(4)不得把该项下的货物抵押给他人。

代收银行作为信托人，其享有的权利是：

(1)可以随时取消信托，收回借出的商品。

(2)有权决定和检查货物的运输方式、存放地点、方式和投保的险别。

(3)如商品已被出售，可随时向进口人收回货款。

(4)如进口商倒闭清理，对该项下的货物或货款有优先债权。

3. 信托收据适用的融资范围

信托收据适用于如下情形：

(1)卖方以付款交单托收方式的进口代收单据，但不适用于承兑交单进口代收单据；

(2)进口押汇业务。

(二) 提货担保

1. 提货担保的概念

提货担保(delivery against bank guarantee/shipping guarantee)，是指进口信用证项下货物先于运输单据抵达目的地时，银行应开证申请人(进口商)的申请，向船公司提供书面担保用于提货，并承诺日后补交正本提单换回有关担保书的业务。由于开证申请人在未付款之前就取得了代表货物所有权的单据，因此它的实质是开证行对进口人的一种融资。

这种贸易融资特别适用于海运航程较短，货物早于单据到达，且进口商品市场处于上升的情况，由进口商向开证银行申请办理提货担保业务。

2. 提货担保为进口商带来的好处

(1)提货担保的主要作用是进口商可在进口单据到达前提取货物，避免了货物到港后因提货延迟而产生的各种风险,减少了滞港费等额外费用支出。

(2)进口商在未支付进口货款的情况下就可利用银行担保先行提货、保管、销售和取得销售收入,在整个贸易过程中都不必占用自有资金,有利于缓解进口商的资金周转困难。

(3)在提货担保业务中,进口贸易的现金流向是"先流入、再流出",并且能够增加进口商的净现金流入量,提高其偿债能力。

3. 办理提货担保的基本前提

(1)以信用证为结算方式。办理提货担保业务仅限于开证行自身开立的信用证项下的商品进口,银行出具担保前,需要核定进口人的授信额度,确认有关内容,如货物名称、总价值、起运港和目的港等。

(2)运输方式为海运。对于运输方式为非海运(如陆运、空运等),通常银行不办理提货担保。

(3)信用证要求提交全套海运提单。

(4)提交付款保证。进口商须向出具提货担保的银行承诺,当单据到达后,无论有无不符点,均不提出拒付货款或拒绝承兑;因出具提货担保而使开证行遭受的任何损失,开证申请人负赔偿之责。

4. 提货担保的风险及防范

对于开证行来说,签发了提货担保书,便失去了对外拒付的权利,而且一旦真正的货主持全套正本提单提不到货物而要求船公司赔偿时,开证银行必须承担全部赔偿责任。提货担保书由于没有明确的金额和担保期限,银行对外承担的担保金额及担保期限均不确定。因此,担保提货是一项高风险的业务。担保公司对该业务进行担保时,必须严格审核业务背景及相关单据,签订有效的委托担保合同,督促进口商在正本提单到达后,及时从船公司处换回提货担保,并交还出具该提货担保的银行予以注销。

(三)进口押汇

1. 进口押汇的概念

进口押汇(import bill advance)是指收到信用证项下单据并经审核无误后,开证申请人因资金周转困难,无法向银行付款赎单,经过申请并提交一定质押担保的条件下,开证行同意先行代为对外付款,并将自己具有质押权的质押物即进口单据发放给开证申请人。日后在规定期限内申请人向银行偿还押汇贷款及利息的一种短期贸易融资方式。

进口押汇适用于申请人在贸易进行频繁,流动资金不足,无法按时对外付款时,或其他投资机会的预期收益率高于押汇利率时采用。叙做押汇后,申请人作为受托人,将单据或货物出售给第三人后,受托人负有严格的信托义务,将出售货物所得的款项偿还银行设定在质押物上的质押债务。

　　进口押汇的功能在于银行和开证申请人都获得了想要得到的东西。各方权益在获得充分保护的同时也使交易成本得以降低。开证申请人在整个交易中无需动用自有资金就使整个交易得以完成,在很大程度上降低了交易成本,降低了风险,提高了自身资金的利用率。开证行通过获得开证时开证申请人提供的保证,加上在进口单据或进口货物上获得的足够的附属担保,因此银行可以在风险很低的情形下,既为客户提供了融资服务,又收到了一定的报酬。

　　2. 进口押汇业务特点

　　(1)进口押汇是一种专项融资,仅可用于履行押汇信用证项下的对外付款责任,押汇申请限于即期信用证项下。

　　(2)进口押汇是短期融资,押汇期限一般不超过 90 天,最长不得超过 180 天。进口押汇不得展期。

　　(3)进口押汇一般以信用证汇票币种发放;押汇利率按银行当期流动资金贷款利率计收;押汇百分比由银行按授信额度来决定。

　　(4)押汇期限一般与进口货物转卖的期限相匹配,并以销售回笼款项作为押汇的主要还款来源。

　　3. 进口押汇种类

　　进口人申请办理进口押汇时,需要提供相应的担保、质押或第三者担保。按照担保方式的不同,进口押汇可分为:

　　(1)信用押汇。即无担保押汇。它凭开立信用证时银行对开证申请人的授信以及申请人出具的信托收据叙做押汇。

　　(2)仓单押汇。凭进口商出具的信托收据以及信用证项下进口货物存仓仓单为质押物叙做押汇,进口商提货时以相应货款存入银行,换取相应仓单。

　　(3)担保押汇。除进口仓单质押以外,还需要提供其他押汇担保,如抵押、质押、第三者保证等。

　　4. 叙做进口押汇业务的基本要求

　　(1)进口押汇只能逐笔申请,逐笔使用。押汇银行要核定进口人的授信额度或申请单笔授信。银行与进口商签订进口押汇合约书,对单笔进口押汇的金额不超过该进口商授信额度的 50%。

　　(2)银行只办理信用证项下的进口押汇业务,并考虑对进口商品的国际国内行情、信用证条款的合理性等方面因素。由进口商提供注册、经营、财务情况有关资料,作为银行融资审核的依据。

(3)进口商须向银行出具押汇申请书,将货物的所有权转让给银行,银行凭此借款借据代客户对外付款。押汇到期,进口商归还银行进口押汇融资本息。逾期押汇款项,银行保留追索权。

(4)进口押汇要求申请办理押汇的企业管理较规范,信用记录良好,财务、经营状况正常,贸易质量较可靠。

5. 进口押汇对进口商的优势

(1)减轻资金运转压力。进口商在办理进口开证后继续叙做进口押汇,可借助银行的信用和资金进行商品进口和国内销售,不占压任何资金即可完成贸易,赚取利润。

(2)押汇手续简单易行。进口押汇通过与即期信用证结合使用,为进口商提供了一个替代远期信用证的融资方式。相对于外汇贷款,操作较为简便,可以简化外汇管理部门审批程序。

(3)有效地把握市场机会。当进口商无法立即付款赎单时,进口押汇可以使其在不支付货款的条件下取得货物、提货、转卖,从而抢占市场先机。

(4)优化资金管理。如进口商在到期付款时遇到更好的投资机会,且该投资的预期收益率高于贸易融资的利息成本,则进口押汇可以使其在不影响进口商品转售的同时又赚取投资收益,实现资金使用效率的最大化。

二、出口贸易融资

在出口业务中小企业获得境外大公司的订单,由于其自身条件有限,无法从银行获得更多的贷款,因此,可以通过申请办理打包贷款、出口押汇、出口单据贴现等业务,获取短期融资,从而加快资金流通,扩大出口。

(一)打包放款

1. 打包放款的概念

打包放款(packing loan)又称信用证抵押贷款,是指出口商收到境外开来的信用证,用该笔信用证或其他保证文件作为抵押,向银行申请本外币流动资金贷款,用于弥补出口货物进行加工、包装及运输过程出现的资金缺口。它是出口地银行为支持出口商出运交货、按期履行合同,向收到合格信用证的出口商提供的专项贷款。

出口商适合在流动资金紧缺,国外进口商虽然不接受预付货款的条件但同意开立信用证时申请打包放款。它有利于缓解出口商的流动资金压力,在生产、采购等备货阶段都不必占用自有资金。

2. 打包放款的特点

(1) 打包放款是出口地银行向出口商提供的装船前的短期融资，使出口商在自有资金不足的情况下仍然可以办理进货、备料、加工和装运，顺利开展贸易。

(2) 打包放款仅用于为执行信用证而进行备货的用途。借款人取得贷款后，应按打包借款合同规定的用途使用，专款专用，不准挪用。

(3) 贷款银行一般为信用证的通知行，且融资银行可以议付、付款。对打包贷款项下出口收汇款项，经办行有权主动扣还贷款本息和其他费用。分批装运信用证下，每收汇一笔扣收一笔，贷款还毕后，将余款划给借款人。若开证行拒付或收汇金额不足以偿还贷款本息及其他费用，经办行有权从借款人存款账户扣收。

(4) 打包放款的期限一般很短，一般为 3 个月，最长不超过信用证有效期后 21 天。打包放款的货币一般以人民币为主。贷放金额一般为信用证总金额的 50％～70％，最高金额不超过 80％。

3. 申请打包放款的条件及提交的文件

一般来说，具有独立法人地位，有进出口经营权的企业，只要具备经办行规定的条件，就可申请打包贷款。

申请打包放款的条件包括：申请打包放款的出口商，应是信用证的受益人，在经办行开立账户；财务状况良好；提交的信用证为生效的正本信用证并由经办行通知；有经办行认可的第三方担保或抵押；使用不超过 90 天的即期信用证；信用证类型不能为可撤销信用证、可转让信用证、备用信用证、付款信用证等。如果信用证指定了议付行，该笔打包放款应该在议付行办理。

申请打包放款需要向银行提供的资料：贷款申请书；近三年的财务报表；有效信用证及修改正本；国外销售合同和出口货物证明文件，如许可证、出口合同及国内采购合同正本或复印件；担保单位的有关资料或抵押物的产权证明文件；其他文件等。经审核上述文件，如无疑义，经办行将批准贷款并与借款人签订出口打包借款合同，担保合同等法律文件，发放贷款。

出口商借入打包放款后，组织生产、采购，很快将货物装船出运。出口商装运货物并取得信用证要求的单据后，应及时向银行进行交单议付。正常情况下，信用证项下收汇款须作为打包贷款的第一还款来源。

微型案例

打包放款欺诈案

某出口企业(信用证受益人)持一份由新加坡银行开来的金额为288万美元的信用证要求中国银行叙做出口打包放款,以便向进口商在厦门的合资企业购进卡其布原料,经加工后,再将其产品(卡其裤)返销国外。中国银行有关人员详细审核了该份信用证后,拒绝了受益人的要求,理由有三:(1)该证限制在开证行议付,风险较大;(2)该证带有"陷阱条款":"受益人方的银行在收到任何修改后,必须通知开证行并得到其确认电证实已开出此修改",这条规定制约了受益人的主动权,非常不利;(3)开证申请人并非实际进口商,亦未曾与受益人订有任何合同或协议,资信不明。但受益人遭拒绝后,并未放弃这笔交易,而是继续向其他银行提出融资要求。后来另一家银行因不了解这笔交易的复杂性及该信用证的特殊性,给受益人融通了400万元人民币。受益人将这笔钱作为购货款,汇往进口商在厦门的银行账户。进口商骗到钱后,马上将其转移国外,觅无踪影,其在厦门的合资企业也已宣布倒闭。而受益人只收到相当于人民币90万元的卡其裤布料,产品找不到销路,全部积压仓库,直接造成经济损失达人民币300多万元。

——资料来源:帅建林编著:《国际贸易惯例案例解析》,对外经济贸易大学出版社2006年版。

[案例评析] 所谓"打包放款"诈骗,是指诈骗分子打着正常贸易的招牌,唆使国内出口企业以国外开来信用证作抵押,向出口地银行申请出货前的资金融通,并设法将所得款项转移,使银行资金遭受损失的诈骗行为。

一般这种诈骗行为的特点是:诈骗分子往往披着合资企业的外衣,以开展正常贸易为借口,精心设置"产品返销"的骗局;玩弄手法,诱使国内出口企业以国外所开信用证作抵押,向出口银行打包放款;信用证含有"陷阱条款"或"软条款";诈骗分子获得款项后,即设法将其转移国外,并逃之夭夭,使出口银行和出口企业均遭受损失。

(二)出口押汇

1. 出口押汇的概念

出口押汇(export bill purchase)是指银行根据出口企业(受益人)的要求,

在其货物发运后以其开出的票据及有关单据作为质押,将收汇总额扣除一定的利息及手续费后的净额付给出口企业的一种贸易融资方式。

叙做出口押汇主要有信用证下出口押汇和跟单托收 D/P 下出口押汇两种形式。托收出口押汇,出口企业取得贷款的抵押品是一张建立在进口企业商业信用基础上的跟单汇票及货运单据,这对托收行而言,风险很大,所以一般银行不愿冒险发放此种贷款。信用证出口押汇,银行是以出口商提供的信用证项下完备的合格货运单据作抵押向出口商融资。由于银行对受益人、开证行、单据及信用证等的限制条件较多,押汇业务的风险较低,因此,它是一种应用最广泛的出口贸易融资。下面主要介绍信用证项下出口押汇。

2. 出口押汇的特点

(1)申请办理出口押汇的信用证应是未作任何抵押的跟单信用证,付款信用证或限制其他银行议付的信用证,不宜办理出口押汇;申请人应是信用证的受益人且资信良好。

(2)出口押汇申请限于即期信用证项下,押汇期限一般不超过 90 天。押汇金额最高为汇票金额的 90%,一般采用预扣利息方式,即押汇金额-押汇利息。

(3)出口押汇原则上收取外币利息,也可应受益人的要求对即期信用证收取人民币利息。押汇利率按伦敦 LIBOR、香港 HIBOR 一个月期(远期按相应期限)利率加 0.5%~1%,或按外汇流动资金贷款利率规定计收。

(4)银行凭受益人提交的单证相符的单据办理出口押汇。

(5)出口押汇是银行对出口商保留追索权的融资,不论何种原因,如无法从国外收汇,出口商应及时另筹资金归还垫款。但银行如作为保兑行、付款行或承兑行时不能行使追索权。

3. 出口押汇对出口人的好处

(1)减少资金占压。出口人凭与信用证要求相符、收汇有保障的单据向银行申请短期融资,能在国外收汇到达之前提前使用应收账款,加快资金运转速度。

(2)融资手续简捷。单证相符或经国外银行承兑的信用证下出口押汇不占用出口商在银行的授信额度,融资手续相对简便易行。

(3)改善现金流量。叙做出口押汇,可以增加出口商当期的现金流入量,从而改善财务状况,提高融资能力。

(4)节约财务费用。在银行办理出口押汇,可以根据不同货币的利率水平选择融资币种,从而实现财务费用的最小化。

利用出口押汇形式，出口企业可提前取得货款，实现融资目的，却要支付利息及一切银行费用，成本也不可忽视。

4. 出口押汇和打包放款的比较

出口押汇和打包放款是完全不同的两种融资方式，但也有其相同之处。两者的共性是，都由出口人承担贷款利息和各项费用；信用证应是不超过90天的即期生效正本信用证；在实收款不足弥补贷款本金或利息时，银行对出口商保留追索权等。两者的区别主要表现在：

(1) 取得贷款的质押品不同。出口押汇是以受益人货物已发运为前提，以受益人提交的汇票或符合信用证条款的全套单据为质押品。而打包放款是贷款人为组织生产或采购信用证项下的出口货物，以信用证为保证并提供第三方的担保或抵押，银企双方要签订正式的借款合同和担保合同。

(2) 同一信用证项下所筹资金额不同。出口押汇是银行以汇票金额或发票金额为依据，扣除按预定收汇天数及规定利率计算的利息及各项费用后，将外币余额按押汇日外汇价折算成人民币后，全部垫付给受益人。而打包放款的每笔贷款金额最多一般不超过信用证金额80%的等值人民币。所以同一信用证项下采用出口押汇较采用打包放款所筹集的资金数额要大。

(3) 贷款本金的偿还及利息和各项费用支付的时间不同。出口押汇是从押汇日开始计算利息和各项费用。而打包放款则是在出口收汇时，按收汇款项直接归还本金、利息及各项费用，利息根据贷款日至收汇日的实际天数按规定利率计算。

(4) 实际收汇额大于银行垫付款的差额处理办法不同。出口押汇在出口款项收回后，经办行将扣回全部垫付的押汇款项，若因汇率变动等原因导致收汇额大于垫付款，其差额经办行不再划拨给受益人。打包放款则不同，若借款人将贷款本息及各项费用全部偿还后，收汇额有剩余，将由银行拨给借款人。

可见，出口押汇具有银行买断汇票或信用证全套单据的特点，打包放款可算是真正意义上的贷款。出口企业需要注意的是，信用证若已做好打包放款，则不能再用该证项下的单据做出口押汇，但某一信用证项下的打包放款若到期未能清偿，银行有权直接将其他信用证项下的出口押汇款扣收，归还打包放款。

总之，出口人在利用托收及信用证两种国际结算方式项下的出口押汇和打包放款进行融资时，应根据客户的资信状况、出口额的大小、本企业资金需要量等具体情况，比较不同融资方式的特点，来选择成本低、安全快捷的融资方式，解决企业资金紧张的难题。

(三) 出口贴现

1. 出口贴现的概念

出口贴现(export discounting)是银行以预扣利息购进远期票据同时保留追索权来向持票人提供融资的方式。办理贴现业务后，出口人即可将远期债权变为即期资金，同时将相关的信用风险化解。所以，它是最方便易行的出口贸易融资。

2. 出口贴现的特点

出口贴现只限于远期跟单信用证项下开证行已承兑的票据，对于无贸易背景、用于投资目的的远期承兑票据银行不予贴现；贴现票据的期限一般不超过180天，贴现天数以银行贴现日起算至到期日前一天的实际天数计算，贴现利率按同期外汇流动资金贷款利率计算，并计收外币贴现息，贴现息将从票款中扣除；银行对于未到期的远期票据有追索权地买入，对贴现垫款保留追索权；承兑行的资信、所在国政局和外汇状况是银行叙做出口贴现的关键，对于政治局势不稳定、外汇管制严、对外付汇困难的国家和地区的银行以及资信不好的银行所承兑的汇票银行不办理贴现。

出口贴现与出口押汇在做法上有很多相同之处，两者区别在于：出口贴现是以银行对开证行已承兑的远期汇票贴现向出口商融资，出口押汇是以银行买入信用证项下完备的合格货运单据向出口商融资。一般来说，如为远期收汇，可叙做出口贴现，如为即期收汇，可叙做出口押汇。

三、包买票据业务

(一) 包买票据业务概念

包买票据业务(forfeiting)，指包买商从出口商那里无追索地购买已经承兑的、通常由进口商所在地银行担保的远期汇票或本票的业务，音译为福费廷。

包买票据业务有两大基本特征：一是出口商承诺放弃对所出售债权凭证的一切权益。出口商将远期应收票据背书转让给包买商，在债权凭证上加注"无追索权"(without recourse)字样，同意放弃一切权益，以获得包买商的即期付款。二是包买商承担收取债款的权利、风险和责任。叙做包买票据业务后，包买商从出口商那里买断远期票据的债权，在远期票据到期时向担保人收取债款，同时也放弃了对出口商的追索权，到期若票据无法兑现，也无权向出口商追索。

(二) 包买票据业务的特点

1. 叙做包买业务大多是资本性物资的交易。允许进口商以分期付款的方式支付货款,债权凭证按固定时间间隔依次出具,以满足包买票据业务的需要。例如,还款期5年。

2.包买单据业务主要提供中长期贸易融资,融资金额较大。一般出口商向进口商提供期限为6个月至5年甚至更长期限的贸易融资。

3.融资货币为常用的可自由兑换货币。

(三)包买票据的融资工具

在包买票据业务中本票和汇票是最常见的债权凭证。本票由进口商出具,以出口商为收款人;汇票由出口商出具并由进口商或其往来银行以承兑方式确认其债务责任。此外,发票和其他形式的应收账款也可以作为债权凭证由银行叙做包买。

除非包买商同意,否则债权凭证必须由包买商接受的银行或其他机构无条件地、不可撤销地进行保付或提供独立的担保。在通常情况下,银行担保采取出具独立保函、加注保付签字(per aval)或开立备用信用证的形式。保证费用一般由进口商负担。票据有了银行的付款保证,包买商就把保证行当做第一付款人看待,直接向它提示票据索取票款,这样可以减轻包买人承担的风险,而且可以使票据拿到二级市场重贴现。

(四)包买票据业务的优缺点

包买票据业务的好处表现在:

1.终局性融资便利。包买票据是一种无追索权的贸易融资便利,包买商买入票据支付净款后,自行承担可能收不进票款的风险;出口商一旦取得融资款项,就不必再对债务人偿债与否负责。

2.改善现金流量。通过叙做包买业务,出口商将远期应收账款变为当期现金流入,有效地解决了资金占压问题;同时进口商享受100%合同价款的贸易融资,有利于改善财务状况和清偿能力。

3.节约融资费用。出口商按固定贴现率包买票据,可以避免日后由于市场利率上涨而使融资费用增加;并且出口商不再承担资产管理和应收账款回收的工作及费用,从而大大降低管理费用。

4.提前办理退税。叙做包买票据业务后出口商可立即办理外汇核销及出口退税手续。

5.规避各类风险。由于包买银行承担了收取债款的一切责任和风险,出口商可以消除远期收款可能产生的利率、汇率、信用以及国家等方面的风险。

6.增强出口竞争能力。出口商能以延期付款的条件促成与进口商的交易,避免了因进口商资金紧缺无法开展贸易的局面,增加了贸易机会。

7.实现价格转移。出口商在谈判初期可以提前了解包买商的报价并将相应的成本转移到价格中去,从而规避融资成本。

8.融资简单、灵活。包买单据业务责任明确,融资手续简便,方便易行。

包买票据业务也有其不足之处,对出口商而言,由于贴现率要把包买商承担收不进票款的风险包含在内,所以贴现费要比远期汇票贴现费用高得多,而且出口商还要保证债权凭证是清洁的和被有效担保的,只有这样才能免除包买商对其追索权;对进口商而言,需要负担包括银行担保费在内的较高的融资费用。

四、保理融资

(一)保理融资的概念

保理融资是国际保理业务中保理商提供的综合金融服务的内容之一。指卖方申请由保理银行购买其与买方因商品赊销产生的应收账款,从而获得融资的行为。它分为有追索与无追索两种。前者又称非买断式保理,是指保理银行受让出口商应收账款债权后,如果买方拒绝付款或无力支付,银行有权要求出口商回购应收账款;后者又称买断式保理,是指保理银行受让出口商应收账款债权后,即放弃对出口商追索的权利,银行独力承担买方拒绝付款或无力付款的风险,它比较适合有真实贸易背景、合法形成应收账款的贸易企业。

保理融资主要是针对买卖双方形成的应收账款而设计的。对卖方来说,可以缩短应收账款回收时间,减少资金积压,优化财务结构;对买方来说,可以解决资金紧张的困难。

(三)保理融资的特点

1.保理公司应出口人要求,可在信用额度内预付发票金额60%~80%货款,在通常情况下,这60%~80%的融资是一种丧失追索权的融资。因此,出口商可将其作为正常销售收入对待,而不必向银行贷款那样显示在平衡表的负债方,这样有利于提高出口人的资信等级和清偿能力,并进一步融资。

2.融资总额与出口商发票金额成正比,两者保持同步增长。这样,一方面可自动调整,满足出口商渐渐加大的资金需求,保证资金供应和商品销售同步增长;另一方面也可有效地防止处于发展时期中的企业超营运资金运营。

3.融资方式手续简便、简单易行。它既不像信用放款那样需要办理复杂的审批手续,也不像抵押放款那样需要办理抵押品的移交和过户手续,出口商在发货或提供技术服务后,凭发票通知保理商就可立即获得不超过发票金额80%的无追索权的预付款融资。

第七章 国际贸易结算与融资　　　　　　　　　　　　　177

在新的国际贸易环境下,以国际贸易单据作为抵押,利用融通银行的资金是现代企业经营过程中的一种必要手段,也是银行间经营借贷资本获利的一条重要渠道。

小　结

关键术语

票据的特性　票据行为　汇票　本票　支票　汇付　T/T　M/T　D/D　托收　D/P　D/A　信用证　备用信用证　银行保函　国际保理

本章小结

1. 本章主要介绍的是有关国际贸易中货款结算的一些基础知识。主要包括国际贸易的结算工具(三大金融票据:汇票、本票、支票)和结算方式(汇付、托收、信用证、银行保函、国际保理等)。

2. 关于结算工具,应该在把握票据特性的基础上掌握各种票据的定义、种类、票据行为,尤其应该熟练掌握汇票的有关知识,通过和汇票的对比掌握本票和支票。

3. 关于结算方式,重点掌握几种主要的结算方式:汇付、托收、信用证,掌握各种主要结算方式的定义、特点、主要当事人、基本收付程序、相关国际惯例等。

4. 银行保函在国际贸易中也经常用到,作为国际商贸活动的人员,也应当了解其性质、作用等内容。本章对创新性结算方式国际保理业务也做了简要介绍。

知识结构图

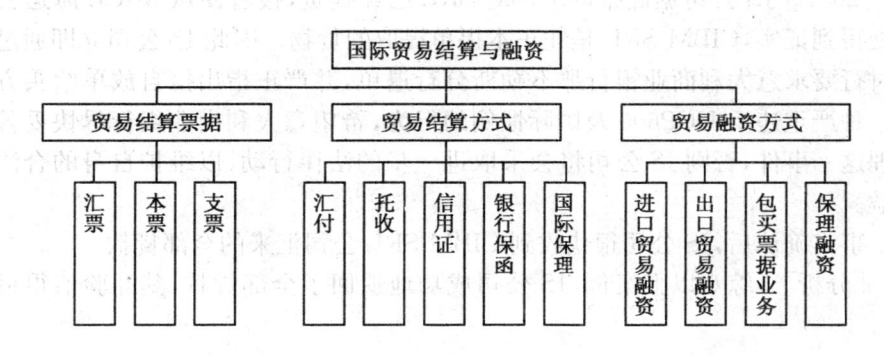

```
                    国际贸易结算与融资
         ┌──────────────┼──────────────┐
    贸易结算票据      贸易结算方式        贸易融资方式
    ┌───┼───┐    ┌───┬──┬──┬───┐    ┌────┬────┬────┬────┐
    汇  本  支    汇  托  信  银  国   进口  出口  包买  保理
    票  票  票    付  收  用  行  际   贸易  贸易  票据  融资
                        证  保  保   融资  融资  业务
                            函  理
```

应用

案例研究

信用证项下银行的义务

2004年4月11日,内地JS公司与中国香港GT公司达成一份出口合同,约定由JS公司加工生产衬衫,色织面料由香港GT公司指定的北京GH色织厂提供,付款方式为不可撤销的提单日后30天远期信用证。JS公司于5月底收到由意大利商业银行那不勒斯分行开来的远期信用证,信用证的开证申请人为意大利的CIBM SRL,并将目的港改为意大利的那不勒斯港,信用证装运期为8月30日,有效期为9月15日,在中国议付有效。

收到信用证后,JS公司没有对信用证提出异议,并立即组织生产。但由于北京GH色织厂未能按照JS公司的要求及时供应生产所需面料,并且数量也短缺,导致JS公司没有赶上信用证规定的最迟装运期。为此中国香港GT公司出具了一份保函给JS公司,保证买方在收到单据后会及时付款赎单。JS公司凭此保函于9月12日通过信用证指定的MICL公司装运了部分衬衫(总货款为USD132 540.00),并取得了海运提单。

9月14日,JS公司备齐信用证所要求的全套单据递交议付行。不久便收到意大利商业银行那不勒斯分行的拒付通知,理由是单证不符:(1)数量短缺;(2)提单日超过了信用证的最迟装运期。此后JS公司多次与中国香港GT公司和意大利的CIBM SRL联系,但两者都毫无音讯。10月19日,开证行来函要求撤销信用证,JS公司立即表示不同意撤证。

11月1日,JS公司收到CIBM SRL的传真,声称货物质量有问题,要求降价20%。JS公司据此推断CIBM SRL已经提货,接着便从MICL海运公司处得到证实,CIBM SRL是凭正本提单提取的货物。因此JS公司立即通过议付行要求意大利商业银行那不勒斯分行退单,并严正指出擅自放单给买方是一种严重违反UCP600及国际惯例的行为,希望意大利商业银行尽快妥善处理这一事件,否则JS公司将会采取进一步的法律行动,以维护自身的合法权益。

事实确认后,JS公司很快收到CIBM SRL公司汇来的全部货款。

[分析] 综观以上案例,JS公司成功地追回了全部货款,其经验值得借鉴。

JS公司在遭拒付后与有关方面联系以协商解决此事时,有关当事人都避而不理。正当JS公司一筹莫展之时,收货人CIBM SRL公司一封提出货物质量有问题并要求降价20%的传真使之露出了马脚,因JS公司由此推断收货人很可能已经提取了货物。接着JS公司便与承运人核实货物下落,证实了JS公司的推断,而且是从开证行取得的正本提单。因为在这一环节还有可能是承运人无单放货。

根据UCP600的相关规定,开证行如果决定拒收单据,则应在自收到单据次日起的7个银行工作日内通知议付行,该通知还必须说明银行凭以拒收单据的所有不符点,并还必须说明银行是否留存单据听候处理。言下之意,开证行无权自行处理单据。照此规定,本案中的意大利商业银行那不勒斯分行(开证行)通知JS公司拒付的事由后就应妥善保存好全套单据,听从受益人的指示。

既然JS公司已确定了是开证行擅自将单据放给收货人,就立即通过议付行要求开证行退单。事实上开证行根本就无单可退,也就迫使开证行将收货人推出来解决这一纠纷。银行的生命在于信誉,此时的开证行再也不会冒风险与收货人串通一气。正是抓住了开证行这一擅自放单的把柄,使得本来在履约过程中也有一定失误的JS公司寸步不让,将货款如数追回。

JS在前期履约过程中主要有两点失误:一是在信用证改变了目的港后未能及时提出异议,因为目的港从中国香港改成了意大利的那不勒斯港,至少买方的运费成本增加了许多;二是当面料供应不及时时,没有要求客户修改信用证,而是轻信了对方的担保函。

复习思考题

1. 汇票的种类有哪些?
2. 汇票使用中的票据行为有哪些?
3. 汇付在国际贸易中的应用主要有哪几种方式,请简要说明之。
4. D/P AT 30 DAYS AFTER SIGHT 和 D/A AT 30 DAYS AFTER SIGHT 有何区别? 各有什么风险?
5. 信用证业务有哪些特点?
6. 出口商融资方式有哪些?
7. 今年5月份D公司开始与一美商开展贸易活动,并在6月份成交一笔生意;美商进口一个20'柜的台面板,条款为 L/C at sight;现在美商对该期货物质量反映良好,并发函预订另一20'柜台面板,条件为 D/P at sight,原因是做 D/P 比做 L/C 省钱。D 公司因历来没做过 D/P at sight，怕有风险，现求助于你：有哪些预防措施可防患于未然？

8. 某公司以 CIF 鹿特丹条件与外商成交，出口一批货物，按发票金额 110% 投保一切险及战争险。售货合同的支付条款只简单填写"payment by L/C"（信用证方式支付）。国外来证条款中有如下文句"payment under this credit will be made by us only after arrival of goods at Rotterdam"（该证项下的款项在货到鹿特丹后由我行支付）。卖方审证时未发现此问题，未洽对方改证。我外贸公司交单结汇时，银行也未提出异议。不幸 60% 的货物在运输途中被大火烧毁，船到目的港后开证行拒付全部货款。对此应当如何处理？

第八章 贸易纠纷的处理

学习目标

通过本章学习,你应能够:

了解商品检验的时间、地点和机构;

了解合同中的索赔条款;

理解不可抗力的认定和处理;

掌握仲裁协议和仲裁裁决的效力。

开篇案例

因为检验标准不同导致巨额损失案

我国某公司从美国A公司进口一批美国东部黄松,计6 942千板英尺(折合35 404立方米),价值数百万美元,目的港为上海港。原合同规定"按美国西部SCRIBNER标准检验"。但是在开信用证之前,A公司提出另一个标准即"按美国东部标准BRERETON标准检验"也可作为验收标准。我公司同意修改合同检验条款,将"按美国西部SCRIBNER标准检验"改为"按美国东部标准BRERETON标准检验",并开具了信用证。货物运抵上海港后,上海进出口商品检验局按我国进口黄松通用的美国西部标准检验,检验结果共短少材积3 948千板英尺,短少率达57%,价值100多万美元,我公司蒙受巨额损失。

——资料来源:浙江工业大学《国际贸易实务》精品课程网站,http://

www.gmsw.sunbo.net/index.php?xname=5I58211。

[案例评析] 本例中由于我方对于对方采用的检验标准不了解而导致遭受巨大损失，同时也反映出我方业务员经验的欠缺。

在国际货物买卖过程中，买卖双方在合同履行环节中往往会产生很多争议。为了预防争议的产生，确保卖方交货符合合同约定，可以约定商品检验的时间、地点和检验方式。当一方确实构成违约，就要涉及索赔的问题。同时一方违约可能是遭遇人力不可抗拒因素造成，对不可抗力的认定和处理就显得尤为重要。由于费用低廉、程序简单、案件处理迅速等优点，仲裁成为国际贸易中采用最多的解决方式。

本章内容虽属于合同中次要交易条款的内容，但是对于合同顺利履行、减少贸易纠纷相当必要。

第一节 货物的检验

货物的检验(inspection of goods)，又称商品检验(commodity inspection)，是为了保障买卖双方的利益，避免争议的发生，以及发生争议后便于分清责任和进行处理，对卖方交付货物的品质、数量、包装进行检验，以确定合同标的物是否符合买卖合同的规定，是双方货物交接过程中不可或缺的重要业务环节。

商品检验是由第三方独立的商品检验检疫机构对于进出境商品、运输工具和物品进行质量检验、动植物检疫和国境卫生检疫（即通常所说的"三检"）。商品检验后取得商检证书，作为双方交接货物、支付货款、进行理赔和索赔的重要依据。

从微观层次上看，商品检验是为了确保商品品质等符合合同规定；从宏观层次上看，商品检验是为了人体安全、环境保护，减少劣质产品流出和流入国境，阻止传染病、病虫害等的传播。我国实施商品检验的法律依据是《中华人民共和国进出口商品检验法》和《中华人民共和国进出口商品检验法实施条例》。

一、买方检验权

无论是英美法或是大陆法的国家的法律，还是《联合国国际货物销售合同公约》（下称《公约》）都承认，除双方另有约定者外，买方有权对自己所购买的货物进行检验。如发现货物不符合同规定,而且确属卖方责任者,买方有权采取要求卖方予以损害赔偿等补救措施,直至拒收货物。

(一)买方检验的时间和地点

1. 当合同中有明确规定,则按照合同规定的时间对进口货物进行检验。

2. 如果合同中没有明确规定,则按照法律规定。《公约》第38条规定:"(1)买方必须在按情况实际可行的最短时间内检验货物或由他人检验货物。(2)如果合同涉及货物的运输,检验可推迟到货物到达目的地后进行。(3)如果货物在运输途中改运或买方须再发运货物,没有合理机会加以检验,而卖方在订立合同时已知道或者理应知道这种改运或再发运的可能性,检验可推迟到货物到达新目的地后进行。"

我国《合同法》第157条规定,买方收到标的物时应当在约定的检验期间内检验,没有约定检验期间的,应当及时检验。同时第158条还规定,当事人约定检验期间的,买方应当在检验期内将标的物的数量或者质量不符合约定的情形通知卖方。

(二)买方检验权的丧失

1. 买方对于收到的货物也可以不进行检验,假如买方没有利用合适的机会对货物进行检验,就等于放弃了检验权,从而丧失拒收货物的权利。

2. 若买方采用了与卖方对于货物所有权相抵触的行动,如转卖、重新包装等,就等于默认货物的品质良好,从而丧失索赔和拒收货物的权利。

我国《合同法》第158条还规定买方怠于通知的,视同为标的物的数量或者质量符合约定。当事人没有约定检验期间的,买方应当在发现或者应当发现标的物的数量或者质量不符合约定的合理期间内通知卖方。

> **提醒您**
>
> 买方收取货物并不等于接受货物,买方货到后应该拥有检验权,并保留向有关方面索赔的权利;但买方对货物的检验权并不是对货物接受的前提条件。

二、约定检验和法定检验

(一)约定检验的时间和地点

合同中约定检验的时间和地点关系着买卖双方的切身利益,它涉及检验权、检验机构以及有关索赔的问题,同时检验的时间和地点同贸易术语、商品的特点、使用的包装方式,以及当事人所在国的法律、行政法规有着密切的联系。在国际货物买卖中,关于检验的时间和地点基本做法有三种(见表8—1)。

表8—1　　　　　　国际货物买卖合同中检验的时间和地点

检验方式		内容	备注
在出口国检验	交货时工厂检验（产地检验）	在货物离开生产地点之前,由卖方或其委托的机构、买方验收人员或者买方委托的检验机构人员对货物进行检验或验收。	卖方只承担离开工厂或者产地之前的责任,对卖方较为有利。
	装运前或者装运时在装运港（地）检验	双方约定货物在装运港（地）或者装运时进行检验,检验机构出具的证书作为确定商品品质、重量或者数量的最终依据。	以离岸重量、品质作为交货的依据,对卖方较为有利。
在进口国检验	目的港（地）卸货后检验	双方约定货到目的港（地）由买方委托检验机构在卸货后对货物进行检验,且检验证书作为交货数量、质量最终依据。	以到岸重量、品质为准,对买方较为有利。
	在买方营业处所或者最终用户所在地检验	双方约定在货物到达买方营业处所或者最终用户所在地由买方委托检验机构对货物进行检验,检验结果作为最终的依据。	同样对买方较为有利,主要适用于成套设备、机电等大型、开封后很难恢原包装的商品。
在出口国检验,进口国复验		货物装运前在约定的装运港（地）进行检验,检验证书作为交单议付的依据;货到目的地后,买方在合理时间内委托检验机构对货物进行复验,复验证书作为向卖方、船方或者保险公司索赔的依据。	对于出口国检验和进口国检验两种方法的折衷,比较公平合理,包括我国在内的大多数国家都采用这种检验方法。

近年来国际上又有一些新的做法。比如在出口国装运前预检验,在进口国最终检验。也有采用离岸重量、到岸品质的方法把数量检验和品质检验的时间和地点分开,用以调和双方在检验时间和地点方面的矛盾。

第八章 贸易纠纷的处理

提醒您

> 客检证书是指买方一般要求由买方指定商检机构并出具商检证书，甚至要求有买方或者其指定的人签字，还要求该签字在开证行备份，并要求卖方把客检证书作为议付的主要单据。但是若买方到时不签发、不及时签发或签发不符合要求的检验证书或报告，卖方就无法使用信用证发货结汇或因单据不符而不能顺利结汇，使得信用证付款变得不是很确定，客检条款属于软条款或者"陷阱性条款"（pitfall clause）。

（二）法定检验

除了买卖双方在合同中约定检验的时间和地点外，在进出口交易中，国家还会通过特定的机构对进出境货物实施强制检验，确保进出境商品的质量、安全和卫生符合国家法律法规，符合有关国际公约或者国际协定的规定，体现出国家意志。属于法定检验的商品，进出口商在货物进出境前应该向指定的检验机构申报检验，未经检验或者检验不符合国家标准的，不允许进出口。

我国把要实施法定检验的商品列入《检验检疫商品目录》，共涉及 HS 编码商品 4 113 个共 21 类，从 2000 年 1 月 1 日起，一律凭货物报关口岸出入境检验检疫局签发的《出（入）境货物通关单》验放，实行"先报验、后报关"的货物出入境制度。

微型案例

检验时间规定不合理导致

我某公司与中国香港某公司签订了一条进口香烟生产线合同。设备为二手货，共 18 套生产线，由 A 国某公司出售，总值 100 多万美元。合同规定，如有缺件损失，货到用货现场后 14 天内凭商检证明，办理更换或退货。设备运抵目的地后，由于设备损坏、缺件等根本无法正常运转。而货物运抵工厂后进行装配，就已经超过了 14 天的期限，因此无法索赔。工厂只能依靠自己的力量进行加工维修，经过半年多的努力，花了大量的人力物力，也只开出了 4 条生产线。

——资料来源：兰菁主编：《国际贸易理论与实务》，清华大学出版社 2003 年版。

三、商检机构

国际上的商检机构很多,有国家专门设立的官方检验机构,也有半官方或者行业协会、公证行设立的,有的企业或者公司内部也设有检验机构,属于民间的检验机构。法定检验通常由官方检验机构或者国家授权的民间检验机构检验,这些机构同时还承担公证鉴定。

(一)我国的政府检验机构

2001年4月由原国家质量监督局和国家出入境检验局合并,成立了国家质量监督检验检疫局(General Administration of the People's Republic of China for Quality Supervision and Inspection and Quarantine,AQSIQ),是我国政府主管质量监督和检验工作的最高行政执法机关。该局下设中国国家认证认可监督管理委员会和国家标准化管理委员会,二者分别接受国务院授权,负责统一管理、监督和综合协调。除了签发商检证书以外,在我国普惠制原产地证明书也是由商检局来签发,以证明货物原产于中国。

同时,我国的检验机构还有1980年建立的中国进出口商品检验总公司,现改制为中国检验认证(集团)有限公司(CHINA NATIONAL IMPORT AND EXPORT COMMODITIES INSPECTION CORPORATION,CCIC),该公司经中国国务院批准成立,国家质量监督检验检疫总局和国家认证认可监督管理委员会认可,是以"检验、鉴定、认证、测试"为主业的跨国检验认证机构。同时也在政府指定的范围内开展工作。此外,国外的一些著名的商检机构也在我国开设分支和办事机构。

(二)国外商品检验机构

1. 官方检验机构。如美国食品与药物管理局(FDA)、法国国家实验室检测中心、日本通商产业检查所等。

2. 民间检验机构。瑞士日内瓦通用鉴定公司、美国保险人实验室(UL)、英国劳合氏公证行(Lloyd's Surveyor)、日本海事鉴定协议(NKKK)和中国香港天祥公证化验行等。其中瑞士日内瓦通用鉴定公司(Societe Generale de Surveillance S. A,SGS)是在1887年创建,世界最大、资格最老的民间第三方从事产品质量控制和技术鉴定的跨国公司。总部设在日内瓦,在全球有251家分支机构、256个专业实验室和27 000名专业技术人员,在142个国家开展产品质检、监控和保证活动。目前,有23个国家的政府委托SGS对进口货物实施装船前检验,即由SGS在货物出口国办理货物装船前的验货、核定完税价格(或结汇价格)、税则归类(HS制度),执行进口管制规定(如申领进口许可证件等)等。

四、商品检验证书

商品检验证书(certificate of inspection)是在商品检验机构对商品的质量和数量等进行检验后出具的证明文件,是海关放行的重要依据,同时也是买卖双方交接货物、公证鉴定、结算货款和进行索赔和理赔的法律证明文件之一。

目前我国商品检验机构所签发的商品检验证书主要有:品质检验证书、重量/数量检验证书、包装检验证书、兽医检验证书、卫生检验证书、消毒检验证书、熏蒸检验证书、温度检验证书、残损检验证书、船舱检验证书、货载衡量检验证书、价值证明书、产地检验证书等。

第二节 索 赔

由于国际货物买卖合同履行过程中涉及的面广、业务环节多,其中一个环节发生意外,都会对合同的顺利履行带来影响,尤其是市场行情发生不利于某一方的变化,可能会导致其不履行合同或者不完全履行合同义务,而对另外一方造成损害,从而引发索赔和理赔的贸易争议事件的发生。

一、违约责任

(一)违约的法律后果

国际货物买卖合同中任何一方当事人不履行合同义务或者履行义务不符合规定,就构成法律上的违约行为。根据各大法系和《公约》的规定,不同形制的违约行为,其承担的责任是不同的。

英美法系中英国法把违约分为"违反要件"(breach of condition)和"违反担保"(breach of warranty)。"违反要件"是指违反合同的实质性的主要约定条件,如交货质量、数量、交货时间、付款方式和争议的解决方法等,受到损害的对方不仅可以提出损害赔偿,还可以提出解除合同、拒收货物;"违反担保"是指违反合同的次要交易条件,受到损害的一方只能提出索赔,不能拒收货物、解除合同。但是英国法对于哪些属于要件,哪些属于担保并没有作出明确规定。英美法系中美国法把违约分为"重大违约"(material breach)和"轻微违约"(minor breach),前者类同于"违反要件",后者类同于"违反担保"。

《公约》把违约分为根本性违反合同(fundamental breach of contract)和

非根本性违反合同(non-fundamental breach of contract)。前者是指一方当事人违反合同的结果剥夺了另外一方当事人根据合同有权期待得到的东西，受损方可以解除合同，并提出损害赔偿；而后者受损方只能提出损害赔偿而不能宣布合同无效。

(二)违约的救济方式

《公约》规定违约的救济方式主要有以下3种。

1. 损害赔偿

违约的一方需要用金钱来弥补另外一方的损失，是国际货物买卖合同中采用最多的救济方式。《公约》认为只要一方当事人违约且对另外一方当事人造成损害，都应该向对方作出损害赔偿，而且损害赔偿的采用并不意味着其他救济手段的丧失。损害赔偿的金额应该与受损方包括利润在内的损失额相等。

2. 解除合同

根据《公约》规定，当一方根本性违约时，另外一方当事人可以宣布解除合同。

3. 实际履行

一方当事人未履行合同义务，另外一方当事人有权要求其按照合同规定完整地履行合同义务，而放弃其他救济手段。实际履行是大陆法系认可的主要救济手段，而英美法系只是把其作为损害赔偿之外的辅助救济手段。

二、合同中的索赔条款

(一)异议与索赔条款

异议与索赔条款(discrepancy and claim clause)是针对卖方交货质量、数量或者包装不符合规定而订立的，有时候会和商检条款结合起来，称为商检与索赔条款，主要包括索赔的金额、索赔的依据和索赔的期限。索赔的金额不是双方事先预定的，而是要根据损害程度来定；索赔的依据包括法律依据和事实的依据，涉及违约的证据和相关证据的出具机构；索赔的期限就是索赔的有效期，《公约》规定国际货物买卖合同中对于卖方索赔的有效期是2年。

(二)罚金条款

罚金条款(penalty clause)又称违约金条款，较多地使用在卖方延期交货，以及买方延期接货、延期付款或延期开出信用证等方面，它的特点是双方会事先规定罚金的数额或者百分比。

的解释,各国法律分歧较大,因此需要在合同中明确订明不可抗力条款。

一、不可抗力的认定

不可抗力(force majeure)的含义目前没有取得一致,根据《公约》解释,不可抗力是指非当事人所能控制,而且是在其签订合同时不能预见、避免或者克服的。英美法系把不可抗力称之为"合同落空",大陆法系称之为"情势变迁"或者"契约失效"。

通常认为不可抗力需要具体以下三个条件:(1)事件是在有关合同签订以后发生的;(2)不是由于任何一方当事人的主观过失或者故意行为造成的;(3)事件的发生及其产生的后果是当事人无法预见、无法控制、无法避免和不能克服的。

不可抗力形成的原因主要有自然原因和社会原因两大类。前者是指洪水、暴风、干旱、暴风雨(雪)、地震、火山喷发和海啸等;后者主要是指战争、罢工、政府禁令等原因。

提醒您

> 1. 不是所有的自然和社会原因引发合同不能履行的事件都是不可抗力;
> 2. 要很好区分不可抗力和正常的贸易风险,如价格、汇率波动风险。

二、不可抗力的处理

无论是大陆法系、英美法系、《公约》,还是国际贸易惯例,均规定如果发生不可抗力的事件致使合同不能履行或者不能完全履行,有关当事人可根据不可抗力的影响,解除合同或者变更合同而免除相应的责任。

但对于是采用解除合同还是变更合同,应该看不可抗力对于合同履行影响的程度和情况来定,双方也可以在合同中约定。如果双方在合同中没有加以明确规定,如不可抗力导致不能实现合同的目的,使合同履行不可能,比如由于战争导致合同项下的货物完全灭失,则可以解除合同而免除责任;若不可抗力只是部分或者暂时性阻碍了合同的履行,则受损方只能采用变更合同的方法,延期履行、减少履行或者替代履行。

三、不可抗力的通知和证明

为了避免合同当事人由于不能履约而滥用不可抗力条款，根据《公约》的规定，在发生不可抗力事件后，不能按规定履约的一方当事人要取得免责权利，必须要及时通知另外一方当事人，同时提供必要的证明文件，同时在通知中告知对方进一步的处理方法。若没有在合理时间内通知对方，应该赔偿对方受到的损害。

为了避免引发争议，合同中最好规定出具通知的时间期限，甚至还可以规定出具不可抗力证明的机构。在我国，贸易实践中发生不可抗力时，我方当事人通常要在受损后15天内向对方发出遭遇不可抗力的通知，并由中国对外贸易促进委员会（包括贸促会当地分会）提供证明。对方遭遇到不可抗力，则应该由当地商会或者经过注册的公证行做出证明。

当对方接到该不可抗力通知或者证明文件后，应该及时回复，无论是否同意提出的处理意见。否则，根据有些国家的法律（如《美国统一商法典》）则将视为默认同意。

四、合同中的不可抗力条款

不可抗力条款是一种免责条款，即免除由于不可抗力事件而违约的一方的违约责任。一般应规定的内容包括：不可抗力事件的范围，事件发生后通知对方的期限，出具证明文件的机构以及不可抗力事件的后果。我国进出口合同中的不可抗力条款，按对不可抗力事件范围规定的不同，主要有以下三种方式：

1. 概括式，即对不可抗力事件作笼统的提示，如"由于不可抗力的原因，而不能履行合同或延迟履行合同的一方可不负有违约责任。但应立即以电传或传真通知对方，并在××天内以航空挂号信向对方提供中国国际贸易促进委员会出具的证明书"。

2. 列举式，即逐一订明不可抗力事件的种类。如"由于战争、地震、水灾、火灾、暴风雪的原因而不能履行合同或延迟履行合同的一方不负有违约责任……"。

3. 综合式，即将概括式和列举式合并在一起，如"由于战争、地震、水灾、火灾、暴风雪或其他不可抗力原因而不能履行合同的一方不负有违约责任……"。综合式是最为常用的一种方式。

微型案例

某年我国某进口企业按照 FOB 条件向欧洲某厂商订购一批货物,当我方派船前往西欧指定港口接货时,正值埃及与以色列发生战争,埃及被迫关闭苏伊士运河。我方所派船舶只能绕道南非好望角航行,由于绕道增加航程,致使船只延迟到达装货港口。欧洲厂商要求我方赔偿因接货船舶延迟到达造成的仓租和利息损失,我方回绝了对方的要求。对此,请加以评论。

——资料来源:吴百富等著,《进出口贸易实务教程》(第五版),上海人民出版社 2007 年版。

第四节 仲 裁

在国际货物买卖中,发生争议往往在所难免,关键在于对于争议的解决。通常双方首先采用协商方式来和解(negotiation),协商不成可以选择第三方来调解(conciliation)。若仍然不能解决争议,双方就可能采用法律手段,即仲裁或者诉讼来解决。

仲裁(arbitration),又称公断,是指买卖双方争议发生之前或者之后,签订书面协议,自愿将争议提交双方同意的第三方仲裁机构进行裁决,以解决争议的方式。仲裁裁决具有法律约束力,双方当事人都必须要遵照执行。

由于和解和调解属于自愿性质,需要在双方同意的基础上进行,协商和调解的结果没有强制性;诉讼(litigation)可以是单方面进行,法院的判决需要强制执行。而仲裁既有自愿性,也有强制性,自愿性体现在需要双方达成协议,仲裁才可以受理;强制性体现在仲裁裁决具有终局性效力,双方必须要遵照执行。

一、仲裁的特点

相对于诉讼,仲裁具有下述特点。

(一)自愿性

当事人之间的纠纷,是否将其提交仲裁、仲裁庭的组成人员如何产生、仲裁适用何种程序规则,都是在当事人自愿的基础上,由当事人协商确定的,故仲裁能充分体现当事人意思自治的原则。

(二)专业性和保密性

由于仲裁的对象大多是民商事纠纷,常常涉及复杂的法律、技术性问题,而仲裁员一般都是各行各业的专家,这样就保证了仲裁的专业权威性。

仲裁以不公开审理为原则。在这种情况下当事人的商业贸易活动不会因此而泄露。同时,双方当事人之间比较和谐融洽,通常不会产生因在法庭对簿公堂所引起的激烈对抗,容易通过调解或和解较好地解决纠纷。

(三)快捷性和经济性

仲裁实行一裁终局制,且审理的期限比较短。由于仲裁是一裁终局,而且仲裁程序灵活简便,相对于诉讼,仲裁节约了相应的上诉费用和有关费用。

(四)独立性和公正性

仲裁法规定,仲裁独立进行,不受任何机关、社会团体和个人的干涉。新仲裁制度所确立的仲裁机制,确保了仲裁的独立性。

仲裁的公正,是由仲裁机制所决定的。一是新的仲裁制度实行协议管辖,没有地域管辖和级别管辖。要不要仲裁,以及在哪个仲裁机构仲裁,完全由当事人自主选择。仲裁靠的是信誉,不是靠强制。

这些特点导致国际货物买卖合同中仲裁是采用最多的一种解决争议方式。

二、仲裁协议的形式和作用

我国法律明确规定,双方当事人采用仲裁方式解决争议,应当自愿达成仲裁协议。没有仲裁协议,仲裁机构不可以受理该仲裁案件。

(一)仲裁协议的形式

仲裁协议是指合同当事人根据意思自治和协商一致的原则,自愿把双方已经发生或者将来可能发生的争议提交仲裁裁决的一种书面协议。仲裁协议有两种形式:一种是合同中的仲裁条款(arbitration clause),就是在争议产生之前,双方当事人在合同中订立的仲裁条款,表示一旦发生争议,双方自愿将争议交给仲裁机构进行裁决;二是提交仲裁协议(arbitration agreement/submission to arbitration),双方当事人在合同争议发生后订立提交仲裁的协议。两种仲裁协议具有同等的法律效力。

(二)仲裁协议的作用

1. 表明双方当事人在争议发生时自愿提交仲裁,任何一方当事人不得向法院起诉。

2. 使仲裁机构取得争议案件的管辖权,任何仲裁机构无权受理没有达成仲裁协议的争议案件。

3. 可排除法院对该案件的管辖权。我国法院不受理双方达成仲裁协议的争议案件。

三个作用中最重要的是排除法院对本案件的审理管辖权,只要双方达成该协议,任何一方不可以就该争议案件交由法院审理。

三、国际货物买卖合同中的仲裁条款

仲裁条款的主要内容一般包括:仲裁地点、仲裁机构、仲裁规则和仲裁的效力等。

(一)仲裁地点

仲裁地点是仲裁条款中最重要的内容,因为仲裁地点与仲裁适用的程序和合同争议所适用的实体法密切相关。通常均适用于仲裁所在地国家的仲裁法和实体法。我国进出口贸易合同中的仲裁地点一般采用下列三种规定方法:(1)力争规定在我国仲裁。(2)有时规定在被诉方所在国仲裁。(3)规定在双方同意的第三国仲裁。

(二)仲裁机构

国际上的仲裁机构主要有两种:常设性的仲裁机构和临时性的仲裁机构。目前国际上很多国家、地区和一些国际性、区域性组织都设有常设性仲裁机构。目前国际上比较有名的国际商事仲裁机构有以下几个。

1. 国际商会仲裁院(the International Court of Arbitration of International Chamber of Commerce)

国际商会于1919年在法国巴黎成立,其目的是为了促进国际商事活动的进行。它是一个国家间的商会,现有国家会员60多个。其仲裁院成立于1923年,在国际商事仲裁领域,是最具影响的仲裁机构。国际商事仲裁院总部和其秘书局设在法国巴黎,与任何国家没有关系,尽管它是根据法国法律设立的。国际商会仲裁院的委员来自40多个国家,他们都具有法律背景和国际商事法律及争议解决的专业经验。国际商会的仲裁员来自世界各个国家,其仲裁的一个主要特点是可以在世界的任何一个地方进行仲裁程序。国际商会仲裁院秘书局的工作人员也来自不同的国家,能够使用多种语言进行工作。

2. 美国仲裁协会 (American Arbitration Association,AAA)

美国仲裁协会成立于1926年,是一个非营利性的为公众服务的机构。其目的在于,在法律许可的范围内,通过仲裁、调解、协商、民主选择等方式解决

商事争议。美国仲裁协会的受案范围很广泛,从国际经贸纠纷,到劳动争议、消费者争议、证券纠纷,无所不包。与此相应,美国仲裁协会有许多类型的仲裁规则,分别适用于不同类型的纠纷。美国仲裁协会的总部设在纽约,在美国一些主要州设有分部。20世纪90年代,为开拓亚太业务,美国仲裁协会成立亚太争议中心。近年来,美国仲裁协会又把目光投向欧洲,并在欧洲设立了分部。

美国仲裁协会的仲裁员也来自很多国家,且数量达数千人之多。当事人也可以在其仲裁员名册之外指定仲裁员。在没有约定的情况下,所有案件只有一名仲裁员,即独任仲裁员。但如仲裁协会认为该案件争议复杂时,可决定由三名仲裁员组成仲裁庭。

从案件数量上讲,美国仲裁协会的受案量世界第一。但其中劳动争议等美国国内案件占绝大部分。

3. 斯德哥尔摩商会仲裁院(the Arbitration Institute of the Stockholm Chamber of Commerce,SCC)

斯德哥尔摩商会成立于1917年,其仲裁机构组织设立于1949年。设立的目的在于解决工业、贸易和运输领域的争议。斯德哥尔摩商会仲裁院的总部设在瑞典的斯德哥尔摩,包括秘书局和三名成员组成的委员会。三名委员任期三年,由商会任命。三名委员中,一名须具有解决工商争议的经验,一名须为有实践经验的律师,一名须具备与商业组织沟通的能力。斯德哥尔摩商会仲裁院解决国际争议的优势在于其国家的中立地位,特别以解决涉及远东或中国的争议而著称。

4. 伦敦国际仲裁院(the London Court of International Arbitration,LCIA)

它是世界上最古老的仲裁机构,成立于1892年。原名为London Chamber of Arbitration,1903年起使用现名。1986年起,伦敦国际仲裁院改组成为有限责任公司,其董事会管理其活动。伦敦国际仲裁院设在伦敦,在仲裁案件中其主要作用是指定仲裁员和对案件进行一些辅助性的管理。它也设有仲裁员名册,仲裁员的成分也是多种多样,可以适应各种类型案件的需要。

我国常设的仲裁机构是隶属于中国国际贸易促进委员会(中国国际商会)的中国国际经济贸易仲裁委员会(中国国际商会仲裁院),总部设在北京,在深圳和上海设有分会。从1994年起,中国国际经济贸易仲裁委员会已步入世界主要仲裁机构的行列。在国际争议受案量方面,该仲裁委员会一直排在世界前列。近年来,其受理案件的争议金额也有大幅增长。随着其仲裁规则的进责任。(2)对方的索赔要求也是不合理的。因为我方确实遭遇到不可抗力,而根据《公约》规定,遭遇到不可抗力的一方通常可以免除违约责任,我方延迟交货是因为仓库遭遇雷击起火烧毁,我方延迟交货属于变更履行合同,可以免除相应的违约责任。

复习思考题

1. 什么叫做买方检验权？商检采用的时间和地点主要有哪些？
2. 不可抗力需要具备哪些条件,遭遇不可抗力后对于违约处理方法有哪些？
3. 仲裁协议的作用有哪些？

第九章 国际货物买卖合同的商定

学习目标

通过本章学习,你应能够:

了解交易磋商的主要程序;

了解发盘和接受需要具备的条件;

了解发盘的撤回与撤销;

了解逾期接受;

了解国际货物买卖合同的主要内容。

开篇案例

低报出口价挽回损失案

某年5月3日,D国国际贸易公司(中间商)给H进出口公司(出口商)来电,要求购买A商品20万磅,请H公司报价。H公司于5月5日去电,提出以下交易条件,同意供货20万磅,分五次装运,从当年8月至12月,每月各装4万磅,单价为CIFC2%每磅1.38美元,目的港为中东某港口,发盘有效期至5月10日止。

5月9日,D公司来电称:"你5日电悉,已说服我中东客户接受你方价格,请考虑数量22万磅8月至12月平均装量,电告合同号码。"

H公司准备缮制书面合同时,发现原盘单价因核算错误,原定价每磅1.52美元,每磅低报价格0.14美元,若按此成交,将损失外汇28 000美元(按原盘20万磅计算),H公司顿时感到十分被动,随即对进口公司来电进行分析,以求良策。

在分析过程中,H公司发现仍有挽回损失的余地,理由有三:一是进口公司在表示接受报价时所用,"接受"一词为进行时"accepting",并非"已接受",可理解为"正在接受中",有不肯定的意思;二是对数量和装运期的条件虽提出"请考虑"字样,但对原发盘已作了实质性变更;三是"电告合同号码"意为请H公司作接受的表示,可视为D公司的还盘。

经慎重考虑,H公司5月10日复电:"你9日电悉,只供20万磅,8月至12月交货,信用证必须于5月25日开到,5月11日我方时间确认有效。"

复电中未提对D公司来电是接受还是还盘,也未提前发盘价格有误,仅增加了一个5月25日开到信用证的条件,有效期只留两天。

D公司5月12日来电接受H公司10日去电,但超过有效期一天,电文有关条文如下:"你10日确认,电告合同号以便开立信用证。"

H公司13日去电:"你5月12日电悉,现询盘甚多供货紧张,因有效期内你复电未到,货已他售,俟有货供当即电告。"

D公司15日来电:"你13日电悉,20万磅货我电发出仅迟数小时,请电告合同号码,以便开立信用证。"

H公司经研究后5月18日去电:"你15日电悉,实无货供应,兹介绍另一规格货物××,可供10万磅,如有兴趣请电告。"D公司后来又多次来电要求按原定价及数量执行,均被H公司婉言拒绝。

5月25日,H公司去电:"经我与厂方努力可供A商品150 000磅CIFC2%1.52美元,10月至12月平均装运,限5月31日确认。"

D公司5月30日H来电:"你25日电已说服客户接受,电告A商品150 000磅合同号码"

至此,这笔交易终以每磅CIFC2%1.52美元的价格告成,从而使H公司避免了大额损失。

——资料来源:浙江工业大学《国际贸易实务》精品课程网站。

[案例评析] 国际货物买卖合同磋商过程中,需要注意发盘、还盘和接受具备的条件,本案例中我方报价时没有能够结算精确,但是通过适当方法进行了弥补,既达成交易,又避免了损失。

进出口货物贸易中的一项重要工作是进行交易磋商。交易磋商的方式包括书面磋商(函电成交)和口头磋商(面对面谈判或者是通过电话)两种。对于重要的机械设备,一般通过面对面谈判为好,大多数商品交易则往往通过函电成交。无论是通过哪一种方式,一般包含询盘、发盘、还盘和接受四个环节,其中发盘和接受是必要环节。

第一节 交易磋商的一般程序

在外贸业务中交易磋商通常分为"询盘"、"发盘"、"还盘"和"接受"四个环节,其中"发盘"和"接受"为必要的环节。

一、询盘

询盘(enqiry)又称询价,是指卖方或者买方拟购买或者出售某项产品而向对方询问有关交易条件的行为。询盘的内容主要涉及价格、数量、交货事件、结算方式等方面的信息,探询双方成交的可能性。

询盘属于发盘邀请(invitation to offer)的内容,对于当事人没有法律约束力,也不是交易磋商中的必要环节,但其却是交易的起点。通常询盘的一方会采用"please offer/please quote/please advise…"等字样请求对方提供交易信息。

二、发盘

发盘(offer),又称发价,法律上称为要约,是指发盘人(offeror)向对方(受盘人,offeree)提出有关某项货物的交易各项条件,并愿意以该交易条件和对方达成交易、订立合同的意思表示。

(一)有效发盘需要具备的条件

1. 表明订约的意旨(contractual intent)。发盘表明一方向另外一方订立合同的意愿,即一旦发盘被对方接受,则原发盘人就受到发盘内容的法律约束,这也是判别一项发盘是否具有法律效力的基本标准。

假如发盘中未表明接受发盘时承受约束之意,或者附有保留条件或者限制条件,比如"subject to…"(以……为准)字样,则不能构成有效发盘,只能算是发盘邀请,不具备法律约束力。

第九章 国际货物买卖合同的商定

> **提醒您**
>
> 发盘和发盘邀请的区别
> 1. 发盘是实盘(firm offer)，发盘邀请是虚盘(unfirm offer)。
> 2. 发盘中表明发盘人在发盘得到接受时承受约束的意旨(无保留性和限制性条件)。
> 3. 发盘的内容要十分确定(发盘的内容明确，主要交易条件完整)。

2. 向一个或者一个以上特定的人(specific persons)发出。发盘要有明确的对象，即要有明确的受盘人，商品目录、价格清单和产品的宣传手册等一般不认为是有效发盘，因为其没有明确的发盘对象，这些往往也被认为是发盘邀请。

对于一般的商业广告是否具有发盘的效力，目前存在很大争议。《公约》认为只要具备发盘的条件，也可以构成有效发盘。

3. 内容十分确定(sufficiently definite)。根据《公约》的规定，一项有效的发盘至少需要具备三项内容：商品名称、商品价格或者价格确定方法和商品的数量或者数量确定方法。同时在实际工作中为了防止误解和实际的需要，对外发盘时至少包含6项主要交易条件：货物的品名质量、数量、包装、价格、交货和支付条件，其他条款可以在签订合同时再签订。故有效发盘应该做到完整(complete)、清晰(clear)和终局性(final)才不会引起争议。

同时在三种情况下，发盘表面上主要交易条件不完整，而实际上是完整的，可以作为有效发盘：

(1) 交易双方事先已订立"一般交易条件"；
(2) 交易双方在以前的业务中已形成习惯做法；
(3) 援引来往的函电或以前成交的合同号码：

例如，REPEAT OFFER 41000 10000YDS MARCH SHIPMENT OTHER TERMS SAME AS (AS PER) S/C NO200034 DATED DEC. 15TH。

4. 传递到受盘人(be communicated to the offeree)。《公约》和大陆法系通常认为，发盘无论是口头还是书面的，只有被传递到受盘人时才生效。传递中间出现问题，导致没有送达受盘人，发盘则未生效。

(二) 发盘的有效期

发盘的有效期是指可供受盘人作出接受的时间或者期限。或者说有效期是发盘人受发盘约束的期限,在此期限内不得随意撤销或者变更发盘内容。发盘有效期一旦届满,发盘人就不再受发盘内容的约束。在国际货物买卖中,发盘通常均应规定有效期,因为有了有效期,既是对发盘人的限制,也是对发盘人的保障。

　　发盘的有效期可以明确表示,也可以不作明确规定。没有规定有效期的发盘,根据《公约》的规定,对方应该在合理时间内表示接受,否则发盘会失效,由于各大法系和《公约》对于合理时间没有统一的解释,对于大金额交易,最好还是明确规定发盘有效期。实际业务中发盘的有效期表示方法通常有以下几种:

　　1. 规定最迟接受的期限。"offer subject to reply June 25th 2006";"offer valid till June 25th 2006"。

　　2. 规定接受通知到达的期限。"offer subject to reply reaching us (here) June 20th 2006";"offer valid until June 25th four pm our time"。

　　3. 规定一段接受的期间。"offer valid for ten days";"offer reply within seven days"。

提醒您

> 对于口头发盘的有效期,《公约》规定,除非发盘人发盘时明确表明有效期,口头发盘应该当场表示接受,否则发盘随即失效。

微型案例

　　一法国商人于某日上午走访我某外贸企业洽购某商品。我方口头发盘后,对方未置可否。当日下午法商再次来访表示无条件接受我方上午的发盘,那时,我方已获知该项商品的国际市场价格有趋涨的迹象。对此,我方应如何处理为好,为什么?

　　[案例评析]　中国与法国均系《联合国国际货物销售合同公约》缔约国,洽谈过程中,双方对《公约》均未排除或作出任何保留。因此,双方当事人均应受该《公约》约束。按《公约》规定:对口头要约,须立即接受方能成立合同。据此,我方鉴于市场有趋涨迹象,可以予以拒绝或提高售价继续洽谈。

(三)发盘的撤回与撤销

发盘的撤回(withdrawal)是指发盘人将尚未为受盘人收到的发盘予以取消的行为(即阻止发盘生效)。发盘的撤销(revocation)是指发盘人将已经为受盘人收到的发盘(即已经生效)予以取消的行为(即使已生效的发盘失效)。区分发盘的撤回与撤销关键是看发盘是否已经生效,即是否送达受盘人。

根据《公约》第15条(2)款规定,即使发盘是不可撤销的,也可以予以撤回,但是撤回的通知要在发盘送达受盘人之前或者同时送达。故撤回发盘要建立在发盘尚未生效的基础上。因此,撤回发盘的通知应当采用比发盘采用的方式更为迅捷的方式,如果使用电话、电传或者电子邮件等发盘,则不存在撤回的可能性。

关于发盘的撤销,各大法系之间及其内部,以及和《公约》之间存在相当大的争议。

对于一项发盘究竟在何种情况下可以撤销,根据《公约》第16条规定,以及我国《合同法》第18条、第19条规定,有两个方面的原则应当注意:

第一,在受盘人未做出接受之前,即撤销通知于受盘人发出接受通知之前送达受盘人,发盘可以撤销。

第二,如果具有下列情况之一,发盘不得撤销:

1. 发盘规定了有效期或以其他方式表明它是不可撤销的。例如,(1)offer subject to reply here June 30th;(2)firm offer /irrevocable offer。

2. 受盘人有理由信赖该发盘是不可撤销的,而且受盘人已本着对该项发盘的信赖行事。

从上述表达可见,发盘一旦生效,撤销受到诸多限制。

(四)发盘的终止

发盘的终止(termination)是指发盘法律效力的消失。它既指发盘人不再受发盘的约束,也表明受盘人失去接受该发盘的权利。发盘因为以下原因而终止或者失效:

1. 有效期内未获接受而过期失效。若发盘规定了有效期,有效内受盘人没有表示接受,则发盘失效;若没有规定有效期,发盘在合理时间内未被接受而失效。

2. 发盘被拒绝或者还盘。拒绝发盘是指受盘人把拒绝发盘的意思表示通知发盘人的行为。发盘在受盘人将拒绝发盘的意思送达发盘人时即告失效。此后,受盘人就不能改变主意再对该发盘表示接受。如果受盘人对于发盘的内容进行增添、限制和变更,就构成还盘,其效果也相当于对发盘的拒绝。

3. 发盘被发盘人撤回或者撤销。
4. 发盘人在发盘后遭遇不可抗力事件。
5. 发盘人或者受盘人在发盘被接受之前丧失行为能力。

三、还盘

还盘(counter offer)，又称反要约，就是受盘人对于发盘所列的交易条件提出增减、限制或变更。《公约》将还盘分为"实质性变更"和"非实质性变更"发盘两种情况，凡是对于发盘中就有关货物价格、付款、货物质量和数量、交货地点和时间，一方当事人对另一方当事人的赔偿责任范围或解决争端等的添加或提出不同条件，均构成实质上变更发盘的条件，从而构成还盘，即拒绝了发盘并构成一项新的发盘。如果是添加、限制并未涉及前述内容，则成为非实质性变更，则不构成为还盘——如果发盘人不及时反对。

还盘的法律意义：原发盘失效，其本身可能会形成一项新的发盘，还盘人要受到还盘内容的法律约束。

微型案例

还盘导致接受不成立

——我方6月5日发盘，规定限6月10日复到；

——对方于6月7日来电，要求将即期L/C改为即期D/P；

——我方未表态，对方在6月8日来电，表示无条件接受6月5日发盘；

——该接受是否有效？合同是否成立？

［案例评析］ 我方发盘经过对方还盘后即告失效，对方表示接受的通知只能算作一项新的发盘，故接受是无效的。

四、接受

《公约》第18条(1)款对于接受做出了规定："受盘人声明或者做出其他行为表示同意一项发盘，即构成接受，缄默或者不行动本身不构成接受。"接受一旦作出，合同即宣告成立。

(一)有效接受需要具备的条件

1. 接受必须要由特定的受盘人作出。受盘人包括其本人及其授权的代理人,除此之外的第三者即使知道发盘的内容并做出同意的意思表示,也只能算是一项新的发盘,不能构成接受,当然也不能形成合同。

2. 接受必须要表示出来。受盘人若要接受发盘,就必须要表示出来。受盘人表示接受的方式可以采用口头或者书面声明的形式表示"接受"或者"确认";也可以采用行动的方式,比如卖方发运货物或者买方付款、开立信用证等行为。当采用行动来表示接受的时候,双方应该是老客户关系,根据以前的习惯性做法或者惯例形式。

提醒您

> 我国对于通知接受采用的方式
> 《公约》规定可以采用口头、书面声明,或者采用行动表示接受,但是我国在批准参加《公约》时对于承认合同可以采用书面形式以外的形式作出保留,故在实际业务中,我外贸企业应以书面通知的形式表示对发盘的接受。

3. 接受必须要在发盘的有效期内传达到发盘人。根据《公约》、大陆法系以及我国《合同法》的规定,接受应该在有效期内做出,而且还应在有效期内送达发盘人才能生效,即"到达主义",或到达生效原则。载有表示接受的函电途中延误或者丢失,责任由受盘人承担。若发盘没有规定有效期,在合理时间内未到达发盘人,即为无效接受。英美法系国家采用"投邮主义",即发出即生效的原则,传递过程中的丢失或者延误,风险由发盘人承担。

4. 接受必须要和发盘相符。受盘人要想达成交易,就必须要毫无保留、全部同意发盘的条件,即接受要和发盘完全相符。《公约》第19条(1)款规定,接受中任何附加、限制或者其他更改的答复,即为拒绝该项发盘,并构成还盘。

在实际业务中,受盘人往往会对发盘的内容作出相应的添加、限制或者更改。根据《公约》的规定,若是涉及货物的价格、付款、质量和数量、交货地点和时间、赔偿责任范围或者解决争端等方面的变更,均形成实质性变更(material alteration),对于实质性变更,发盘人可以不予以确认,合同不能成立。但是若对于增加提供某些单据,比如装箱单、商检证书和产地证,要求提供装船样品,以及增加单据的份数,要求分批装运,更改包装标志等,均属于非实质性变更。《公约》认为除非发盘人及时提出反对,仍然构成有效接受,合同得以成立,合同的内容以变更后的条件为准。

微型案例

2005年8月1日,北京A公司向美国B公司发出一份传真("8月1日传真"),要求从B公司购买美国华盛顿州苹果3 000公吨,溢短装5%,单价每公吨800美元,FOB西雅图,装运期为同年10月,目的地为天津新港,因合同引起的所有争议提交中国国际经济贸易仲裁委员会在北京仲裁,8月15日复到有效。

B公司收到传真后,于8月10日回电后并附上B公司一方签字的B公司标准合同格式文本("8月10日回电")。该文本特别提到,所有的本合同有关的争议均提交给巴黎国际仲裁委员会仲裁,合同适用的法律为美国加州法律。合同中的其他内容与A公司8月1日电相同。

问:1. 8月1日传真是否属于发盘?为什么?
2. B公司8月10日回电是否属于有效接受?为什么?

(二)逾期接受

逾期接受(late acceptance),又称迟到的接受,即载有接受的通知没有在发盘规定的有效期内送达发盘人,或者发盘虽未规定有效期,但接受没有在合理时间内送达发盘人。对于逾期接受,《公约》第21条第(1)款指出"逾期接受仍有接受的效力",但需要发盘人毫不迟延地告知受盘人此接受有效,换言之如果发盘人未能毫不迟延地告知有效的意思,则此项逾期接受就无效;如果载有逾期接受的信件或其他书面文件表明,它是在传递正常、能及时送达发盘人的情况下寄发的,《公约》第21条第(2)款指出此种逾期接受有效,但如果发盘人毫不迟延地告知受盘人他的发盘已经失效,则此接受即为无效。对于前述这两种逾期接受能否产生接受的效力,决定权事实上在发盘人,只是发盘人必须毫不迟延地明确表达意思。

(三)接受的撤回

由于《公约》和大陆法系国家都规定接受在送达发盘人时生效,在接受没有送达发盘人之前,受盘人可以随时撤回该接受,阻止接受生效,但是撤回的通知必须在接受送达发盘人之前或至少与接受同时送达。

接受不能撤销。因为接受一经生效合同就宣告成立,单方面撤销接受就属于毁约行为。

第二节 合同的订立

依法成立的合同,具有法律约束力,合同自成立时生效,但是合同成立和合同生效是两个不同概念。合同成立是指受盘人做出有效接受,而合同生效是指合同是否具有法律上的效力。通常合同成立之时就是合同生效之时,但在某些情况下合同虽然成立,却不立即生效,需具备一定条件方能正式生效,这主要根据法律规定或者合同的约定。

一、合同成立的时间

根据《公约》第23条的规定,合同成立的时间是以接受生效的时间,即受盘人的接受在发盘规定的有效内送达发盘人之时为标志。[1] 但是在实际业务中,有时双方当事人在谈判时约定合同成立的时间是以订立合同写明的日期为准,或者以收到对方确认合同的日期为准。

我国《合同法》的规定同《公约》的上述规定原则上是一致的。但我国《合同法》又专门为以书面合同形式订立做了规定:"当事人采用合同书形式订立合同的,自双方当事人签字或者盖章时合同成立。"

二、合同生效的要件

当买卖双方达成协议后,但是该合同并不一定生效,可能还需具备一定的条件,才能够成为一项有效的合同,才能得到法律保护。

(一)合同当事人必须具有签约能力

我国《合同法》第9条规定:"当事人订立合同,应该具有相应的民事权利能力和民事行为能力。"在订立合同时应注意当事人的缔约能力和主体资格。

订立合同的当事人主要有自然人或者法人。自然人需要有订立合同的行为能力,未成年人、精神病人、禁治产者订立合同就要受到限制;对于法人订立合同,一般需要通过其代理人,在其经营范围内签订合同,越权的合同不能产生法律效力。

---

[1] "送达"的含义,根据《公约》第24条的规定,是指口头通知对方或者是其他任何方法送交其本人,或其营业地或通讯地址,如无营业地或通讯地址,则送交其惯常居住地。因此无论发盘人或者受盘人,在通过函件联系时,以明确规定有关的通讯地址为好。

（二）合同必须要有对价或者约因

英美法认为，对价（consideration）是指当事人为了取得合同利益所要付出的代价。大陆法系的法国法认为，约因（cause）是指当事人签订合同所追求的直接目的。按照英美法和法国法的规定，合同只有在存在对价或者约因时，才是法律上的有效合同，否则得不到法律保障。

（三）合同的内容必须要合法

虽然大多数国家都承认契约自由（freedom of contract）和意思自治（autonomy of the will）是合同法的基本原则，但是均要求当事人所订立的合同必须要合法，不能违反法律、善良风俗和公共秩序。我国法律则规定合同内容合法是指订立、履行合同应该依照法律、行政法规，尊重社会公德，不得扰乱社会经济秩序，损害社会公共利益。

（四）合同必须符合法律规定的形式

从订立合同的形式来看，合同可以分为要式合同和不要式合同两种。要式合同是指必须要按照法定形式或者手续订立的合同，不要式合同是指法律上不要求按照特定形式订立的合同。根据《公约》和各国法律对于合同形式普遍采用"不要式原则"（principle of informality），只有某些特定合同才要求采用要式合同。我国《合同法》第10条规定："当事人订立合同，有书面形式、口头形式和其他形式。"

（五）合同当事人意思表示必须要真实（reality）

合同是双方当事人意思表示真实一致的结果，如果当事人所表示的意思内容有错误（mistake）或者表示不一致，或者受到欺诈（fraud）或胁迫（duress），这种合意是不真实的，合同也是无效的。

三、书面合同的签订

虽然各国和《公约》均认为合同可以采用各种形式，但是实际业务中，买卖双方还是需要签订书面合同（written contract），进一步确认双方的权利和义务，以免日后发生纠纷。

（一）签订书面合同的意义

国际贸易实践中，双方当事人经过磋商达成一致，一般需另行签订一份具有一定格式的书面文件。签订书面合同的意义如下。

1. 合同成立的依据

根据法律要求，凡是合同必须要能够得到证明，提供证据。通过口头磋商达成的合同，就很难举证，采用口头磋商达成的合同，如不用一定书面形式加以确认,就可能由于不能被证明而得不到法律保障,甚至在法律上是无效的。《美国商法典》第2—201条也规定凡是500美元以上的货物买卖合同必须要有书面文件为证,否则不得由法律强制执行。同时,我国在1986年12月向联合国交存对《公约》的核准书时,对《公约》关于合同形式采取保留,即我国不同意国际货物买卖合同采用书面形式以外的形式来签订、更改或者终止。同时如果采用口头合同达成交易,签订书面形式的合同是必不可少的。

2. 合同生效的要件

通常情况下,合同于接受生效时成立(除法律另有规定者除外)。但如果一方要求签订书面确认书时,则在确认书签署时生效。

3. 合同履行的依据

国际货物买卖合同履行过程中往往会涉及很多部门和环节,为了双方很好地履行合同,往往需要把双方磋商的过程归纳到一份有一定格式的书面合同上,以保证合同得到正确履行。

(二)书面合同的形式

国际货物买卖合同对于书面形式没有严格的规定,可以采用多种形式,常见的书面合同有以下几种。

1. 合同书

主要包括售货合同(sales contract)和购货合同书(purchase contract),大多数外贸企业均有自己标准格式的合同书。

2. 确认书

主要有销售确认书(sales confirmation)和购货确认书(purchase confirmation)。相对于合同书,确认书是一种较为简化的合同,与合同书一样均具有法律效力。

3. 订单

订单(order)是买方向卖方提出购买货物的订购单,同时当存在中间商时,中间商往往会代替实际买主拟制购买货物订购单。一般订单也是具有法律效力的。

4. 协议

协议(agreement)从法律上和合同的含义是一致的,只要具备合同的性质,就应该具有法律效力,但是国际货物买卖中还有初步协议等,双方需要进一步签订正式合同,这种初步协议是不具备法律效力的。

除此之外,书面合同还包括备忘录(memorandum)和意向书(letter of intent)等,这些都是对于双方交易条件的一一记载,从本质上不具备法律效力。

（三）书面合同的基本内容

书面合同无论格式，其基本内容应该包括约首、约尾和基本条款三个组成部分。

1. 约首部分

约首一般包括合同名称、合同编号、缔约双方的名称和地址、电报挂号、电传号码等内容。

2. 基本条款

基本条款包括主要交易条件和次要交易条件，主要交易条件往往涉及商品的品名、数量、包装、价格、交货条件、运输、保险、支付方式等，次要交易条件作为主要交易条件的补充，涉及商检、违约、索赔、不可抗力和仲裁等方面的内容。基本条款是合同的主体。

3. 约尾部分

主要包括订约日期、地点和双方当事人签字等。

同时很多国际货物买卖合同还存在补充条款，对双方履约进一步作出规范。

小资料

合同示例

金 海 贸 易 公 司

GOLDEN SEA TRADING CORPORATION

ADD.:8TH FLOOR, JIN DU BUILDING,	TEL:86—21—64331255
277 WU XING ROAD,	FAX:86—21—64331256
SHANGHAI, CHINA	

DT:JULY 31TH,2006

TO:F. L. SMIDTH & CO. A/S　　　　　　　　　　FAX:(01)20 11 90

The sellers agree to sell and the buyers agree to buy the undermentioned goods on the terms and conditions stated below:

SALES CONFIRMATION

				S/C No.: JH-FLSSC01	
				Date: JUNE 15TH, 2006	
The Seller:	GOLDEN SEA TRADING CORP.		The Buyer:	F. L. SMITH & CO. A/S	
Address:	8TH FLOOR, JIN DU BUILDING, 277 WU XING ROAD, SHANGHAI, CHINA		Address:	77, VIGERSLEV ALLE, DK-2500 VALBY, COPENHAGEN, DENMARK	
Item No.	Commodity & Specifications	Unit	Quantity	Unit Price (US $)	Amount (US $)
	FOREVER BRAND BICYCLE			CIFC5% COPENHAGEN	
1	YE803 26′	SET	600	66.00	39 600.00
2	TE600 24′	SET	600	71.00	42 600.00
					82 200.00
TOTAL CONTRACT VALUE:	SAY US DOLLARS EIGHTY TWO THOUSAND AND TWO HUNDRED ONLY				
PACKING:	TO BE PACKED IN CARTONS OF ONE SET EACH, TOTAL 1 200 CARTONS.				
PORT OF LOADING & DESTINATION:	FROM SHANGHAI CHINA TO COPENHAGEN, DENMARK.				
TIME OF SHIPMENT:	TO BE EFFECTED BEFORE THE END OF SEPTEMBER WITH PARTIAL SHIPEMNT AND TRANSHIPMENT ALLOWED				
TERMS OF PAYMENT:	THE BUYER SHALL OPEN THOUGH A BANK ACCEPTABLE TO THE SELLER AN IRREVOCABLE LETTER OF CREDIT PAYABLE AT 30 DAYS' SIGHT WHICH SHOULD REACH THE SELLER BY THE END OF AUGUST AND REMAIM VALID FOR NEGOTIATION IN CHINA UNTIL 21TH DAY AFTER THE DATE OF SHIPMENT.				
INSURANCE:	THE SELLER SHALL COVER INSURANCE AGAINST ALL RISKS AND WAR RISK FOR 110% OF THE TOTAL INVOICE VALUE AS PER THE RELEVANT OCEAN MARINE CARGO CLAUSES OF THE PEOPLE'S INSURANCE COMPANY OF CHINA DATED 1/1/1981.				
Confirmed by:					
THE SELLER GOLDEN SEA TRADING CORP. MANAGER (signature)			THE BUYER F. L. SMIDTH & CORP. MANAGER (signature)		
REMARKS:					
1. The buyer shall have the covering letter of credit reach the Seller 30 days before shipment, failing which the Seller reserves the right to rescind without further notice, or to regard as still valid whole or any part of this contract not fulfilled by the Buyer, or to lodge a claim for losses thus sustained, if any.					

2. In case of any discrepancy in Quality/Quantity, claim should be filed by the Buyer within 130 days after the arrival of the goods at port of destination; while for quantity discrepancy, claim should be filed by the Buyer within 150 days after the arrival of the goods at port of destination.
3. For transactions concluded on C. I. F. basis, it is understood that the insurance amount will be for 140% of the invoice value against the risks specified in the Sales Confirmation. If additional insurance amount or coverage required, the Buyer must have the consent of the Seller before Shipment, and the additional premium is to be borne by the Buyer.
4. The Seller shall not hold liable for non-delivery or delay in delivery of the entire lot or a portion of the goods hereunder by reason of natural disasters, war or other causes of Force Majeure. However, the Seller shall notify the Buyer as soon as possible and furnish the Buyer within 15 days by registered airmail with a certificate issued by the China Council for the Promotion of International Trade attesting such event(s).
5. All deputies arising out of the performance of, or relating to this contract, shall be settled through negotiation. In case no settlement can be reached through negotiation, the case shall then be submitted to the China International Economic and Trade Arbitration Commission for arbitration in accordance with its arbitral rules. The arbitration shall take place in Shanghai. The arbitral award is final and binding upon both parties.
6. The Buyer is requested to sign and return one copy of this contract immediately after receipt of the same. Objection, if any, should be raised by the Buyer within 15 days otherwise it is understood that the Buyer has accepted the terms and conditions of this contract.
7. Special conditions: (These shall prevail over all printed terms in case of any conflict.)

小　结

关键术语

询盘　发盘　还盘　接受　有条件接受　实质性变更　逾期接受

本章小结

1. 根据《公约》规定，发盘需要具备有特定对象、内容明确、以订约为意旨和以到达受盘人所在地生效四个条件，同时还涉及发盘的有效期、发盘的撤回与撤销和发盘的终止等内容。

2. 还盘既是对原发盘的拒绝，一定条件下还会构成一项新的发盘。

3. 接受需要由特定的受盘人做出，要在发盘规定的有效期内或者合理时间内完全接受发盘的内容，接受到达原发盘人所在地生效。

4. 对于有条件接受，原发盘人认为通常在非实质性变更条件下接受是有效的，除非原发盘人马上提出异议，而对于实质性变更，通常接受无效，构成还盘。

5. 对于逾期接受，如果是由于接受方自身的原因而导致没有能够按照发盘规定的有效内到达，通常接受是无效的，除非原发盘人马上通知对方接受有效，对于由于通讯等客观原因造成的逾期，接受通常是有效的，除非原发盘人马上回电表示拒绝。

知识结构图

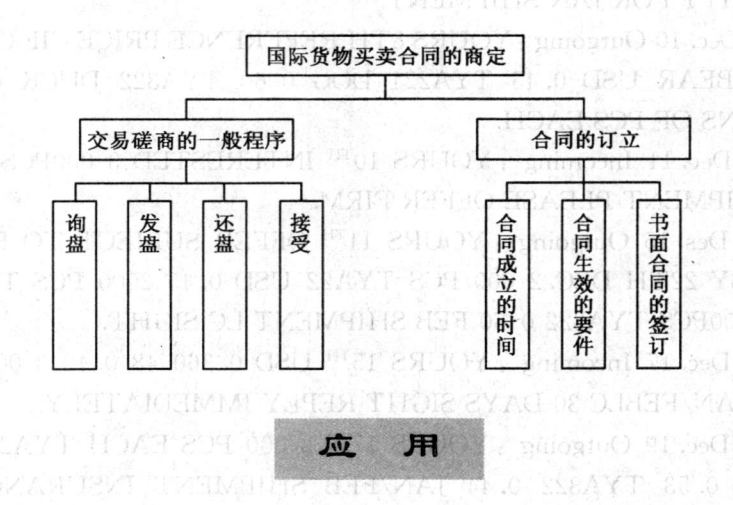

```
                  国际货物买卖合同的商定
                  ┌──────────┴──────────┐
            交易磋商的一般程序              合同的订立
         ┌────┬────┬────┬────┐      ┌────┬────┬────┐
        询   发   还   接            合同  合同  书面
        盘   盘   盘   受            成立  生效  合同
                                    的时  的要  的签
                                     间    件    订
```

应用

案例研究

我某公司于 4 月 15 日向外商 A 发盘，限 20 日复到我方，外商于 17 日上午发出电传，但该电传在传递中延误，21 日才到达我方。我公司以对方答复逾期为由，不予置理。当时该货物的市价已上涨，我公司遂以较高价格于 22 日将货物售予外商 B。25 日外商 A 来电称：信用证已开出，要求我方尽早装运。我方立即复电外商 A：接受逾期，合同不成立。分析合同是否成立？

[分析] 本案例涉及对于逾期接受的理解。逾期接受是指没有按照规定时间到达原发盘人所在地的接受，《公约》规定逾期接受都是无效的接受。但是如果接受通知由于客观原因造成，非当事人自身失误造成，《公约》认为接受仍然有效，除非原发盘人马上告知对方接受无效。本案例中由于客观原因造成逾期，但是我方并没有及时通知对方接受无效，故双方的合同关系仍然有效。

复习思考题

1. 下面是日本 A 公司向国内 B 公司电洽购买玩具，两家公司进行交易磋商的过程。请指出每一次函电表示的法律含义（询盘、发盘、还盘、接受）。

（1）Des. 8 Incoming：WHITE SNOW BRAND TOY TYA22 DOG TYA322 DUCK PLEASE CABLE REPLY PRESENT PRICE AND AVAIL QUANTITY FOR JAN SHIPMENT.

（2）Dec. 10 Outgoing：YOURS 8TH REFERENCE PRICE CIF OSAKA TYA22 BEAR USD 0.45 TYA221 DOG 0.60 TYA322 DUCK 0.50IN CARTONS OF PCS EACH.

（3）Dec. 11 Incoming：YOURS 10TH INTERESTED 3 000PCS EACh JAN SHIPMENT PLEASE OFFER FIRM.

（4）Des. 15 Outgoing：YOURS 11TH OFFER SUBJECT TO REPLY HERE BY 22TH DEC. 2 000 PCS TYA22 USD 0.45 2000 PCS TYA221 0.60 3 000PCS TYA322 0.50 FEB SHIPMENT LC SIGHT.

（5）Dec. 17 Incoming：YOURS 15TH USD 0.360.48 0.40 3 000 PCS EACH JAN/FEBLC 30 DAYS SIGHT REPLY IMMEDIATELY.

（6）Dec. 19 Outgoing：YOURS 17TH 3 000 PCS EACH TYA22 0.40 TYA221 0.53 TYA322 0.44 JAN/FEB SHIPMENT INSURANCE AMOUNT 110 PERCENT IN VOICE AGAINST ALL RISKS WAR RISKS OTHERS SAME AS OURS 15TH, THE OFFER IS OPEN FOR ONE WEEK.

（7）DEC. 22 Incoming：ACCEPT PLEASE SENT SALES CONFIRMATION IN DUPLICATE.

2. 翻译下列英文，并说明其含义。

（1）This offer is valid only for seven days.

（2）For the market is firm with an upward tendency, we advise you to accept our prices without delay.

（3）We are pleased to quote you for the goods as following：…Enclosed we hand you a price-current for the goods.

3. 中国香港某中间商 A，就某商品以电传方式邀请我方发盘，我方于 6 月 8 日向 A 方发盘并限 6 月 15 日复到有效。12 日我方收到美国 B 商人按我方发盘条件开来的信用证，同时收到中间商 A 的来电称："你 8 日发盘已转美国 B 商。"经查该商品的国际市场价格猛涨，于是我方将信用证退回开证银行,再按新价直接向美商B发盘,而美商B以信用证于发盘有效期内到达为由,拒绝接受新价并要求我方按原价发货,否则将追究我方的责任。问对方的要求是否合理? 为什么?

4. 我某公司就某商品的进口事宜与国外某客户进行洽谈,经过双方多次的往来函电,最终使交易达成,但未签订正式的书面合同。双方的往来函电表明,对方应于2001年12月前向我方提供该商品,而直至2002年1月,对方仍未向我方提供该商品。我方曾多次要求对方履行合约,对方却以未签订正式书面合同为由否认合同已达成。问:双方的交易是否已达成? 为什么?

第十章 国际货物买卖合同的履行

学习目标

通过本章学习,你应能够:
了解出口合同履行的程序。
了解进口合同履行的程序。

开篇案例

合同与信用证内容不一致引发的争议

中国 A 公司和德国 B 公司于某年 4 月 10 日签订货物买卖合同,其中规定"单价条款为 180 美元 CIF 汉堡,付款条件为不可撤销的即期议付的信用证,装运时间为 2003 年 5 月和 6 月,两月等量分批装运"。2003 年 4 月 28 日,B 公司通过当地一家银行开来不可撤销的即期议付的信用证。信用证中规定,信用证议付的有效期为 2003 年 7 月 15 日,最迟装运日期为 2003 年 6 月 30 日,交单日期为提单出单日后 15 天,该信用证未明确规定是否允许分批装运。A 公司于 2003 年 5 月 15 日备齐了所有货物,2003 年 5 月 30 日,A 公司将合同项下的全部货物一次装船出运并获得船公司签发的已装船提单。2003 年 6 月 8 日,A 公司向议付行提交了与信用证条款相符的全套单据,问根据 UCP600:(1)A 公司能否顺利议付,为什么?(2)我方做法是否合适,为什么?

——资料来源:2004 年外销员《综合业务》考试题目。

[案例评析] 本案例涉及履行信用证和合同一致性的问题,对于履行

> 信用证而言,开证行仅看信用证而不看合同,但合同是双方有效的法律文件,故在实际业务中出口方往往既要履行信用证,又要履行合同。(1)A公司能够顺利议付,因为信用证没有规定是否允许分批装运,则根据UCP600,出口方可以选择分批装运,也可以不分批装运,只要装运时间在信用证规定的期限内,故出口方A公司向议付行提交与信用证条款相符的全套单据会得到银行议付。(2)我方做法不合适。因为合同规定分两批装运,但是我方没有分两批,违反合同的规定。我方应该根据合同审核信用证,或者按照合同装运两批货物,既能履行信用证,又能履行合同要求。

合同履行涉及诸多环节。对于信用证结算、CIF贸易术语来说,出口方主要做好四个环节:货(备货、报验)、证(催证、审证和改证)、船(租船订舱、报关、保险)和款(制单结汇)。

第一节 出口合同的履行

在国际货物买卖中,合同一经签订,双方就有履行义务,履行合同是双方当事人共同的责任。但是由于买卖货物品种不同、贸易条件不同、所选用的惯例不同,导致每一份合同中双方权利和义务的差异都明显。当我们采用CIF贸易术语、L/C结汇方式出口时,出口合同的履行分为货(备货、报验)、证(催证、审证和改证)、运(租船订舱、报关)和款(制单结汇)四个环节。

一、准备货物

备货工作是指卖方根据出口合同的规定,按质、按量准备好货物,移交与货物有关的单据并转移货物所有权,并申请报验和出口许可证工作。

备货的规格、品质、等级、数量、包装等方面要做好跟单工作,保证和合同以及信用证一致。货物数量除了满足合同或者信用证需求之外,应该留有适当的余地,以备发生意外调换货物之用。

凡是属于国家规定需实施法定检验,或者合同、信用证中规定要进行检验的货物,必须要在规定的时期内向商检局申请检验,获得商检局发放的合格的检验证书,海关才能够放行。同时经过检验的货物也要在商检证书规定的有效期内出运。

二、催证、审证和改证

采用信用证方式成交，对于信用证的适时、适当处理，关系到能否及时安全收回货款。

（一）催证

如合同规定按照信用证方式结汇，买方应该按照规定的时间开出信用证。如合同中没有规定开证时间，买方应该在合理时间内开出信用证。在实际业务中，由于买方资金短缺或者货物价格发生不利于买方的变化，买方可能拖延开证或者不开证，卖方则应当及时催促对方尽快开证，尤其对于大宗产品交易更要关注买方是否按时开证。

在进出口业务中最有效的催促买方开立信用证的方式，还是在合同中约定买方开出信用证并要求在某个日期之前送达卖方。

（二）审证

信用证是根据合同开立的，所以信用证的内容应该和合同相一致。但实际上可能由于种种原因，进口商可能会通过开证银行在信用证中加上一些不利于卖方交单结汇的条款（即所谓"软条款"），可能导致卖方根本无法结汇。为了收汇安全，卖方应该对照合同对信用证内容进行审核。

在实际业务中，卖方和银行均有审核信用证的义务。卖方负责审核信用证的内容是否和合同一致，而银行则负责审核信用证的真实性、开证行的基本情况，以及索汇的线路等。

出口商主要审核信用证下述方面的内容：

1. 信用证是否可撤销（根据 UCP600，没有明确标明可撤销，则该信用证为不可撤销信用证）。

2. 信用证是否保兑，是否和合同要求相一致，信用证没有明确标明保兑则是不保兑信用证。

3. 信用证到期地点和到期日，信用证最好在我国到期，同时到期日应该满足卖方在装船后有充足的时间交单。

4. 信用证金额和货币种类应该和合同相一致，尤其是合同中允许溢短装，信用证金额要和合同中的溢短装比例相适应。

5. 信用证对于汇票的要求，主要涉及付款期限、付款金额等，同时还有汇票的付款人（即受票人），必须写成开证行或者是开证行指定的另一家银行，但不能写成开证申请人。

6. 关于受益人所提交的单据，应该是卖方能够在交单期限内获得，并且

第十章 国际货物买卖合同的履行

能够和信用证相一致的单据,同时应该注意单据的种类和份数。

7. 有关货物的描述,包括品名、数量、规格、单价、贸易术语等,均应该和合同相一致。

8. 有关装运的信息,包括分批装运和转运、装运港和目的港,以及最迟装运时间。

9. 特别条款,要关注有关的规定是否加重了受益人的负担或者导致受益人无法正常结汇。对于信用证中列出的软条款(开证申请人或者开证银行意在控制付款主动权的条款),更应引起高度警惕。

(三)改证

当对信用证全面审核后发现问题,应该及时和银行、运输、保险和商检等部门协商,区分问题的性质,以决定是否需要求对信用证进行修改,把握好改还是不改的界限。当需要修改时,应该等到收到开证行修改信用证通知书后再发货,以免发货后没有收到信用证修改通知书而导致单证不符。

受益人需要对信用证内容进行修改,应该一次性全部向开证申请人提出,但是最终修改是以开证行发出的修改通知书为准,信用证通知书也要采用和原来信用证同样的传递方式传递给受益人,即要通过通知行。同时不可撤销的信用证未经开证行、受益人和保兑行(如果有)等各方当事人一致同意,信用证不能随意修改或者撤销。同时在没有收到修改通知之前,原来的信用证对受益人仍然有效。

另外卖方须注意,对于同一修改通知的内容不能部分接受,部分接受当属无效。

三、办理货物运输、报关和投保

(一)安排运输

在国际货物买卖中,出口的如果是大宗产品,可能会直接和船公司联系,但是大多数情况下往往是通过货物运输代理来完成订舱。

海运租船订舱的程序见图10—1。

(二)报关

根据我国《海关法》的规定,进出境的运输工具、货物和物品必须要在设立海关的口岸进境和出境,出口企业可以作为发货人自行办理报关手续,同时也可以委托报关行或者货代、船代代理报关。

(三)投保

按照CIF贸易术语出口,卖方有对货物投保的义务,同时根据国际惯例,

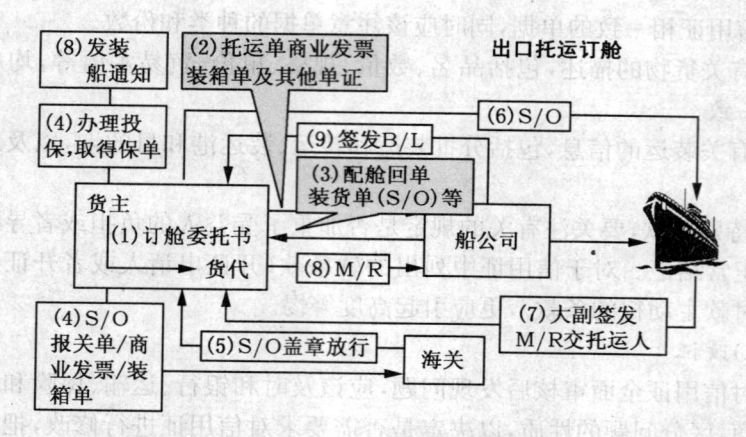

```
           (8)发装        (2)托运单商业发票       出口托运订舱
           船通知         装箱单及其他单证
                                      (6)S/O
           (4)办理投              (9)签发B/L
           保,取得保单
                         (3)配舱回单
   货主                   装货单(S/O)等
           (1)订舱委托书              船公司
              货代       (8)M/R

           (4)S/O
           报关单/商     (5)S/O盖章放行              (7)大副签发
           业发票/装                     海关        M/R交托运人
           箱单
```

图10—1 出口海运货物托运程序

投保应该在货物装运之前完成。投保时应该在保险单上面把货物的名称、保险金额、运输工具的名称、航次、开航日期、保险险别、保险赔付的地点和采用的货币等——列举清楚。

出口合同的履行,关键是要做好货、证和船三个方面的衔接和平衡,任何一个环节出了差错,都会对最后的制单结汇造成困难。

四、制单结汇

通常出口企业在货物出运之前按照信用证的规定应该把大多数单据准备好,并且在信用证规定的交单日期和有效期内,持各种合格单据交银行办理议付。

(一)制作单据

出口业务中大多数交易都是凭单据结汇,做好单据工作,对于安全、及时收汇意义重大。同时信用证业务中银行付款只看卖方所提交的单据是否符合信用证要求,而不管合同也不管实际所交付的货物。信用证项下对单据的要求如下。

1. 正确

正确是制单结汇工作的前提,单证不正确就不能安全收汇。所谓正确,在信用证业务中首先要做到"单证一致,单单一致",即单据要和信用证相一致,同时单据与单据之间也不能出现冲突,其中单证一致是根本。其次,正确还要求各种单据必须要符合国际惯例和进口国有关法令和规定。再次,从出口商角度除了做到单证一致、单单一致以外,还要做到单货一致,这样单证才能真实代表货物出运,不至于错发错运。

目前,所开立的信用证绝大多数都是根据国际商会《跟单信用证统一惯例》(UCP600)所开立的 SWIFT 信用证,证内通常会注明按照 UCP600 解释(SWIFT 信用证即使不注明采用该惯例,开证行也要受到 UCP600 的约束),银行审核单据都是根据该惯例解释,故出口商交单不应该和该惯例相冲突。假如出单时,疏忽了进口国对于单据的特殊规定,也可能遭到进口国的拒绝接受。

2. 完整

单证完整主要是指按照合同需要提供的成套单证必须齐全,在信用证下则必须符合信用证的要求。通过银行办理托收或者信用证议付,出口商所提交的单据一般都是成套、齐全而不是单一的。单据的完整性首先表现出单据的种类要符合合同或者信用证的要求;其次完整性还表现为每一种单据所填的内容必须要完备齐全,要符合每一种单据特定内容的要求,即格式、项目、文字、背书、签章等,填制不符合规范或者使用过程中没有按照规定的种类背书、签字等,都会引起买方或者银行拒付;单据完整性还体现在出口人所提交单据的份数不能短缺,尤其是代表物权凭证的海运提单的份数,要按照规定出立和交付给银行。另外,卖方所提交的每一种单据中至少保证有一份是正本单据。

3. 及时

单据的及时性主要体现为两个方面:及时出单和及时交单。

进出口业务中单据的时间性较强。各种单据都要有一个适当的出单日期,各种单据出单日期必须要合理、可行,即每一种单据都需要在规定的时间内出立,比如海运提单出立日期要在规定的最迟装运日期之前出立;另外有些单据的出立还需要符合商业习惯,比如保险单的日期不能比提单日期晚,汇票和装船通知应该在装船后出立等,出立日期的错误也会导致单证不符。

单据的及时性还表现在交单议付方面。主要体现在向银行交单日期不能超过信用证规定的交单有效期(presentation period),根据《跟单信用证统一惯例》(UCP600)第 14 条 c 款的规定,信用证没有规定交单期限,则卖方交单不能超过运输单据出单日后的 21 天,且不能超过信用证有效期(expiry date)。

出口企业单证工作涉及报检、报关、装船、制单结汇等各个环节的综合性工作,单证工作不及时,会严重影响相关部门的工作,某一个环节出现差错,会产生连锁反应,轻则影响全局工作,重则会造成严重经济损失。

4. 简洁

单据填写应当以满足信用证要求为原则,不要试图面面俱到,可能反而导致错误。单证工作力求内容简化,力戒繁琐,若画蛇添足,会弄巧成拙。UCP600第4条b款规定开证行应该劝阻申请人试图将基础合同、形式发票等文件作为信用证组成部分的做法,含义为不要在信用证或其修改书中加注过多细节的内容,目的就是避免单证的复杂化。

近年来很多专业组织正在研究国际贸易程序和单证的简化工作,并取得一定成果,对于推进单证工作的电子化进程,降低单证成本,适应对外贸易快速发展十分重要。

5. 清晰

单证的正确性和完整性主要体现在单证的内在质量,而清晰体现出单证的外观质量。清晰是指单证表面要清洁、美观、大方;单据的各项内容要清楚、易认;各项内容的记载要简洁、明了。单证的清晰要求单证的格式设计和缮制力求标准化和规范化,内容排列整齐。单据的修改可能既影响单据表面的清晰度,也会影响单据的真实性。

(二)出口常用的单据

出口常用的单据很多,提交的要求主要是与信用证或者合同的规定相符合。CIF贸易术语、海洋运输采用的主要单据有:商业发票、装箱单、运输单据(主要为海运提单)、商检证书、保险单、原产地证明书、海关发票(适用于部分国家)、汇票等。

(三)交单结汇

信用证业务项下交单结汇主要是指受益人在信用证规定的到期日前和规定的交单期限内向指定银行提交符合信用证条款的单据,并经过银行确认无误后,由银行办理出口结汇。目前在我国出口业务中采用的信用证结汇,采用比较多的是收妥结汇和买单结汇。

1. 收妥结汇

收妥结汇,又称先收后结,是指出口商把各项合格单据交给出口地银行,经过出口地寄单银行审核无误后,由银行直接寄给国外开证行或者付款行索偿,待收到开证行或付款行将外汇拨入出口地银行账户的贷记通知书(credit note)后,出口地银行按照当日外汇价格买入价折算成人民币计入受益人账户。

2. 买单结汇

买单结汇又称议付,或者出口押汇,是指出口地议付行在审核确认受益人提交的单据符合信用证条款规定,则买入受益人开立的汇票和提交的单据,按照票面金额扣除提前支付的利息和手续费后,将余款支付给受益人,出口地议付行由此即成为汇票的善意持票人,并凭此向信用证开证行或其指定银行索偿。根据 UCP600 的规定,议付行仅仅审核受益人的单据而不付出对价,即不向出口商预付或者垫付货款买入单据和汇票,不构成议付。

银行做出口押汇,是向出口企业提供资金融通,有利于出口人的资金周转。

微型案例

我某公司向纽约某公司出口价值 15 000 美元的货物。装船后公司凭即期信用证持有关单据向出口地银行办理议付。设当日美元汇价为 USD100＝CNY685.20/685.30,银行手续费为 2.5‰,年利为 6.562 5%(一年按照 360 天记),来回邮程 15 天。问:该公司实结美元多少?折合人民币多少?

(四)信用证业务单证不符的处理

信用证业务下单证不符一般有以下几种情况:

1. 出口人提供了不清洁提单(unclean B/L)。
2. 没有货物已装船(on board)的记载。
3. 保险单日期晚于提单日期。
4. 迟期装运。
5. 提单上没有注明运费支付情况[FOB 贸易术语应该注明"运费到付"(freight collect);CFR 和 CIF 贸易术语应该注明"运费预付"(freight prepaid)]。
6. 汇票上付款人的名称、地址不详或者有错误,比如写成开证申请人。
7. 信用证逾期。
8. 逾期交单。
9. 货物溢短装超限。
10. 单据种类不全,或者份数不足。
11. 单据没有按照规定签字或者背书。

在实际信用证业务中,由于各种原因,有时难以避免发生单证不一致的情况。如果时间充足,及时改证或者改单,可以确保安全收汇。但如果受到时间限制,不能及时改证或者改单,无法在信用证规定的到期日和交单期限内做到单证一致,则可以根据实际情况灵活处理。信用证业务下卖方单证不符的处理方法主要有以下几种。

1. 担保议付。当议付行审单发现不符点后,如情况不是很严重,在征得进口商同意后,出口商可向议付行出具担保书(letter of indemnity),要求凭担保议付。担保书应声明,如开证行拒付,由受益人自负结果。议付行向开证行寄单时,在随附单据的表盖(covering schedule)上注明单证不符点和"凭保议付"字样,该种做法又称"表盖提出"(简称"表提")。

2. 采用"电提"方式征求意见。当出口商所交单据与信用证的规定不符,此时可请议付行先用电讯的方式向开证行列明不符点,征求其意见,待开证行确认接受后,再将单据寄出。"电提"的目的是尽快了解开证行及其进口人对于单证不符的态度。

3. 改为证下托收。当出现单证不符,而开证行不愿意采用"电提"或者"表盖"的做法,出口商只能采用托收方式,委托银行寄单收款。由于此托收与原信用证有关,为了使进口商易于了解该项托收业务的来由,托收行仍以原信用证的开证行为代收行,请其代为收款。

提醒您

以上三种单证不符的处理方法,实际上已将银行信用改为商业信用,开证行不再承担信用证项下的付款责任,致使出口商完全处于被动地位,进口商往往需要等到货物到达目的地/港查验货物后才决定是否承担付款责任。故除非双方是老客户关系,对于所交付的货物比较有把握,一般不要轻易采用。

(五)出口核销和出口退税

根据国务院、国家外汇管理局和国家税务总局的有关规定,我国出口企业在办理货物装运出口以及制单结汇后,应该及时办理出口收汇核销和出口退税手续。

1. 出口收汇核销

出口外汇核销制度是国家为了加强出口收汇管理、确保国家外汇收入、防止外汇流失的一项重要的举措。出口单位应该事先从外汇管理部门领取有顺序编号的核销单如实填写,在出口报关前向报关地海关进行核销单的口岸备案,海关将逐票核对报关单和出口收汇核销单内容是否一致,报关单上的核销单编号与所附核销单是否一致,出口货物经过审核验收无误后,海关在专为出口核销用的报关单和核销单上"海关签注栏"处加盖"验讫"章。并对电子口岸上的电子底账和核销单审核情况通过电子口岸传给外汇管理部门,结关后将核销单退还给报关公司,再转给出口企业。

目前我国出口核销制度程序如下:

出口企业在报关后 90 天内,将出口报关单、出口收汇核销单存根和发票交给外汇管理局备案。

出口企业通过指定外汇银行收汇,向银行提供核销单号码。

银行办理结汇或者直接入账出口企业外汇后,通过国际收支申报系统,向外汇管理部门申报,同时将出口收汇核销专用联交出口企业(出口企业申报外汇收入后,银行才能从系统中打出该专用联)。

若出口企业采用信用证或者托收方式出口,出口单位在向银行交单时,填写《对公单位出口收汇申报单》,一并交银行,然后由银行输入相关电脑并与各省外汇管理局联网,进行网上申报;若为汇付方式出口,出口单位应该事先向国外进口商说明该批出口货物的核销单编号,当货款汇至出口地外汇银行以后,该银行向出口单位出具结汇水单和出口收汇核销单或者收账通知及其他规定的单据,出口企业凭单据到国家外汇管理部门办理核销手续。国家外汇管理部门按照规定办理核销后,将在核销单上加盖"已核销"图章,并将其中的出口退税专用联退还给出口企业办理出口退税之用。

2. 出口退税

出口退税是指符合国家规定范围内的出口货物在报关离境后,由出口经营的主体企业凭有关单证,向主管退税的税务机关办理出口货物在生产、加工、出口核销等环节上的增值税、消费税进行免征或者退还的相应税收。出口退税使出口货物以不含税或者少含税价格进入国际市场,避免对跨国流通的货物重复征收间接税。

出口企业办理出口退税应该事先办理出口退税登记,持出口经营权批件(复印件)和工商营业执照(副本),于批准日起 30 日内到当地主管退税业务的税务机关办理退税登记。

出口企业报关后,在收到海关签退的出口企业报关单(出口退税专用第 6 联)和盖有海关验讫章的出口收汇核销单,立即通过"中国电子口岸"核对报关信息,并将有关信息输入国税局出口货物退(免)电子申报系统向税务机关办理预申报。自出口 90 日内必须要申报,逾期不予以申报退税。

办理出口退税的重要凭据是"两单两票",两单是指出口货物报关单(出口退税专用)、出口货物核销单(出口退税专用联);两票是指国内购货增值税发票和出口的商业发票,同时还要附加上其他规定的相关单证文件。

出口货物报关并收汇后,企业填报申请单证,输入出口企业退税申报系统,汇总、查询、计算出口退税额,报送主管退税的税务机关预审,通过后的单据报送商务主管部门稽查,然后再报送退税税务机关审核、审批,由国库退出税款。

小资料

出口退税政策凸显经济环境变化

中国政府于2003年10月对出口退税机制进行了重大改革,将出口退税率整体下调了三个百分点。此后,对出口退税政策的调整极为频繁,2004年至今已近20次。

政策之变传递着国家产业政策导向的强烈信号。一是限制高耗能、高污染、资源性商品的出口,553项此类商品的出口退税政策被取消;二是尽量减少贸易摩擦,提升产品高附加值。

但是随着2008年美国金融危机从虚拟经济影响到实体经济,发达国家市场需求不断下滑。为了提高我国出口产品国际市场竞争力,2008年共四次提高出口退税率。前两次出口退税率调整以纺织品、服装行业为主;第三次以部分劳动密集型商品为主,如模具、箱包等;第四次以附加值高的机电商品为主。调整后的出口退税率由调整前的5%、9%、11%、13%、17%五档变为了5%、9%、11%、13%、14%、17%六档。2009年3月底决定从4月1日开始再次提高3 800多种商品的出口退税率。

——资料来源:根据相关资料整理。

第二节 进口合同的履行

进口合同签订后,作为合同的买方,我国进口企业要坚持按照合同约定支付货物价款和收取货物及其单据;同时也要积极敦促对方按照合同规定履行交货义务。

在我国进口业务中,如按照 FOB 或者 FCA 贸易术语和不可撤销即期信用证成交,进口合同履行的主要程序为:开立信用证、洽租运输工具与接运货物、办理保险、审单付款、报关、接货与拨交、检验等。这些环节的工作,是由进口企业、运输部门、商检部门、银行、保险公司与最终用货部门等各个环节分工协作、紧密配合完成的。

一、信用证的开立与修改

(一)信用证的开立

进口合同签订后,进口企业应按照合同规定向经营外汇业务的银行办理开证手续,填写开证申请书(application of irrevocable letter of credit),提交开证保证金或者其他抵押。开证申请书的内容必须要完整、明确,其中对于商品的品名、质量规格、数量、包装、价格、交货期限、装运条件、付款期限等内容,均要以买卖合同为依据。同时开证申请书还必须要列明据以议付、承兑和付款所要求的单据(documents required),包括单据的种类、具体要求及其出具单据的机构等。同时开证申请书不应该过多列入细节,最好也不要采用"套证"(参照前证)的做法。

(二)信用证的修改

信用证开出后,如果发现信用证内容与开证申请书不符,或者因情况发生变化或其他原因,需要对信用证进行修改,应立即通知开证行进行修改。如果对方(受益人)收到信用证后提出对信用证进行修改,则要区别情况决定是否修改。如同意修改则及时通知开证行,开出信用证修改申请书,办理修改手续;如不同意修改,也应该及时通知出口人(受益人),敦促其按照原来的信用证条款履行。

二、洽租运输工具与接运货物

在采用 FOB 和 FCA 条件成交的进口合同中,我方(买方)负责洽租运输工具或者指定承运人。采用海洋运输,我方应负责租船订舱,安排船只到对方口岸接运货物。在实际业务中,租船或者订舱业务通常是委托货运代理公司向船公司或者船代公司办理,也可直接向船公司或者其代理人办理。

按照惯例,卖方在交货前一定时期内应将预计装运日期通知我方(进口方)。在接到通知后,我方应及时向货代公司或者承运人办理租船或者订舱的手续。在办妥租船订舱业务后,按照规定的期限将船名、航次、船期等及时通知对方,以便于对方备货装船。同时为了防止船货衔接不好,买方要一直和卖方沟通备货和装运的信息，催促对方及时装运。成交数量比较大或者重要物资甚至要请我方驻外机构监督，或者派员前往装运地点装运。

最好规定卖方装船后及时向我方发出装船通知，便于我方及时办理保险手续和做好接货的准备。

三、办理保险

在采用 FOB、CFR 或者 CPT、FCA 贸易术语成交时，需要进口方办理货物保险手续，进口货物保险一般采用两种保险方式。

（一）预约保险

预约保险即进口企业事先与保险公司签订预约保险合同，也称预约保险单（open cover or open policy），预约保险合同中对于保险险别、费率、保险适用的条款、赔偿地点和货币等事先进行规定。保险公司对有关进口货物负自动承保的责任。在保险范围以内的海运货物，货物一旦装船，保险责任自动生效。对于每一笔交易的具体信息需要凭卖方发出的装船通知，作为投保的凭证。

（二）逐笔投保

在没有签订预约保险合同时，通常采用逐笔投保方式，进口企业需要在收到卖方发出的装船通知或者确定装船的船名、航次、船期等细节后，向保险公司投保，投保之前的货物损失保险公司不承担责任。

四、审单付款

国外卖方交货后，提交信用证项下的汇票和全套单据交给开证行或者保兑行（如有），银行则需要合理审慎审核信用证规定的所有单据，以确定单据表面上与信用证是否相符。如果单据与信用证规定条款相符，开证行、保兑行（如有）或其他银行就必须要承担即期、延期付款或者承兑、议付责任。开证行或者保兑行（如有）经过审单后付款就没有追索权。

如果单据与信用证条款不符，UCP600 则规定开证行须持单至开证申请人做出进一步指示，但是需要在 5 个工作日内决定是否付款。实际业务中开证行往往会和进口企业协商，付款与否主要看开证申请人的态度。

若开证行审单无误后对外付款，即通知我国进口企业向开证行付款赎单。进口企业在单据严格符合信用证条款下向开证行付款，拿到以运输单据为主的各项单据，办理提货手续。

同时为了防止外汇流出，我国对进口付汇采用核销制度。在信用证业务进口交易中,如开证购汇,需要持进口合同、进口付汇核销单、进口付汇通知书;跟单托收除了以上手续,还需要办理购汇。采用汇款方式付款的进口交易,进口企业需要持进口合同、进口付汇核销单、发票、正本进口货物报关单、正本运输单据办理用汇。进口合同项下不超过合同金额的15%或者虽超过15%但未超过等值10万美元的预付款,持进口合同和进口付汇核销单办理。

另外,若国家有关当局对于进口产品实施进口配额或者特定产品进口管理的货物,还需要有关部门签发的许可证或者进口证明;凡是属于进口自动登记许可的货物,还应当填好登记表格。

进口业务中的运费、保险费等外汇支出,进口企业持进口合同、正本运费收据和保险费收据办理购汇。

五、报关、接货与拨交、检验货物

(一)报关

船舶抵达目的港后,承运人货代公司向收货人发出到货通知书,收货人持正本提单和到货通知书到承运人或者货代公司换取提货单(delivery order),随后到海关办理进口报关手续。进口货物的收货人或者委托的报关企业在货物到达卸货港后,立即填好进口货物报关单,向海关办理申报。我国《海关法》规定的法定进口货物报关期限为自运输工具进境之日起14日内办理申报,超过规定期限,海关将按照CIF或者CIP贸易术语作为完税价格按日征收0.5‰的滞报金,超过3个月没有办理报关手续的,海关有权对货物提取依法变卖。进口报关时候,需要提交提货单、发票、装箱单、进口货物许可证和国家规定的其他文件(如进口合同、厂商发票、产地证等)。

海关根据申报人的申报,依法对货物进行查验。如果货物符合国家的进口规定,即签章放行,由海关在提货单上签字或者盖章放行,收货人或其代理人必须持海关签章放行的提货单提取进口货物,未经海关放行的货物,任何单位和个人不得提取。

(二)提货和拨交货物

收货人或其代理人办完通关手续后,凭海关签章放行的提货单向承运人或其代理人提取货物。在代理进口业务中,如订货或用货单位在卸货港所在地,进口企业就地拨交货物;如卸货港不是订货单位所在地,则需要委托运输机构将货物转运到内地并交付给用货单位。有关进口关税或者运往内地的费用,由运输机构向进口企业结算后,代理进口企业再向订货或者用货单位收取。

(三)验收货物

进口货物运抵卸货港时，港务当局要对卸货进行核对，如发现短装，应该及时填制"短卸报告"交由船方确认，并根据短卸情况向船方提出保留索赔权的书面声明。卸货时候如发现残损，货物应该存放在海关指定仓库，待保险公司会同出入境检验检疫机构检验后做出处理。

若为法定检验的货物，进口企业应在货物入境前或者入境时向入境的口岸、指定的或者到达口岸的出入境检验检疫机构办理申报检验手续，未经检验检疫，货物不许在境内销售或者使用。同时检验检疫机构所作出的残损鉴定也是将来向对方索赔的重要依据。

六、进口索赔

当进口方收到货物后，经检验货物与买卖合同不符，应该及时向有关方面索赔。

(一)进口索赔的对象

当进口货物因质量、数量、包装等不符合合同规定而向有关方面索赔时，应根据导致货损原因向有关责任方提起索赔，通常的索赔对象主要有三个：

1. 向卖方索赔

向卖方索赔的情况是：原装数量不足；货物质量、规格与合同规定不符，且责任属于卖方；包装不良致使货物受损；未按照规定日期装运或者拒不交货等情况。

2. 向承运人索赔

向承运人索赔情况有：货物数量少于运输单据上标明的数量；运输单据是清洁提单，但是货物存在残损情况，并且是属于承运人过失造成；货物损失根据租船合同应该由承运人承担责任。

3. 向保险公司索赔

向保险公司索赔的情况是：由于自然灾害、意外事故或者运输中其他事故发生致使货物受损，并且属于承保险别责任范围以内的，凡是承运人不予赔偿或者赔偿金额不足弥补货物损失的部分。

(二)进口索赔应该注意的事项

1. 索赔的证据

对外索赔需要提供足够的证据，要有索赔清单，随附检验检疫机构签发的检验证书、发票、箱单、提单副本等；同时要根据不同的索赔对象另附不同的证书。如提供保险单、货物短卸或者残损证明等。在问题没有解决之前，货物应该保持原状,有的还要拍照以便将来做举证之用。

2. 索赔金额

向卖方索赔,应与卖方违约所造成的实际损失相等,即根据商品的价值和损失程度计算,还包括支付的各项费用,如商品检验费、装卸费、银行手续费、清关费用、利息等,合理的预期利润也应该算入索赔金额。向承运人和保险人索赔的金额,必须要根据规定按照特定方法计算。

3. 索赔的期限

对外索赔一定要在规定的有效期内提出,逾期索赔责任方有权不受理,如果需要延长,则需要双方在合同中约定。根据《公约》和我国《合同法》规定,向卖方索赔需要在其实际收到货物之日起 2 年内提出;向船公司索赔的期限为货物到达目的港交货 1 年内;向保险公司索赔的期限为被保险货物在卸货港全部卸离海轮后不超过 2 年。

在实际业务中通常向卖方索赔的期限都会在合同中约定期限,大多数不超过 1 个月。

4. 索赔时买方的责任

凡是货物的风险由卖方转移到买方所存在的任何不符合合同情形,买方必须要以事实为依据向卖方索赔。但是在卖方同意赔偿之前,买方必须要保持货物原状并妥善保管。根据《公约》规定,如果买方不能按照实际收到货物原装归还货物,买方就丧失宣布合同无效或者要求提交替代物的权利。故买方一定要对货物采取保全措施。

小 结

关键术语

出口合同履行　进口合同履行　交单结汇　信用证审核

本章小结

1. 国际货物买卖合同履行涉及出口合同的履行和进口合同的履行。

2. 出口合同履行四个基本环节中都应该注意相应的细节,尤其是对于信用证项下出口单据的要求,同时还需要掌握信用证方式结汇单据存在不符点的处理。

3. 进口合同履行包括主要履行的程序,及其对于出口商、船公司和保险公司的索赔事宜处理。

知识结构图

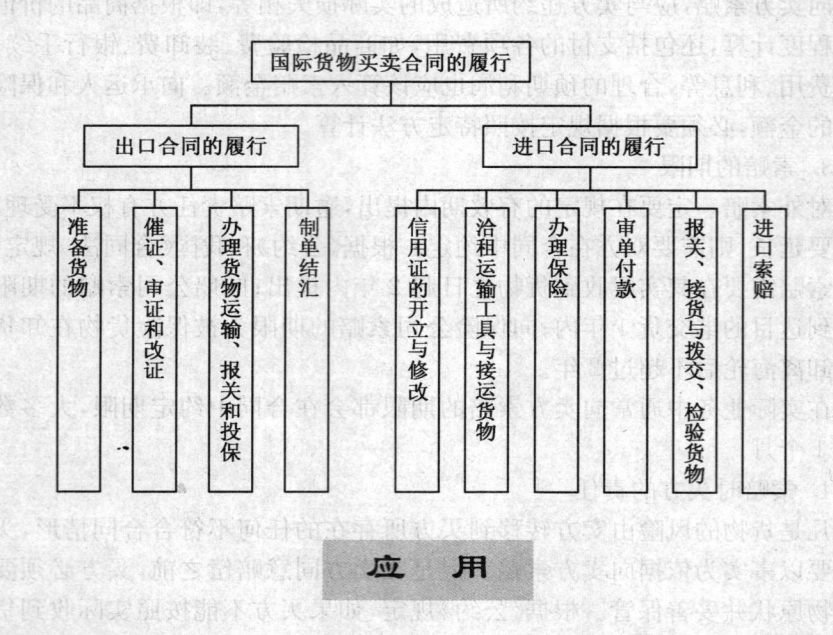

```
                    国际货物买卖合同的履行
                    /                  \
            出口合同的履行            进口合同的履行
         /    |    |    \          /    |    |    |    \
       准备  催证、办理货物 制单   信用证 洽租运 办理 审单 报关、 进口
       货物  审证和 运输、 结汇   的开立 输工具 保险 付款 接货与 索赔
             改证  报关和        与修改 与接运       拨交、
                   投保                 货物         检验货物
```

应 用

案例研究

某公司与国外客户签订的合同规定按照 CIF 即期信用证支付,合同规定 11 月装运,但未规定具体开证日期,后因该商品市场价格趋降,外商便拖延开证。我方为了防止延误装运期,从 10 月中旬起多次催开信用证,终于使该商在 11 月 16 日开来了信用证。但由于对方开证太晚,使我方安排装运困难,遂要求对方对信用证的装运期和议付有效期进行修改,分别推迟 1 个月,但外商拒不同意,并以我方未能按期装运为由单方面宣布解除合同,我方也就此作罢。试析:我方处理是否得当,应从中吸取哪些教训?

[分析] 我方应该在合同中明确买方最迟的开证时间,这样对方不及时开证我方也能够向对方索赔,但是没有约定最迟的开证时间,则导致不能赶上信用证规定的最迟装船期而违约。

复习思考题

1.我国某公司对外发盘轴承 800 套,分别为:101 号/200 套;102 号/100

套;103号/200套;104号/300套,限9月20号复到有效。对方在发盘的有效期内来电表示接受,并附上1080号订单一份。订单表明的规格为:101号/200套;102号/200套;103号/300套;104号/100套。我方对来电未作处理。数天后收到对方开来的信用证,证内对规格未做详细规定,仅注明:as per our order no. 1080。我方凭证按照原发盘的规格、数量装运出口,商业发票上也注明:as per our order no. 1080。

问:我方可否顺利结汇?为什么?

2. 我国某公司与外商洽商进口某商品一批,经往来电传洽商,已经谈妥合同的主要交易条件,但是我方在电传中表明交易于双方签订确认书时生效。事后对方将草签的合同条款交我方确认,但是有关条款的措辞尚需研究,故我方未及时给对方答复,不久该商品的市场价格上涨,对方电催我方开立信用证,以便其按期装运出口,而我方以合同尚未成立为由拒绝开立信用证。

问:我方的做法是否合理?为什么?

3. 我国A外贸公司向英国出口茶叶600公吨,合同规定:4～6月份分批装运。B公司按时开来信用证。证内规定:Shipment during April/June, April shipment 100M/T, May shipment 200M/T, June shipment 300M/T。我国A公司实际出运情况是:4月份装运100公吨,并顺利结汇。5月份因故未能装运,6月份装运500公吨。试问:我外贸公司6月份出运后能否顺利办理结汇?为什么?

第十一章　贸易单据

学习目标

通过本章学习,你应能够:
了解出口主要结汇单据。
了解进口主要单证。
能够制作常用单据。

开篇案例

商业发票是否需要签名

中国 A 公司对英国出口一批货物,国外开来信用证中对发票只规定:"Commercial invoice in duplicate."A 公司交单后被拒付,理由是商业发票上漏受益人签字盖章。A 公司经检查发现的确漏签字盖章,立即补寄签字完整的发票。但是此时信用证已经过期,故又遭到拒付。A 公司与买方再三协商,最后以降价处理才收回货款。本案中的拒付有无理由?为什么?A 公司的处理是否妥当?为什么?

——资料来源:全国商务单证培训认证考试办公室编:《全国国际商务单证培训认证考试大纲及复习指南》,中国商务出版社 2007 年版。

[案例评析]　本案中涉及商业发票是否需要签名的问题,根据 UCP600 的规定,信用证没有要求,商业发盘上面受益人可以不签名。故该案例中对方拒付没有理由,我方也应该据理力争要求开证行承担付款责任,而不应该接受对方降价的要求,表明我方对于相关国际惯例解释不熟悉。

进出口单据中主要分为出口结汇单据和进口单据两大类,出口结汇单据主要有商业发票、装箱单、海运提单、保险单、汇票、出口报关单、商检证书和原产地证明书等,而进口单据主要涉及开证申请书、商检证书和进口报关单等内容。对于出口单据正确、完整和及时等方面的要求,对于做好结汇单据意义重大。

第一节 结汇单证

国际贸易属于象征性交货,卖方凭单交货,买方凭单付款。结汇单据是指国际贸易中为了解决货币收付问题所使用的单据、证明和文件。在出口业务中,国际结算所涉及到的单据种类繁多,不同的收款方式、不同地区、不同的产品,对结汇单证的单据要求会有所不同。通常结汇单据主要包括以下几类:

1. 商业单证:主要有商业发票、包装单据、运输单据、保险单据等。
2. 官方单据:主要有产地证明、检验证书、许可证等。
3. 金融单据:主要指汇票。
4. 其他附属单据:出口商证明(信用证业务中称作受益人证明)、船舶证明等。
5. 国家外汇管理需要的单证:出口收汇核销单。

一、结汇单证的作用

(一)付款依据

在信用证结汇方式下,银行付款的唯一依据就是卖方所提交的结汇单据,而不是所涉及的合同或者货物。在托收或者电汇业务中,进口商也是凭卖方提交的单据决定是否承担付款责任。

(二)履约证明

国际贸易中单据是卖方履行合同或者履行信用证的证明——卖方已经履行了合同或者信用证规定的义务。同时也为进口商顺利提取货物、使用货物、转售货物提供了保障。

(三)物权凭证

在海洋运输中,海运提单就起到物权凭证的作用,便于卖方对货物所有权的控制,同时买方只有在付款后或者做出承兑表示后,才能够取得海运提单去办理提货。

二、主要结汇单据

本章采用信用证项下所要求的单据,以及一些其他常用单据。

(一)商业发票

商业发票(commercial invoice)在实际工作中简称为发票,是出口方向进口方开列的发货价目清单,是买卖双方记账的依据,也是进出口报关纳税的总说明,核销外汇等环节也离不开商业发票。商业发票是结汇单据中最重要的单据,其他单据大多都是根据商业发票制作的。

1. 商业发票的基本内容

商业发票由出口企业自制,没有标准的格式,但是基本栏目大致相同。从本质上讲发票是进出口商在国际经济贸易业务中的会计原始凭证。

(1)出票人名称,出口商的名称和详细地址、地址、电话和网址等。

(2)单据的名称,即"商业发票"(commercial invoice)或者"发票"(invoice)字样,发票的名称应该和信用证相一致,若信用证要求"certified invoice"(证实的发票)或者"detailed invoice"(详细发票),则发票名称也需要如此显示。同时发票中不能出现"临时发票"(provisional invoice)或者"形式发票"(proforma invoice)等字样。

(3)制单日期和制单的基础信息,如发票的出立日期,一般在所有的单据中,发票的出立日期是最早的,出口商出立好商业发票后还需要凭此办理申请产地证、报检、报关等环节的内容,同时还会有发票的号码、合同号码,有的发票在信用证业务中还需要写明出票条款,如信用证号码、信用证开立日期等。

(4)发票的抬头,即发票的接受方。发票的抬头为付款人的名称、地址,一般为进口商,信用证业务中UCP600规定发票的抬头为开证申请人,如果在存在中间商情况下,信用证要求写上第三方,发票也应该如实记载。

(5)货物的描述,标明货物名称、品质、规格及其包装情况等内容,同时还有数量、单价以及金额等,这些组成了发票的中心内容。在所有的单据中对于货物描述要求最高的就是商业发票,要和信用证内容严格一致,而其他单据则可以采用统称。

(6)货物的起运地、目的地,如有转运地还需要标明。

(7)唛头,需要根据合同或者信用证规定制作,如无规定,则卖方可以根据需要来自行决定,一般内容包括收货人的代码、合同号(或者信用证号等)、目的地/港和货物的件数。

(8)数量和金额。出口发票中要列明货物的数量、单价、总值和贸易术语等内容,其中有的还需要列明佣金、折扣金额,使用 CIF 贸易术语时,有的发票要列明其 FOB、运费和保险费三部分构成情况。

(9)出口方签章,信用证业务中 UCP600 规定为受益人出立,但是信用证中没有规定要签名的,可以不签名。但是如果要有证明语句,或者做"证实发票",则需要签名,签章一般位置在右下方。

(二)包装单据

包装单据是记载或者描述商品包装情况的单据,是商业发票的补充,也是货运单据中一项重要单据,除了散装货物以外,包装单据一般不可或缺,进口地海关验货、货物检验、进口商核对货物等均要以包装单据为依据。

1. 包装单据的种类

(1)装箱单(packing list/packing slip/container load plan)。
(2)明细装箱单(detailed packing list/packing specification)。
(3)重量单(weight list)。
(4)磅码单(weight memo)。
(5)尺码单(measurement list)。
(6)花色搭配单(assortment list)。

2. 制作包装单据应该注意的主要问题

(1)单据的名称,采用信用证方式结算时,应该采用信用证规定的名称。
(2)如果规定是详细的装箱单,则需要把内包装的毛重、净重、数量列举出来。
(3)装箱单不应该显示出货物的单价与总价。
(4)货物的描述可以与信用证货描一致,也可以采用货物统称,但是不得与信用证规定相冲突。

(三)汇票

结汇单据中的汇票是指出口商向进口商或者开证行签发的,要求后者即期或者在一个固定的日期,或者可以确定的将来时间,对某人或者其指定人支付一定金额的无条件书面支付命令。在信用证业务中,汇票严格说不是一种单据,而是一种票据,但是其记载也需要根据 UCP600 的相关规定来制作。托收与信用证业务中出口商出立的汇票,属于商业汇票,同时大多数有附随单据,属于跟单汇票,使用光票的较少。

其主要内容和缮制注意的事项:

由于汇款方式中的票汇属于进口商委托银行开立汇票,出口方不需要提交汇票,结汇单据中主要是指出口商或者受益人提供的汇票。

1. 出票条款。就是出立汇票的依据，信用证业务汇票必须要有出票条款，内容包括：开证行的完整名称(drawn under)、信用证号码(L/C no)和开证日期(dated)。托收业务中一般需要填写合同号，如 S/C No. ××× for collection，信用证号码和开证日期不需要填写。

2. 出票地点及其出票日期。出票地点一般是出口商所在地，出票日期由银行负责填写，填写交单日期，通常在装船后交单给银行时由银行填写，同时不得迟于信用证规定的交单日期和有效期。

3. 金额。汇票的金额和货币要与信用证规定相符，必须要明确无误，不能含糊不清。在买方没有预付款时，汇票的金额与发票金额或信用证金额要相一致。汇票金额的大小写要相一致，我国《票据法》明确规定，大小写不一致的，该张汇票无效。汇票金额不得涂改，不允许采用校正章。

4. 付款期限。汇票的付款期限是非常重要的栏目，通常在汇票上都应该标明，没有标明付款期限的汇票，按照《票据法》的解释应为即期汇票。远期汇票可以划分为见票后(after sight)、出票后(after date)、提单日后若干天付款(after B/L date)和定期付款(at fixed date)四种。

5. 收款人。又称受款人，即汇票的抬头。根据国际惯例，信用证和托收项下的汇票通常做成指示性抬头（pay to the order of...），后面跟上议付行或者托收行，若写成出口商，在实际收款时，需要背书转让给银行。

6. 受票人。又称付款人，一般在汇票的左下角，即"to"(此致)后面所跟的为付款人，需要详细的名称和地址，尤其是托收项下。信用证项下的汇票付款人应该是开证银行或者开证行指定的银行，而不能是开证申请人，否则将被视为附加单据，不能作为金融单据。托收项下的付款人通常是进口商。

7. 出票人。位于汇票的右下角，为出口人或者信用证的受益人，应该写上企业全称，并由负责人签章。

提醒您

> 国际贸易中采用的汇票可分为票汇、托收和信用证三种不同的方式。票汇方式下的汇票是由进口商申请进口方银行开立的即期银行汇票；托收方式采用的汇票为出口商开立，进口方为付款人的商业汇票；信用证项下的汇票为出口商开立，开证行为受票人的商业汇票。

(四)运输单据

运输单据是指证明货物已经装船或者已经发运或者已由承运人接受监督的单据。海运提单还具有代表货物所有权和承托双方运输契约的作用。

1. 运输单据主要种类

(1)海运提单(ocean B/L):由承运人、船长或者其代理人签发,证明已经收到指定货物,并许诺将货物运至指定目的地交付给收货人的书面凭证。海运提单具有货物收据、运输合同证明和物权凭证的作用。

(2)不可转让的海运单(non-negotiable sea waybill):是海上运输合同的证明和货物收据,不是物权凭证,也不是提货所要求出示的单据,收货人只能做成记名式,不能背书转让。

(3)多式联运单据(multi-modal transport B/L):多式联运提单可以分为可流通式和不可流通式。可流通式一般第一程运输为海运,并可以作为提货的依据;不可流通式则第一程运输不是海运,不能背书转让和提货。

2. 海运提单的主要内容

海运提单主要分为正面和背面两部分内容,正面是提单的主要内容,背面涉及承托双方的权利、责任、义务和豁免等条款。海运提单正面内容主要有:

(1)托运人(shipper)。海运提单的托运人通常应该写上出口商或者信用证的受益人,这样便于出口方对货物所有权的控制。在信用证方式下如果托运人不是受益人,则构成第三方提单(third party B/L),受益人首先要了解信用证条款是否接受第三方提单。

(2)收货人(consignee)。海运提单的收货人又称海运提单的抬头,通常可以做成指示提单和记名提单。指示提单可以通过背书转让,记名提单不可背书转让,收货人是唯一的。指示提单又可以分为空白指示和记名指示,前者只需要写上"to order",后者要写上"to order of...",一般写上托运人或者开证银行,转让时需要由托运人或者开证银行背书。空白指示又称空白抬头,和"to order of shipper"是相同的,默认为收货人是发货人或者托运人,转让时需要托运人背书。

(3)通知人(notify party)。由于海运提单的收货人很少写成记名式,所以收货人一般都不是真正的进口方,通知人一栏通常写成实际进口方的详细名称和地址,也可以写成进口方指定的代理人。若是采用记名提单,则该栏内容可以写成"same as consignee"(同收货人)。

(4)装运港(port of loading)、卸货港(port of discharge)和装运港(port of transshipment)。

(5)船名和航次(name of vessel and voyage number)。

(6)收货地和交货地(place of receipt/ place of delivery)。主要是指境内收货地和境内交货地,通常适用于联合运输。

(7)提单签发的份数(number of original B/Ls)。通常正本提单的份数为3份,但是即使是1份正本提单也可以构成全套(full set),信用证业务中海运提单上若未注明正本提单的份数,开证银行会拒付。

(8)标记和封志号(marks and nos, container/ seal no)。该栏目就是唛头,提单上的唛头应该和信用证规定相一致,和其他的单据也要相一致。在集装箱运输中若没有唛头,则需要写上"N/M"(no mark),同时要写上每一个集装箱号码和海关关封号码。

(9)包装的种类和数量(no and kind of package)。

(10)货物描述(description of goods)。可以采用货物的统称,但是不能与信用证和其他单据相冲突。

(11)毛重和体积(gross weight/ measurement)。

(12)运费支付方式。采用FOB贸易术语时,通常写上"freight to collect",采用CFR和CIF贸易术语成交,是由出口方支付运费,采用"freight prepaid"或者"freight paid"。

(13)已装船批注、装船日期。海运提单上要显示出"on board"字样,同时还有货物装上船的日期,即使采用收货备运提单,在交单议付之前,也需要加上已装船批注。

(14)提单的签发日期和地点(place and date of issue),提单的签发地点一般为装运港所在地,签发日期一般同装船日期。

(15)承运人或者货运代理签章。海运提单的签章必须要表明签发者的身份,若为承运人则需要表明"as carrier",若是代理人就需要表明"as agent for the carrier"。

(五)保险单据

保险单据是保险人和被保险人之间的保险合同证明,同时也是货物出现保险责任范围内损失的赔偿证明文件,货物运输保险单经过背书后,可以和货物所有权一起进行转移。CIF或者CIP贸易术语,出口方需要办理货物运输保险手续,结汇单据中需要提交保险单据。

1. 保险单据主要种类

(1)保险单(insurance policy)。又称大保单,既有正面的内容,也有背面的内容,背面主要是保险人和被保险人之间的权利、责任、免赔等方面的约定。

(2)保险凭证(insurance certificate)。又称小保单,只有正面,没有背面,但是除非信用证要求只提供保险单,出口商也可以提交保险凭证。

(3)预约保单(open cover/ policy)。即提前和保险人签订的一种保险合同。

(4)保险批单(endorsement)。就是保险单出立后,根据投保人的要求,对于保险单内容进行补充、变更而出具的一种凭证,批单是保险单重要的组成部分。

2. 保险单的主要内容

(1)保险公司的名称(name of insurance company)。出口方需要根据信用证或者合同的规定去选择保险公司。

(2)发票和保险单号码(insurance no and policy no)。

(3)被保险人(insured)。因为 CIF 和 CIP 贸易术语是由出口方对货物进行投保,出口方首先要保障自己的利益,所以一般被保险人要写上出口商或者受益人。同时有的要求填上"to order of..."或者"in favour of...",则被保险人一栏也写上出口方,但是需要出口商交单时候对保险单进行背书,把保险利益转让给进口方或者开证行。

(4)唛头(mark and nos)。同其他单据,也可以参照发票(as per invoice no. ×××)。

(5)包装及数量(quantity)。需要写上最大包装的数量,如果是散装货物,需要填上货物的毛重。

(6)保险货物项目(description of goods)。可以采用货物的统称,但是不能与信用证及发票货物名称相冲突。

(7)保险金额(amount insured)。出口方需要按照 CIF 或者 CIP 值加成至少 10%,有小数的一般需要进位,同时还需要写上大写金额。

(8)保费和费率(premium and rate)。除非信用证有明确要求,这些内容是可以不显示的,而显示为"as arranged"。

(9)装载的运输工具(per conveyance s. s.)。需要写上船名和航次。

(10)开航日期(date of commencement/ sailing on or about)。可以写上提单上面显示的装船日期,也可以写上"as per B/L"。

(11)承保的险别(conditions)。需要按照信用证或者合同中的保险条款要求填制,通常还需要写上保险加成率及其采用的保险条款,比如"for 110% of full invoice value against all risks and war clauses as per PICC dated 1/1, 1981."

(12)赔付的地点和货币(claims payable at/in)。通常赔付地点应该为目的地,采用的货币同汇票相同(claims payable at destination and in the currency of draft)。

(六)原产地证明书

原产地证明书是证明货物原产地、制造地的文件,是进口国海关采用不同的国别政策、差别关税待遇和控制进口配额的一种单据。

根据原产地证明书的用途或类别,由不同的机构负责签发。国家质量监督检验检疫总局及其各地分局通常签发普惠制产地证,还有出口到与我国签有贸易优惠协定国家的产地证,如 Form E 和 Form F 产地证;中国国际贸易促进委员会(China Council for the Promotion of International Trade)及其各地分会通常签发一般产地证;我国官方签发产地证的还有商务部及其各地省一级外经贸主管部门,通常签发对欧盟的纺织品专用产地证。

1. 普惠制原产地证明书

普惠制原产地证明书(generalized system of preferences/certificate of origin,GSP 产地证),通常采用 A 格式,称为 Form A 产地证。通常为使中国出口到发达国家的工业制成品或者半成品能够享受到该国赋予的普惠制下的关税优惠待遇,要提供普惠制原产地证明书。

2. 一般产地证明书

证明货物原产于中国,办理出口通关、结汇和有关方面进行贸易统计的重要依据。

普惠制原产地证明书和一般原产地证明书外在格式不同,但主要内容是相同的,包括买卖双方的公司名称和地址,运输方式和线路,目的国,货物的商品名称,包装的数量和种类,发票的号码与日期,出口商申报时间地点与签章,官方证实的时间地点与签章。

普惠制原产地证明书和一般原产地证明书主要的不同在于:普惠制产地证有"原产地标准"(origin criterion),通常需要填上"P"(完全国产,不含进口成分)或者"W"(含有进口成分,但是符合原产于中国的标准,同时还多了项目号(item no)一栏,就是要写上每一票货物的编号;一般的产地证需要写上货物的 H.S. 编码。同时两者的出口商申报和官方证实的方向是相反的。

第二节 进口单证

进口单证涉及开证申请书,FOB 和 CFR 贸易术语的保险单,入境货物通关单和进口货物报关单等,同时还涉及对出口方提交单据的审核。本节内容主要涉及开证申请书和对于进口货物单据的审核。

一、开证申请书

进口方依约向银行申请开立信用证,需要向银行提交开证申请书。

(一)申请开立信用证需要注意的问题

1. 开证时间:如果双方采用信用证方式结算,买方首要的职责就是申请开立信用证,申请开立信用证应该注意开证时间,要在合同规定的开证日期之前开立好信用证,若是没有规定开证时间,则买方需要在合理时间内开立,一般掌握在货物装运前至少半个月到一个月把信用证开给卖方,以便于卖方能够有充足的时间在规定的装运期内装运货物。

2. 申请开证前,要注意进口批准手续和外汇来源是否落实。

3. 开证要和保持合同一致,申请开立信用证必须要和双方签订的合同一致(包括修改后的合同),合同规定需要在信用证中列明的条款都需要列明,UCP600不提倡信用证采用引用"as per S/C No. ×××",也不能把合同附加在信用证后面,因为信用证是一种独立的文件,不依附于贸易合同。

4. 如果合同规定采用远期付款,则需要注明远期付款的种类和汇票的付款期限。

5. 由于信用证是单据的买卖,所以合同中关于货物的规定都应该转化为单据,若信用证中没有规定,则银行将认为没有列入此条件,对此不予理会。

6. 对于是否允许分批、是否允许转运、是否允许第三方运输单据,都需要在信用证中表明,否则认为允许。

7. 对于可转让信用证开立,要谨慎使用,因为进口方和实际供货商没有直接合同关系,对于第二受益人的资信难以了解,同时转让信用证必须要标明"可转让"(transferable)字样,明确转让行。

另外,一般都不会带有电报索汇条款(T/T reimbursement clause),对于开证行仅凭议付行发出的电报索汇通知就要承担付款责任,而没有看到单据,则存在一定风险。

(二)申请开立信用证的程序

1. 递交有关合同的副本及其附件。

2. 填写开证申请书。

3. 缴付开证保证金,申请开立信用证时,大多需要缴付相当于信用证金额一定比例的保证金,金额视进口商信用而有所不同。

4. 支付开证手续费。

(三) 开证申请书的填制

开证申请书填写主要分两个方面,有的是需要直接填写,有的是需要选择,对于选择的事项要打"×"。

1. 申请开证日期,在申请书的右上角。

2. 传递方式,有信开(by airmail)、电开(by teletransmission)、简电开立(brief advice by teletransmission)和快递(express delivery),目前SWIFT信用证一般都采用全电开立。

3. 信用证性质,主要涉及是否保兑、是否转让、信用证的有效期和有效地点等内容。

4. 申请人和受益人,要写上详细的名称和地址。

5. 信用证金额,需要用数字和文字两种形式表示,同时若数量有一定的溢短装比例,信用证金额也应该相应浮动。

6. 分批和转运,根据合同表明允许或者不允许,两者不要产生冲突。

7. 装运条款,主要涉及装运地(港)、目的地(港)和最迟的装运日期。

8. 价格术语,在常用的三个贸易术语中选择,其他贸易术语则选择"其他条件"。

9. 付款方式,主要涉及即期付款、延期付款、承兑支付和议付四种方式。

10. 汇票的要求,主要涉及信用证项下汇票应该支付发票金额的百分之几,同时还涉及汇票的付款期限和付款人。

11. 单据条款,涉及对单据的要求,包括单据的种类和单据的份数。

12. 信用证项下货物的描述,包括货物的名称、数量、品质规格、包装、单价、唛头等,应该明确具体,表示清楚。

13. 附加条款,根据合同需要进行选择。

14. 申请人开户行名称、账户号码、申请人的公司名称和号码等。

二、进口商对常用货物单据的审核

进口货物单据的审核是进口合同履行过程中的一个重要环节。货物单据不仅是进口人凭此付款的依据,也是用于核对出口人所提交的货物是否与合同相符的凭证。在托收业务与汇付业务中,由进口企业负责对货物单据进行审核,如采用信用证方式付款,则需要由开证银行和进口企业共同对货物单据进行审核。通常由开证银行或其指定银行初审,进口企业复审。在单据符合信用证规定的条件下,开证行就需要履行付款责任。在其他支付方式下,单据符合合同规定,进口商就应当付款。本部分内容主要以信用证业务为主,分别分析开证行和进口企业审单。

根据通常进出口业务做法,国外出口人将货物装运后,即将全套单据和汇票交由出口地议付银行议付,议付行议付后将转寄开证行或开征行指定银行索偿,开证行或其指定银行收到单据后应该对照信用证条款逐项审核单据与信用证之间、单据与单据之间是否相符。开证行审核重点主要有:单据的种类、份数、汇票、发票金额与信用证金额是否一致、单据中货物的名称、规格、数量和包装等描述是否和信用证相一致、单据出立的日期及其内容、提单和保险单的背书转让等方面的内容。进口企业审单主要是对照合同和信用证规定审核单据,如没有异议,则开证行就需要按照即期汇票或者远期汇票承担起履行付款或者承兑的义务。

1. 海运提单

海运提单是物权凭证,持单人可以凭以提货,也是出口商所交付的最重要的单据。主要审核要点有:

(1)提单应该出具为全套且收货人可转让的形式,并注明承运人的具体名称,经过承运人或者作为承运人的具名代理、船长或者作为船长具名代理签名。

(2)提单上文字有修改时,应该有提单出立人的签字,或者提单签发公司签章。

(3)提单的抬头人如果是指示性抬头,无论是空白指示还是记名指示,应该经过背书。空白背书(to order)和凭发货人指示转让(to order of shipper)需要有发货人或托运人背书。若提单要求做成空白背书(blank endorsed),则只要求转让人签字背书转让;若要记名背书,则需要转让人和受让人均签章。

(4)提单的抬头人和被通知人的名称、地址应该与信用证规定相符。

(5)运费的支付方式应该与信用证规定相符。

(6)提单的日期不得迟于信用证上规定的最迟装运日期。

(7)提单向指定银行提示的日期原则上不能超过规定的交单期限,没有交单期限不得迟于提单签发日后21天,但是不能超过信用证有效期。

(8)商品栏内不能记载信用证上面没有列明的货物。

(9)装运港和卸货港名称应正确。

(10)提单上面不得有任何货物外表不良批注,即必须要提供清洁提单。

(11)除非信用证另有规定,货物不得装于舱面,同时如果允许货物装于舱面,应该投保舱面险。

(12)提单上所载件数、唛头、号码、重量及其船名等应与发票、包装单及其重量单上面所载完全相符,货物可以采用总名称描述,不得与信用证及其他单据相冲突。

(13)提单的发货人或者托运人应该是信用证的受益人,若为第三人,则需要信用证许可,或者可转让信用证项下。

(14)装船日期可以早于信用证开证日期,除非信用证另有规定,但是提单需要在规定的信用证有效期内提交。

2. 汇票

国际贸易中信用证或者托收项下的汇票属于跟单汇票,进口人审核时应该注意以下要点:

(1)汇票一般一式两份,并且效力是等同的。

(2)金额的大小写要一致,支取的金额与信用证规定相符(通常与发票金额相符,除非信用证规定汇票金额是发票金额的百分之多少)。

(3)汇票的付款人为开证行。信用证项下的汇票付款人应该是开证行或者其指定银行,而不应是开证申请人。托收项下的付款人可以是进口商。

(4)汇票的出票日期应该在信用证有效期内。

(5)出票条款应该正确,信用证项下应该包含开证行名称、开证日期和信用证号码三项内容。

(6)出票人、抬头人及其付款人的名称、地址要正确无误,出票人应该为出口人,抬头人应为议付行。

(7)收款人为出票人,收款时应该由受益人把汇票背书转让给议付行。

(8)付款期限要和信用证规定相符,远期汇票需要注意其期限。

3. 商业发票

商业发票是所有交易单据的中心和交易情况的总说明。发票的记载要详尽,特别是货物的描述应该与信用证相一致。

(1)发票的出立人应该是信用证规定的受益人(可转让信用证可以是第二受益人),与汇票的出立人应该是同一个人。

(2)发票的抬头人应该是信用证的开证申请人,除非信用证另有规定。

(3)发票的开立日期不能晚于汇票的日期。

(4)发票中的货描应该与信用证保持一致,甚至可以比信用证规定更加详细,但是不能和信用证内容相冲突。

(5)发票的金额除非有买方预付款,一般应该与信用证金额相符合;

(6)发票所列的金额、数量和单价,如果前面有"about"和"approximately"字样,则可以允许增减10%,同时在不超过信用证金额情况下,货物为散装货

(不能计数和没有包装单位),除非信用证另有规定,则允许有5%的增减。

(7)除非信用证另有规定,则不能列入额外费用,如佣金、寄单等与货物无关的费用。

(8)发票上面要记载出票条款、合同号码及其日期、份数等要和信用证规定相符合,如果是影印件或者复印件,则至少有一份要注明"正本"字样。

(9)发票内容有证明语句,或者有修改,则需要出票人签字,否则出票人可以不签字。

4.保险单据

(1)保险单应该有保险公司负责人签字。

(2)保险单的种类应该与信用证规定相符合,全部正本均需要交付给银行。

(3)被保险人没有另外约定,则需要写上信用证受益人。

(4)除非另有规定,保险单均可以背书转让。

(5)保险单中所保的险别必须是信用证所规定的。

(6)应该就运输合同的全部路程进行投保。

(7)投保金额应该按照信用证规定投保,信用证没有规定,卖方需要按照CIF金额加成10%投保,投保采用的货币应该与信用证规定相符。

(8)装运日期、船名、航次、装运港等信息要和提单保持一致。

(9)应该列明被保险货物的名称、数量、唛头等,应该和提单、发票保持一致,名称也可以采用统称。

(10)保险单应该载明赔款的地点、支付赔款的代理行及其支付的币别等,除非信用证另有规定,则应该以货物到达目的地为赔款地。

(11)保险单的签发日期不能晚于货物装上运输工具的日期。

小　结

关键术语

商业发票　汇票　装箱单　海运提单　保险单　信用证开证申请书原产地证明书

本章小结

1. 全套单据的中心单据为商业发票,流通中最重要的单据为海运提单,承担起支付工具并可能成为融资工具的是汇票。

2. 由于国际贸易业务是单据业务，且要求单据单证一致、单单一致和单同一致，故单据的制作和审核在业务处理中尤为重要。

知识结构图

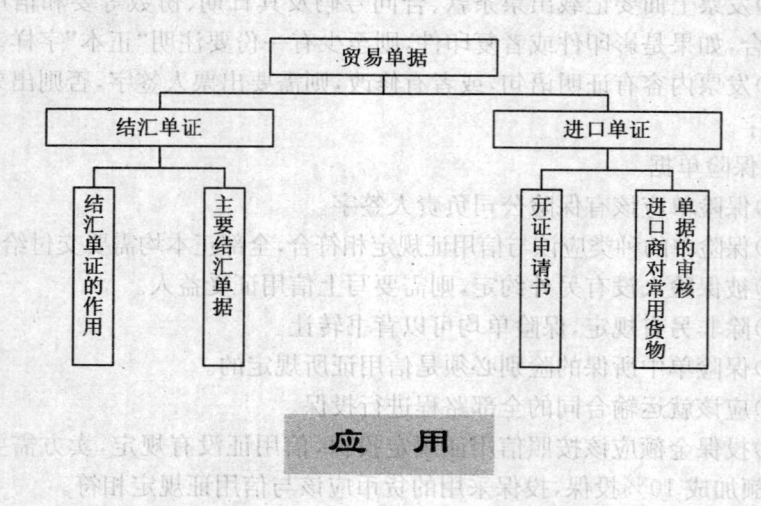

```
                    贸易单据
                   ／      ＼
              结汇单证        进口单证
              ／   ＼         ／    ＼
         结汇单证  主要结汇   开证    单据的审核
         的作用    单据      申请书   进口商对常用货物
```

应　用

案例研究

我方 A 公司向国外 B 公司以 CIF 条件和信用证支付方式出售货物一批，B 公司按合同规定通过当地 C 银行开立了一份不可撤销即期议付信用证。信用证中列明"按 UCP 600 办理"，并规定受益人须提交中国出入境检验检疫机构签发的检验证书和一份正本提单在装运后 3 天内寄交开证申请人。两周后，A 公司又收到 C 银行开出的信用证修改书，要求将检验证书的签发人修改为开证申请人。在遭到 A 公司拒绝后，C 银行宣称，如提交的检验证书不是由开证申请人签发的，银行将拒不偿付，继而又称，如开证申请人收到的货物与买卖合同规定相符，可以照付。货物抵达目的地，B 公司凭收到的正本提单向承运人提货后，称部分货物与买卖合同规定不符。于是，C 银行拒绝付款，理由为：(1)检验证书的签发人与信用证修改书不符；(2)出口人交付的部分货物与买卖合同不符。

［分析］　(1)C 银行的两条拒付理由均不成立。

理由：根据 UCP600 规定，不可撤销信用证未经各有关当事人同意的条件下不得擅自被修改或撤销。本案中，以开证行要求将检验证书的签发人修改为开证申请人为内容的信用证修改书遭到作为该信用证受益人的 A 公司的拒绝,信用证没有被修改,信用证规定的检验证书的签发人仍为中国出入境检验检疫机构。因此,检验证书的签发人与信用证修改书不符的理由是不成立的。根据 UCP600 规定,信用证不受有关买卖合同的约束,银行只负责处理单据,不负责货物,只要单据符合信用证规定,开证行就应承担独立的付款责任。因此,出口人交付的部分货物与买卖合同不符的理由也是不成立的。

(2)A 公司的失误有:第一,不应接受带有受益人应将一份正本提单在装运后 3 天内寄交开证申请人内容的该份信用证,这种规定会给受益人安全收汇带来风险。而且在本案中,受益人先将一份正本提单提交进口方,使得进口人在银行付款之前就拿到货物,给对方以货物不符合同为理由拒付货款提供机会。

操作训练题

一、根据合同审核信用证
(一)合同资料
SALES CONTRACT
                                          NO:ST05-016
BUYER:JAE & SONS PAPERS COMPANY   DATE:AUGUST 08,2005
       203 LODIA HOTEL OFFICE 1546 DONG-GU,
       BUSAN,KOREA
                                          SIGNED AT:NANJING,CHINA
SELLER:WONDER INTERNATIONAL COMPANY LIMITED
       NO. 629,QIJIANG ROAD HEDONG DISTRICT,
       NANJING,CHINA

This Contract is made by the Seller:whereby the Buyers agree to buy and the Seller agrees to sell the under-mentioned commodity according to the terms and conditions stipulated below:

1. COMMODITY:UNBLEACHED KRAET LINEBOARD
   UNIT PRICE:USD 390.00/PER METRIC TON,CFR BUSAN KOREA
   TOTAL QUANTITY:100 METRIC TONS,±10% ARE ALLOWED.
   PAYMENT TERM:BY IRREVOCABLE L/C 90 DAYS AFTER B/L DATE
2. TOTAL VALUE:USD 39 000.00 (SAY U.S. DOLLARS THIRTY NINE THOUSAND ONLY. 10% MORE OR LESS ALLOWED)
3. PACKING:To be packed in strong wooden cases,suitable for long distance ocean transportation
4. SHIPPING MARK:The Seller shall mark each package with fadeless paint the package number,gross weight,measurement and the wording:"KEEP AWAY FROM MOUS-

TURE", "HANDLE WITH CARE", etc. and the shipping mark: ST05-016
BUSAN KOREA

5. TIME OF SHIPMENT: BEFORE OCTOBER 02, 2005
6. PORT OF SHIPMENT: MAIN PORTS OF CHINA
7. PORT OF DESTINATION: BUSAN, KOREA
8. INSURANCE: To be covered by the Buyers after shipment
9. DOCUMENTS:
  +Signed invoice indicating L/C No and Contract No
  +Full set (3/3) of clean on board ocean Bill of Lading marked "Freight to Collect"/
  "Freight Prepaid" made out to order blank endorsed notifying the applicant
  +Packing List/Weight List indicating quantity/gross and net weight
  +Certificate of Origin
  +No solid wood packing certificate issued by manufacture
10. OTHER CONDITIONS REQD INLC:
  +All banking charges outside the opening bank are for beneficiary's a/c
  +Do not mention any shipping marks in your L/C
  +Partial and transshipment allowed
11. REMARKS: The latest date of L/C opening: 20 August, 2005

(二)信用证

BANK OF KOREA LIMITED, BUSAN

SEQUENCE OF TOTAL	*27:	1/1
FORM OF DOC. CREDIT	*40 A:	IRREVOCABLE
DOC. CREDIT NUMBER	*20:	S100-108085
DATE OF ISSUE	31 C:	050825
DATE AND PLACE OF EXPIRY	*31 D:	DATE 051001 PLACE APPLICANT'S COUNTRY
APPLICANT	*50:	JAE & SONS PAPERS COMPANY 203 LODIA HOTEL OFFICE 1546 DONG-GU, BUSAN, KOREA
BENEFICIARY	*59:	WONDER INTERNATIONAL COMPANY LIMITED NO. 629, QIJIANG ROAD HEDONG DISTRICT, NANJING, CHINA
AMOUNT	*32 B:	CURRENCY HKD AMOUNT39 000,00
AVAILABLE WITH/BY	*41 D:	ANY BANK IN CHINA

第十一章 贸易单据

		BY NEGOTIATION
DRAFTS AT …	42 C：	DRAFTS AT 90 DAYS AFTER SIGHT FOR FULL INVOICE COST
DRAWEE	42 A：	OURSELVES
PARTIAL SHIPMENTS	43 P：	NOT ALLOWED
TRANSSHIPMENT	43 T：	NOT ALLOWED
LOADING ON BOARD	44 A：	MAIN PORTS OF CHINA
FOR TRANSPORTATION TO …	44 B：	MAIN PORTS OF KOREA
LATEST DATE OF SHIPMENT	44 C：	051031
DESCRIPT OF GOODS	45 A：	

　　　　+COMMODITY：UNBLEACHED KRAET LINEBOARD
　　　　　　　　U/P：USD 390.00/MT
　　　　　　　TOTAL：100MT ±10% ARE ALLOWED
　　　　　　　PRICE TERM：CIF BUSAN, KOREA
　　　　　　COUNTRY OF ORIGIN：P. R. CHINA
　　　　　　PACKING：STANDARD EXPORT PACKING
　　　　　SHIPPING MARK：ST05-016
　　　　　　　　　　BUSAN KOREA

DOCUMENTS REQUIRED　　　　46 A：
1. COMMERCIAL INVOICE IN TRIPLICATE IN 3 COPIES INDICATING L/C NO. & CONTRACT NO. ST05-018
2. FULL SET OF CLEAN ON BOARD OCEAN BILLS OF LADING, MADE OUT TO ORDER AND BLANK ENDORSED AND MARKED " FREIGHT TO COLLECT " AND NOTIFYING THE APPLICANT
3. PACKING LIST/WEIGHT LIST IN 3 COPIES QUANTITY/GROSS AND NET WEIGHTS
4. CERTIFICATE OF ORIGIN IN 3 COPIES
5. FULL SET OF NEGOTIABLE INSURANCE POLICY OR CERTIFICATE BLANK ENDORSED FOR 120 PCT OF INVOICE VALUE COVERING F. P. A
6. ADDITIONAL COND.　　　47A： 1. T/T REIMBURSEMENT IS PROHIBITED
　　　　　　　　　　　　　　　　2. WE WILL NOT REMIT THE NEGOTIATING BANK UNTIL THE GOODS INSPECTED IN DESTINATION AND ISSUANCE OF THE CERIFICATE
　　　　　　　　　　　　　　　　3. THE DOCUMENTS MUST ARRIVE THE HEAD OFFICE OF THE ISSUING BANK BE-

FORE THE CARRYING VESSEL
7. CHARGES   71B：ALL BANKING CHARGES OUTSIDE THE OPENING BANK ARE FOR ACCOUNT OF BENEFICIARY
8. PERIOD FOR PRESENTATION 48：DOCUMENTS MUST BE PRESENTED WITHIN 21 DAYS AFTER THE DATE OF SHIPMENT BUT WITHIN THE VALIDITY OF THE CREDIT
9. CONFIRMATION   49：WITHOUT
10. INSTRUCTIONS   78：
+WE HEREBY UNDERTAKE THAT DRAFTS DRAWN UNDER AND THE DOCUMENTS IN COMPLY WITH THE TERMS AND CONDITIONS OF THIS CREDIT WILL BE PAID MATURITY
SEND. TO REC. INFO.：   72：/SUBJECT TO U. C. P. 1993 REVISION PUBLICATION NO. 500

二、根据信用证和补充内容制作信用证所要求的单据

ISSUE OF A DOCUMENTARY CREDIT

Application header：		0700 1650 040530 MELIAEADA 20040530 26932
		BANK MELLI IRAN
		DUBAI
User Header：		SERVICE CODE 103
		BANK PRIORITY 113
		MSG USER REF 108
Sequence of Total	27：	1/1
Form of Doc. Credit	40A：	IRREVOCABLE
Doc. Credit Number	20：	37922-BS-04
Date of Issue	31C：	20040530
Expiry	31D：	Date：20040720 Place：CHINA
Applicant	50：	M/S，TOMOSON TRADING CO.，LTD
		PO. BOX4490，DUBAI UAE
Beneficiary	59：	SHANGHAI GRANDWAY IMPORT & EXPORT CORP
		5FL，31418 PUDONG ROAD，SHANGHAI 200122，P. R. OF CHINA
Amount	32：	Currency：USD Amount：64 600.00
Available with/by	41：	BANK OF CHINA，SHANGHAI BRANCH

		BY NEGOTIATION
Drafts at	42C:	60DAYS AFTER DATE OF DRAFT
Drawee	41D:	OURSELVES
Partial Shipments	43P:	PROHIBITED
Transshipment	43T:	PROHIBITED
Loading in Charge	44A:	SHIPMENT FROM SHANGHAI
For Transport to	44B:	DUBAI IN UAE
Latest Date of Ship	44C:	20040710
Description of Goods	45A:	100％COTTON QUILT CASE

ART. NO. 3401 (180×200cm) 6500Pieces AT USD 5.20

ART. NO. 3503 (200×220cm) 5500Pieces AT USD 5.60

Price Term: CIF DUBAI

Documents required　　　46A

- SIGNED COMMERCIAL INVOOICE IN 4 COPIES SIGNED BY BENEFICIARY COVERING THE CIF VALUE OF THE GOODS SHOWING "MERCHANDISE AS PER S/C NO. 23CA108".
- FULL SET CLEAN ON BOARD OCEAN BILL OF LADING ISSUED OR ENDORSED TO THE ORDER OF BANK MELLI IRAN, MARKED FREIGHT PREPAID, EVIDENCING THE FULL NAME, ADDRESS AND TEL. NO. OF AGENT OF THE CARRYING VESSEL AT FINAL DESTINATION, AND NOTIFY ACCOUNTEE'S NAME, SHOWING OUR L/C NUMBER AND INDICATING FREIGHT CHARGES.
- INSURANCE POLICY OR CERTIFICATE IN 2 COPIES ENDORSED IN BLANK FOR 120 PERCENT OF THE INVOICE VALUE INCLUDING OCEAN MARINE CARGO CLAUSES ALL RISKS AND WAR CLAUSES AS PER PICC WITH CLAIMS PAYABLE IN UAE IN THE CURRENCY OF THE DRAFTS INDICATING INSURANCE CHARGES.
- PACKING LIST IN 3 ORIGINAL, PLUS 1 COPY.
- CERTIFICATE OF ORIGIN ISSUED BY PEOPLES REPUBLIC OF CHINA STATING THAT THE GOODS ARE OF CHINESE ORIGIN AND MENTIONING SHIPPER'S NAME, NAME OF EXPORTING COUNTRY, NAME AND ADDRESS OF MANUFACTURERS.

　　Additional Cond.　　　47A：

 ◇ T. T. REIMBURSEMENT PROHIBITED
 ◇ THE GOODS TO BE PACKED IN EXPORT CARTONS
 ◇ SHIPPING MARK: TOMSON/WSC-120A/DUBAI/C/NO

Details of Charges	71B: ALL BANKING CHARGES OUTSIDE UAE AND INCLUDING REIMBURSEMENT COMMISSIONS ARE FOR ACCOUNT OF BENEFICIARY
Presentation Period	48: WITHIN 10 DAYS FROM B/L DATE BUT NOT LATER THAN EXPIRY DATE.
Confirmation	49: WITHOUT
Instructions	78

PLS ADVISE BENEFICIARY URGENTLY UNDER USUAL ACKNOWLEGEMENT TO US. FORWARD US ALL DOCUMENTS BY COURIER IN ONE LOT.

PLS CONFIRM COMPLIANCE OF CREDIT TERMS ON YOUR COVERING SCHEDULE IN REIMBURSEMENT. WE SHALL CREDIT YOUR ACCOUNT ON RECEIPT OF CREDIT CONFORM DOCTS. WITH US, AS PER YOUR COVERING SCHEDULE INSTRUCTIONS.

SUPPLEMENT

1. INVOICE NO.: FWS07216
2. B/L NO.: KJU6878-A2
3. VESSEL NAME: "HANGJIANG" V. 1256
4. OCEAN FREIGHT: USD1 100. 20
5. PACKING:
EACH PIECE IN A PLASTIC BAG
50 PIECES IN AN EXPORT CARTON
6. QUANTITY: 50PIECES/CTN
GROSS WT.: 36 KGS/CTN
NET WT.: 30 KGS/CTN
MEASUREMENT: 60×40×55cm/CTN

第十二章　进出口货物贸易的基本方式

学习目标

通过本章学习,你应能够:

了解国际货物买卖中除常用的逐笔售定以外的贸易做法和有关知识;

重点掌握独家经销与独家代理的含义、利弊及其区别,招标投标的含义和程序,拍卖的含义、特点及拍卖的形式,寄售的含义及特点。

开篇案例

代理商切莫随意变更交易条款

甲公司与乙进出口公司(以下简称乙公司)签订代理出口协议一份。协议约定甲公司委托乙公司代理出口花生果1 000吨,出口单价随信用证,协议总金额约为720万元人民币。甲公司的主要义务是:组织货源,并负责装船前的一切工作。乙公司的主要任务是:对外签订出口合同;办理有关的出口手续;货物装船后,及时向银行提交有关单据,办理结汇手续,并根据当日银行汇率折人民币(扣除代理费及可能出现的有关费用)划拨甲公司账户。在代理出口过程中,双方实际出口花生果554.485吨,乙公司先后共付给甲公司货款12.5万美元和18万元人民币,余款一直未付,甲公司遂于1999年将乙公司诉诸法庭。

在审理过程中,甲公司向法庭提交了乙公司报检时先后向商检提交的出口合同(合同显示的交货方式均为CIF,付款方式分别有L/C、D/P和CAD),证明其已全部履行了其义务。乙公司则辩称,此笔代理出口业务的销售方式为寄售，并向法庭提交了一份其与荷兰某进出口公司签订的寄售协议。但是乙公司无法证实曾将该协议送达甲公司并经甲公司确认该协议内容，也无法证实在代理出口协议履行过程中甲公司曾委托乙公司以寄售方式销售其货物。在审理过程中，一审法庭根据乙公司向法庭提交的海运提单依法从海关调取了乙公司出口报关时所提交的7份外销合同，7份外销合同显示的交货方式均为CIF，付款方式为L/C(7份外销合同均为格式合同，合同上只显示信用证一种付款方式)。法院经审理认为，甲乙两公司所签订的代理出口协议合法有效，法院所调取得海关档案材料，系乙公司出口报关所提交，其证据力远远高于甲乙双方单方所举相关证据。根据海关档案材料证实，甲公司委托乙公司代理的554.485吨花生果已全部出口，并且在结汇问题上不存在任何障碍，甲公司如约履行了代理出口协议约定的全部义务，即应享有收取货款的权利。乙公司所述为甲公司代理的该批货物系寄售的主张，依据不足，不予支持，乙公司应按照代理出口协议和外销合同原定的货款支付方式和价款，在扣除代理费和有关的费用后，还应给付甲公司货款170多万元，并承担逾期付款违约金及案件诉讼费等，共计200余万元。

——资料来源：幸理主编：《国际贸易实务案例与分析》，华中科技大学出版社2006年版。

[案例评析] 代理方式下，代理商与出口商之间是委托与被委托关系。代理人应该在委托人授权范围内行事，并应对委托人诚信忠实。委托人对代理人在授权范围内的代理行为承担民事责任。

本案中乙公司作为甲公司的代理，在甲公司如约履行了代理出口协议约定的全部义务之后，乙公司应按照代理出口协议和外销合同原定的货款支付方式和价款，在扣除代理费和有关的费用后，将全部余款付给甲公司。

[导语] 经销、代理、寄售等贸易方式是当今进出口贸易中常用的贸易方式，外贸人员必须充分了解每种贸易方式的特点才能恰当选用，本章将对这些传统的贸易方式进行阐述，同时也对加工贸易、租赁贸易、电子商务等新型贸易方式进行简要的介绍。

进出口货物贸易方式是指国际间进行货物交易的具体形式以及各种交易方法。随着国际贸易的不断发展，贸易方式也随之趋向于多样化，各种新的贸易方式不断涌现。在当今进出口贸易中常用的贸易方式既有传统的贸易方式

(如包销、代理、寄售、拍卖、招投标和商品期货交易等），也有新型的贸易方式（如对销贸易、加工贸易、租赁贸易等）。随着网络技术应用的快速普及，电子商务作为一种新兴的贸易操作方式，更以其特有的优势为众多国家及不同行业所接受和使用，其发展已经引起了国际贸易领域的重大变革。

第一节 国际贸易方式

一、包销

包销（exclusive sales）是国际贸易中习惯采用的方式之一。在我国出口业务中，根据某些商品的特点和扩大出口的需要，在适当的市场上可采用包销方式。

包销是指出口商通过签订包销协议，给予包销商在一定时期和一定地区内经营某种或某类商品专营权的一种贸易方式。其特点可以归纳为"三定、三自、一专"，即双方定商品、定地区、定时间，包销商自行购买、自行销售、自负盈亏，包销商享有专营权。

（一）包销协议

包销方式下，双方当事人通过包销协议建立一种较为稳固的购销关系。包销协议与通常货物买卖合同不同。包销协议只规定一般条件，作为将来出口方与包销商之间对包销商品签订具体买卖合同的依据。包销协议一经双方签字即生效，任何一方不能借口尚未签订具体买卖合同而否认包销协议的效力。包销协议的主要内容有：

1. 协议名称、协议双方名称、签约日期和地点。

2. 包销协议双方的关系。协议中应明确规定包销商与出口方之间是买卖关系，包销商不是出口方的代表或代理人，无权以出口方的名义签订合同。

3. 包销权及其对等条件。出口商授予包销商包销权后，在约定期限、地区内，不得自己直接销售或通过第三者间接销售约定商品，也不得将约定商品在同一区域内另选买主或代理商。作为对等条件，同时规定包销商在约定期限和地区内不得销售或代理销售与约定商品相同、类似或有竞争性的其他来源的商品。

4. 包销商品、地区和期限。在包销协议中，应将包销商品的种类、名称、规格等作明确、具体的规定，以免日后发生争执。

5. 最低购买额。它是包销商在一定时期内必须向卖方购买的数额，是卖方将包销权授予包销商的一个前提条件。

6. 作价办法。商品可以一次作价,也可分批作价。如何作价应根据商品的特点和市场情况而定。

(二) 运用包销方式应注意的问题

采用包销方式,通过专营权的给予,有利于调动包销商经营的积极性,有利于利用包销商的销售渠道,达到巩固和扩大市场的目的,并可减少多头经营产生的自相竞争的弊端。但是,如果出口方不适当地运用包销方式,可能使出口方的经营活动受到不利的影响。采用包销方式应注意以下几点:

1. 选择包销商时,既要考虑其政治态度,又要注意其资信情况、经营能力及其在该地区的市场地位。

2. 适当规定包销商品范围、包销地区及包销数量(或金额)。确定商品范围、包销地区,要与客户的资信能力和自己的经营意图相适应,一般情况下,范围不宜过大。规定包销数量(或金额),应考虑自身货源的可能、对方市场的容纳量等因素。

3. 在协议中应规定终止或索赔条款。为了防止包销商垄断市场或经营不力、"包而不销"或"包而少销"的情况出现,应在包销协议中规定终止条款或索赔条款。

此外,包销商还可能利用其垄断地位,操纵和垄断市场,对出口方的商品进行压价,包销方式的这一不足之处,在具体应用中,应慎重考虑。

二、代理

代理(agency)是许多国家商人在进出口中习惯采用的一种贸易做法,在国际市场上存在着名目繁多的代理商。其中包括采购、销售、运输、保险、广告等多方面的代理商,这里介绍的只是销售代理。

(一) 代理的性质与特点

代理人是委托人的国外代表,与委托人的关系是委托代理关系。国际贸易中的销售代理,是指委托人授权代理人代表其向第三方招揽生意、签订合同或办理与交易有关的各项事宜,由此而产生的权利与义务直接对委托人发生效力。代理同包销的性质不同。包销商同出口商之间的关系是买卖关系,在包销方式下,由包销商自筹资金、自担风险和自负盈亏。而销售代理商同出口商之间的关系,因不是买卖关系,故销售代理商不垫资金、不担风险和不负盈亏,他只获取佣金。

(二)代理的种类

按委托人授权的大小,销售代理可分为以下三种:

1. 独家代理

独家代理(the exclusive agency or sole agency)是在指定地区内,单独代表委托人行为的代理人。委托人在该指定地区内,不得委托其他代理人。因此在出口业务中,采用独家代理这一方式,委托人给予代理人在特定地区和一定期限内享有代销指定商品的专营权。

2. 普通代理

普通代理又称一般代理,是指在同一代理地区及期限内,委托人同时委派几个代理人为其推销商品服务。普通代理根据推销商品的实际金额或根据协议规定的办法和百分率向委托人计收佣金,委托人也可以直接与该地区的实际买主成交,而不必给普通代理佣金。

普通代理与独家代理的主要区别有两点:一是独家代理享有专营权,一般代理不享有这种权利;二是前者收取佣金的范围既包括招揽生意、介绍客户成交的金额,也包括委托人直接成交的金额;后者收取佣金的范围,只限于推销出去的商品。

3. 总代理

总代理(general agency)是指代理人在指定地区内,不仅有权独家代销指定的商品,还有代表委托人进行全面业务活动,甚至包括非商业性质的活动的权利。总代理人实际上是委托人在指定地区的全权代表,其法律责任由委托人承担。

(三)代理协议

代理协议是明确协议双方委托人与代理人之间权利与义务的法律文件。其主要内容包括下列几项:

1. 代理地区。代理地区是指代理人有权开展代理业务的地区。

2. 授予代理的权利。这一条款的内容取决于不同性质的代理。如果是普通代理协议,委托人应该在协议中规定:保留委托人在代理地区内在代理人不参与的情况下,直接同买主进行谈判和成交的权利。

独家代理协议,通常要规定提供专营权的条款。西方国家称为排他性权利条款。但对于独家代理协议这一条款有两种规定方法:委托人向代理人提供绝对代理权,使其成为该地区唯一的独家代理人,而货主不保留在该地区同买主进行交易的权利。但有的独家代理协议规定,委托人也可保留对买主直接供货的权利。不过,在这种情况下,通常规定委托人对代理人应计付佣金。

3. 协议有效期及终止条款。代理协议既可以是定期的,也可以是不定期的,这是国际市场的一般做法。定期的时间一般为1~5年。如不规定协议期限,双方当事人则在协议中规定:其中一方不履行协议,另一方有权终止协议。

4. 代理人佣金条款。代理人佣金条款是代理协议的重要条款之一,应规定的内容有:代理人索取佣金的时间、佣金率(通常为1%~5%不等)和计算佣金的基础。

5. 支付佣金方法。支付佣金的方法可按约定时间根据累计的销售数量或金额汇总支付,也可在委托人收汇后逐笔结算或从货价中直接扣除。

6. 非竞争条款。所谓非竞争条款是指代理人在协议有效期内无权提供、购买与委托人的商品相竞争的商品,也无权为竞争性商品做广告宣传。代理人也无权代表协议地区内的其他相竞争的公司。

7. 关于最低成交额条款。最低成交额条款是指代理人要承担签订不低于规定数额的(最低成交额)买卖合同。如果代理人未能达到或超过最低成交额时,委托人对代理人的报酬可作相应的调整。

8. 关于向委托人提供市场情报、广告宣传和保护商标等条款。

三、寄售

寄售(consignment)是一种委托代售的贸易方式,也是进出口贸易中习惯采用的做法之一。在我国进出口业务中,寄售方式运用得并不普遍,但在某些商品的交易中,为促进成交、扩大出口的需要,也可灵活适当运用寄售方式。

(一)寄售的性质和特点

寄售是一种有别于代理销售的贸易方式。它是指委托人(货主)先将货物运往寄售地,委托国外一个代销人(受委托人),按照寄售协议规定的条件,由代销人代替货主进行销售,货物出售后,代销人再向货主结算货款的一种贸易做法。

寄售方式与正常的卖断方式比较,具有如下特点:

1. 寄售人与代销人之间是委托代售关系,而非买卖关系。代销人根据寄售人的指示处置货物,货物的所有权在寄售地出售之前仍属寄售人。

2. 寄售人先将货物运至目的地市场(寄售地),然后经代销人在寄售地向当地买主销售。因此,它是典型的凭实物进行买卖的现货交易。

3. 寄售货物在售出之前,包括运输途中和到达寄售地后的一切费用和风险,均由寄售人承担。代销商不承担任何风险和费用,只收取佣金作为报酬。

(二)寄售协议

寄售协议用来规定有关寄售的条件和具体做法,其主要内容如下:

1. 双方的基本关系。寄售人和代销人之间的关系是一种委托代理关系。货物在出售前所有权仍属寄售人。

2. 寄售商品的价格。寄售商品价格有三种规定方式:规定最低售价;由代销人按市场行情自行定价;由代销人向寄售人报价,征得寄售人同意后确定价格,这种做法较为普遍。

3. 佣金条款。规定佣金的比率,通常佣金由代销人在货款中自行扣除。

4. 代销人的义务。包括保管货物,代办进口报关、存仓、保险等手续并及时向寄售人通报商情。代销人应按协议规定的方式和时间将货款交付寄售人。

5. 寄售人的义务。寄售人按协议规定时间出运货物,并偿付代销人所垫付的代办费用。

四、拍卖

拍卖(auction)是专门经营拍卖业务的拍卖行接受货主的委托,在规定时间和地点,按照一定的章程和规则,将货物公开展示,由买主出价竞购,把货物卖给出价最高的买主。

拍卖是一种通过众多买主的竞价,实现现货交易的方式。进出口贸易中采用拍卖方式进行交易的商品,是一些品质难以标准化或难以久存,或传统上有拍卖习惯的商品,如裘皮、木材、茶叶、水果、花卉、羊毛以及艺术品等。

(一)拍卖的竞价方式

1. 增价式拍卖。这是最常见的一种拍卖方式。拍卖时,由拍卖人宣布预定的最低价,然后竞买者相继出价竞购。在拍卖人落槌前,叫价人可以撤销出价,货物将出售给出价最高者;如果货主与拍卖人事先商定了最低限价,而竞买人的叫价低于该价,拍卖人可终止拍卖。

2. 减价式拍卖。又称荷兰式拍卖,源于世界上最大的荷兰花卉拍卖市场,由拍卖人先开出最高价格,然后渐次降低价格,直到有人表示接受,即达成交易。这种拍卖方式买主之间无反复竞价的过程,且买主一旦表示接受,不能再行撤销。由于减价拍卖成交迅速,特别适合于数量大、批次多的鲜活商品。

3. 密封递价拍卖。又称招标式拍卖。由买主在规定的时间内将密封的报价单递交拍卖人,由拍卖人选择买主。这种拍卖方式有两个特点:一是除价格条件外,还可能有其他交易条件需要考虑;二是可以采取公开开标方式,也可以采取不公开开标方式。拍卖大型设施或数量较大的库存物资或政府罚没物资时,可能采用这种方式。

(二)拍卖的一般程序

1. 准备阶段。货主与拍卖行达成拍卖协议,规定货物品种和数量、交货方式与时间、限定价格以及佣金等事项。货主把货物运至拍卖人指定的仓库由拍卖人进行分类、分批编号。拍卖人印发拍品目录,并刊登拍卖通告。买主在正式拍卖前可至存放拍卖商品的仓库查看货物,必要时可抽取样品进行分析测试。

2. 正式拍卖阶段。在规定的时间和地点,按拍品目录规定的顺序逐批拍卖。以增价方式拍卖,买方出价相当于要约,拍卖人落槌相当于承诺。在落槌之前,买方有权撤销出价,卖方也有权撤回拍卖商品。以减价方式拍卖,拍卖人报价相当于要约,而买方一旦表示接受,即为承诺,交易成立,双方均受约束。

3. 付款和交货阶段。成交后,买方签署成交确认书,并支付部分货款作定金,待买方付清全部货款后,拍卖行开出提货单,买方凭单提货。拍卖行从货款中提取一定比例的佣金,作为提供拍卖服务的报酬,并扣除按合同应由货主承担的费用后,将货款交付货主。

五、招标与投标

招标与投标(invitation to tender and submission to tender)是一种贸易方式的两个方面,它常用于国家政府机构、企业或公用事业单位在采购器材、设备和物资的交易中,还更多地用于国际承包工程。

招标是指招标人按事先规定的条件公开征求应征人,选择最优者成交;投标是投标人根据招标人提出的要求,提出自己相应的价格和条件,通过竞争,争取为招标者选中,以达成交易。主要方式有:

1. 国际竞争性招标(international competitive bidding, ICB)。是指招标人邀请几个乃至几十个投标人参加投标,通过多数投标人竞争,选择其中对招标人最有利的投标人交易,它属于竞卖的方式。国际性竞争投标,有两种做法:公开投标(open bidding)和选择性招标(selective bidding)。公开投标是一种无限竞争性招标(unlimited competitive)。采用这种做法时,招标人要在国内外主要报刊上刊登招标广告,凡对该项招标内容有兴趣的人均有机会购买招标资料进行投标。选择性招标又称邀请招标,它是有限竞争性招标(limited competitive bidding)。采用这种做法时,招标人不在报刊上刊登广告,而是根据自己具体的业务关系和情报资料由招标人对客商进行邀请，进行资格预审后，再由他们进行投标。

2. 谈判招标（negotiated bidding）。谈判招标又称议标，它是非公开的，是一种非竞争性的招标。这种招标由招标人物色几家客商直接进行合同谈判，谈判成功即达成交易。

3. 两段招标（two-stage bidding）。两段招标是指无限竞争招标和有限竞争招标的综合方式，采用此类方式时，先用公开招标，再用选择性招标。

政府采购物资，大部分采用竞争性的公开招标办法。

六、商品期货交易

现代期货交易（futures trading）起源于19世纪后期的美国，是根据人们在商品交换中的需要而产生和发展起来的，具有风险转移机制和价格发现机制。

期货交易是一种在特定类型的固定市场——期货市场或称商品交易所，按照严格的程序和规则，通过公开喊价的方式，买进或卖出某种商品期货合同的交易。期货合同是由交易所拟定的标准化的受法律约束并规定在将来某一特定时间和地点交割一定数量和质量的实物商品或金融商品的合约。

期货交易具有下列特点：

1. 以标准期货合同作为交易标的。标准合同是由各商品交易所制定的。商品的品质、规格、数量以及其他交易条件都是统一拟定的，买卖双方只需洽定价格、交货期和合同数目。

2. 特殊的清算制度。商品交易所内买卖的期货合同由清算所进行统一交割、对冲和结算。清算所既是所有期货合同的买方，也是所有期货合同的卖方。交易双方分别与清算所建立法律关系。

3. 严格的保证金制度。清算所要求每个会员必须开立一个保证金账户，在开始建立期货交易时，按交易金额的一定百分比缴纳初始保证金。以后每天交易结束后，清算所都按当日结算价格核算盈亏，如果亏损超过规定的百分比，清算所即要求追加保证金。该会员须在次日交易开盘前缴纳追加保证金，否则清算所有权停止该会员的交易。

七、对销贸易

对销贸易（counter trade）是指在互惠互利的前提下，由两个或两个以上的贸易方达成协议，规定一方的进口产品可以部分或全部以相对的出口产品来支付。对销贸易实质上是进口和出口相结合的方式。一方商品或劳务的出口必须以进口为条件。另外,在对销贸易方式下,一方从国外进口货物,不是用现汇支付,而是用相对的出口产品来支付,这样做有利于保持国际收支的平衡。

对销贸易的产品可以是有形的财产货物,也可以是劳务、专有技术和工业产权等无形产品。对销贸易主要有易货贸易(barter trade)、互购(counter purchase)、补偿贸易(compensation trade)、转手贸易(switch trade)和抵消(offset)等五种方式。

(一)易货贸易

易货贸易是国际贸易最古老的形式,也是最简单的交易方式。易货有狭义的易货和广义的易货之分。狭义的易货也称直接易货,是纯粹的以货换货方式,不用货币支付,交换商品的价值相等或相近,没有第三者参加,并且是一次性交易,履约期较短。这种易货方式具有很大的局限性,在现代国际贸易中很少采用。广义的易货是指交易双方同时购买对方等值商品的方式,主要有以下两种不同的做法:

1. 记账易货贸易

记账易货贸易是根据两国政府间的贸易协定进行的综合性易货或一揽子易货。一方用出口货物交换对方的进口货物,双方将货值记账,互相抵冲,货款逐笔平衡,无需使用现汇支付。在这种方式中,交易的时间间隔不宜过长。

2. 对开信用证方式

对开信用证方式是指进口和出口同时成交,金额大致相等,双方都通过开立以对方为受益人的信用证的形式来支付货款,而且规定,要在收到对方开出的信用证后,本方开出的信用证才能生效。此外,还可以采用另一种方式,先开出的信用证先生效,但是银行并不马上付款,而是将这笔款项作为受益方开回信用证的押金,这种方式称为保留押金信用证方式,这样在交易过程中双方都没有提出货款,所以还是以货易货的交易。

(二)补偿贸易

补偿贸易是信贷与贸易相结合的产物,它是买方以信贷的形式从卖方购进机器设备、技术工艺、专利、技术秘密、中间产品等,进行生产后,在约定的期限内以所生产的商品或其他产品、劳务支付货款的贸易。这种补偿贸易方式的主要优点是能够利用外国的资金和设备,引进一些适宜的先进技术,一定程度上可以通过对方的销售渠道使本国产品进入国际市场。补偿贸易常见的补偿形式有:

1. 直接产品补偿。又称产品返销,是指由出口方承诺,分期购买一定数量或金额的对方用进口机器设备直接生产的产品,进口的一方用直接产品分期偿还合同价款。

2. 间接产品补偿。是指进口方用双方商定的其他产品,而不是进口设备生产的产品来偿还进口货款和利息。

3. 劳务补偿。购进设备或技术的一方以提供劳务所赚取的收入来补偿购进设备或技术的价款和利息,如来料加工、来件装配等。

4. 综合补偿。综合补偿是对上述三种方式的综合使用。

八、加工贸易

加工贸易(processing trade)是指一国的企业利用自己的设备和生产能力,对来自国外的原材料、零部件或元器件进行加工、制造或装配,然后再将产品销往国外的贸易方式。加工贸易分为进料加工和对外加工装配两种方式。两者的共同点是"两头在外",即原料来自国外,成品又销往国外。

(一)进料加工

进料加工(processing with imported materials)又称"以进养出",指从国外购进原材料,经加工为成品后销往国外的做法。进料加工的方式可分为:

(1)先签订进口原料的合同,加工出成品后再寻找市场和买主;先签订出口合同,再根据国外买方的订货要求从国外购进原料,加工生产,然后交货。

(2)对口合同方式,即与对方签订进口原料合同的同时签订出口成品的合同,原料的提供者也就是成品的购买者。两个合同相互独立,分别核算。

(二)对外加工装配业务

我们将我国企业开展的来料加工和来件装配业务统称为对外加工装配业务。在这种方式中,原材料、零部件或元器件由外商提供,我方的工厂负责根据对方的要求,加工装配出成品交给外商,我方按约定收取工缴费。对外加工装配业务是一种委托加工的方式。外商将原材料等运交我方,并未发生所有权的转移,我方只是作为受托人按照外商的要求,将原料加工成为成品。在加工过程中,我方付出了劳动,获取的加工费是劳动的报酬。

九、租赁贸易

租赁贸易(international lease trade)是把商品在一定期间的使用权作为交易对象的贸易方式。租赁与其他贸易方式相比有以下特点:出租人通常对商品享有所有权,承租人只享有占有权和使用权,所以出租人通常负担维修、保养等工作。承租人租入设备使用，可以满足一时性、季节性的需要，承租人的租金可以纳入营业费用，这样可以减少企业的纳税额。承租人一般保有留购权利，而作价方法一般为现价减去已付的租金。

在国际市场上租赁贸易采用得最广泛的方式是融资性租赁和经营性租赁。

（一）融资性租赁

这种方式以融通资金为主要目的，是设备租赁的基本方式。融资租赁的特点是：出租设备由承租人选择，然后由出租人出资购买，交由承租人使用，租金为购买该设备的成本加融资的利息及其他费用之和。租用合同一旦签订，双方都无权撤销，租赁期间出租人仍拥有该设备的所有权并向承租人收取一定的租金。

（二）经营性租赁

在这种租赁方式下，承租人只是为了在一定期间内使用某种设备，并不想长期租有所有权。通常情况下，经营性租赁具有以下特点：出租的设备由出租人根据市场需要进行选购，购进之后再寻找承租人；租赁期一般较短，有的甚至几天；设备的维修和提供专门性服务等事宜由出租人负责；租金包括租赁期设备的折旧费及其他费用；租赁期满或合同终止后，承租人必须将所租设备退回出租人。

第二节　电子商务在国际贸易中的应用

21世纪是一个以网络计算机和知识经济为核心的信息时代，随着信息技术的迅猛发展，国际贸易信息的传递、处理、交换也日益快捷化、规范化，以传真、信函和单证等纸面为媒介的传统的贸易方式正在被以电子数据、电子信息等为媒介的无纸化贸易方式逐渐取代。在国际贸易领域，电子商务越来越受到各国和国际组织的重视，并被加速推广使用。

一、电子商务概述

所谓电子商务（electronic commerce）是指人们应用现代信息技术，特别是网络互联技术和现代通讯技术，使得商务活动所涉及的各方当事人借助电子方式，而无需依靠纸面文件或单据的传输，从而实现商务活动电子化和虚拟化。

在国际商务的具体实践中，通常人们对电子商务是从两个层面理解的：一是电子商务的物质基础是计算机、电信网络和互联网技术；二是电子商务的内容是应用这些物质技术，自动、快捷、准确、安全地进行各项商务活动。例如，可以在网上进行洽谈、签约、采购，还可以传递各种交易单证，从事货物运输、保险、报验、报关、货款结算等业务。

电子商务的具体范围包括按以下方式或涉及以下方式所进行的交易或商务活动：

通过国际互联网(internet)进行的交易；

通过增值网络(value added networks, VANs)进行的电子交易，如电子数据交换(EDI)；

通过电子公告牌(bulletin board systems, BBS)进行的采购交易；

企业在线式服务(online services)；

通过连接企业计算机网络发生的交易等。

尽管目前人们对电子商务尚有不同的理解和表述，但电子商务最基本的特点是通过电子手段，如计算机网络、EDI等开展各项商务活动已是不争的事实。因此，人们把现代电子信息技术进入商业领域，称为商业领域的一场革命。实际上，电子商务是商务活动的一种新方式，这种贸易方式引起了商务活动中的一系列变革，同时也推动了法律、税务、信息安全等与商务有关的其他部门的变革。

二、国际电子商务

电子商务可以按所涉及商务活动的内容划分为一般电子商务和国际电子商务。前者泛指商务活动的电子化过程，主要是国内商务活动；后者是指一般电子商务在国际商务活动中的具体应用。即可以理解为利用电子手段从事国际贸易活动，或者说是电子商务的国际化。例如，应用EDI传送国际货物买卖中一定格式的标准商业文件、通过国际互联网进行货物交易磋商和订立电子国际货物销售合同、通过电子支付系统进行结算等。

(一)国际电子商务的特点

1. 开展国际电子商务须得到世界各国的通力合作

开展国际电子商务，必须是各个国家，至少是有相当多的国家科学技术水平达到一定程度，具备信息传送的基础设施，有统一的EDI标准，以及国家间的网络互联。要做到这些，对于一个国家，尤其是发展中国家来说显然有很多困难。为此，国家间应当开展科技合作、信息成果共享，发达国家应当帮助某些发展中国家进行信息传送基础设施的建设，而不应当利用自己掌握信息技术的优势追求眼前利益。

2. 开展国际电子商务需要法律上的协调

国际电子商务的开展和运行要跨越不同的国家。各国必须遵守区域的和国际上的统一规则,而不是只根据本国的情况制定电子商务的法律制度和规则。

3. 开展国际电子商务,涉及广泛的部门范围

从事国际电子商务交易的主体是企业,但交易的完成却涉及一系列的事务和部门,如政府行政管理部门、银行、商检、海关、运输、通信等。可见,国际电子商务的运行所涉及的部门和范围非常广泛,它不仅需要国家的资金、技术支持,还需要有关部门的协调管理和法律、政策指导,以及与其他有关国家和国际组织的交往和相互合作。

(二)电子商务在国际贸易中发挥的经济效应

随着世界经济一体化、全球化进程的加快,电子商务在国际贸易领域中发挥出巨大的经济效应,主要表现在:实现无纸贸易,提高经济效率和竞争能力;降低交易成本;改进企业之间的通信,缩短交易时间,尽快将商品推向市场;改进客户服务;加快贸易循环,加快信息、资金流动。

三、电子商务在国际贸易中的应用

(一)外贸企业电子商务的发展层次

外贸企业是国际电子商务运作的主体。我们可以根据外贸企业电子商务的运作程度将其划分为三个层次,反映企业实施电子商务的不同发展阶段。

1. 初级层次

初级层次是指外贸企业开始在传统贸易活动中部分地引入计算机网络信息处理与交换技术。例如,企业建立内部电脑网络进行信息共享和一般商务资料的存储和处理(如建立企业的内联网);通过互联网传输电子邮件;在国际互联网上建立企业网页,宣传企业形象等。企业实施初级层次的电子商务投资成本低,易于操作。这一层次的电子商务不涉及复杂的技术问题和法律问题。

2. 中级层次

中级层次是指外贸企业利用电脑网络的信息传递部分地代替某些合同成立的有效条件,或者构成履行商务合同的部分义务。例如,企业实施网上在线式交易系统、网上有偿信息的提供、贸易伙伴之间约定文件或单据的传输等。一般来说,在中级层次,企业要积极构建自己的外联网。企业实施中级层次的

电子商务需要社会各界相互配合，特别是政府机构和商业团体应该为电子商务创造良好的发展环境。这一层次的电子商务要涉及一些复杂的技术问题（如安全）和法律问题（如法律有效性）等。

3. 高级层次

高级层次是指利用电脑网络的信息处理和信息传输方式来完成外贸企业商务活动的全部程序。在企业内部和企业之间，从交易的达成、原材料供应、产品的生产，到贸易伙伴间单据的传输、货款的结算以及产品的售后服务等，均实现了一体化的电脑网络信息传输和信息处理。一笔交易所涉及的信息是由相关人员一次性录入，并得到电脑网络的自动处理后，按照交易的流程自动生成适应内部或与外部交流的相关单据或文件。目前许多外贸企业都在尝试实施企业资源计划（Enterprise Resource Planning, ERP），就是在企业内部，以及外部厂商间实现全方位的计算机管理。

(二) 电子商务在国际贸易中的应用

电子商务在国际贸易过程中的运作，一般情况下与传统的交易过程一样也都经过以下的过程：交易前的准备、交易磋商与订立合同和交易合同的履行。

1. 交易前的准备

交易前的准备工作主要有：(1) 根据企业自身的需要和资金能力建立自己的电子商务应用系统或网站。(2) 培训企业员工掌握开展国际电子商务方面的技能和规则。(3) 通过多种渠道和访问有关网站搜集开展电子商务的信息、贸易机会以及进行市场信息调查。我国企业可以加入中国国际电子商务网。(4) 网上广告宣传，发布如产品规格、价格和数量等供求信息。(5) 网上进行价格等主要成交条件的比较分析，选择交易伙伴，确定交易方案。

2. 交易磋商与订立合同

买卖双方为了达成交易，通常就交易的商品、数量、质量、价格、交货时间和地点、支付方式、保险、违约与索赔、争议的解决等主要交易事项在互联网上进行多方洽谈，寻找各方最满意的成交条件，进而形成电子合同。在这个阶段，以往纸面合同和签字方式被电子订单所代替，带有安全措施的电子邮件完全取代传真和邮件的传递方式，有关申领进口许可证、租船订舱、报关、报验等业务环节可以实现全部的电子化。

目前电子商务合同主要有两种方式：一是利用 EDI 进行签约；二是利用数字签字方式签订合同。电子商务合同书是具有法律效力的文件，贸易双方最好通过认证机构来确认和监督管理订约和履约的全过程。

3. 交易合同的履行

交易合同的履行是以外贸单证作为媒介，利用电子手段通过单证的传递、处理和交换来实现的。参加交易的各有关方如运输公司、保险公司、商检机构、银行、海关、税务部门等都需要利用 EDI 与有关部门直接进行各种电子单证的自动交换处理。如果发生违约现象，受损方可向违约方提出索赔。电子商务环境下的网络协议和电子商务应用系统功能，确保交易双方所有交易文件的正确性，可作为仲裁的依据。

小 结

关键术语

贸易方式　经销　代理　寄售　拍卖　招投标　对销贸易　加工贸易　租赁贸易　电子商务

本章小结

1. 经销和代理是国际贸易中最常见的两种贸易方式，其目的是通过与客户签订经销协议或代理协议建立一种长期稳定的销售关系，利用客户在国外的销售渠道，促进产品的出口。在经销方式下，出口商与经销商是买卖关系；而代理方式下，代理商与出口商之间是委托与被委托关系。

2. 寄售贸易方式虽然占压寄售商的资金，风险性大，但国外消费者可以直接看货买卖，有利于成交，而且代销商因无任何经营风险而乐于推销，所以，在国际贸易中也经常使用。

3. 加工贸易是以加工为特征，以商品为载体的劳务出口，可以充分发挥我国劳动力资源丰富的优势。目前我国开展的加工贸易主要包括来料加工和进料加工。

4. 补偿贸易方式可以在引进先进技术设备的同时，"以进带出"将产品打入国外市场，是利用外资的一种有效途径。

5. 随着网络技术应用的快速普及，电子商务作为一种新兴的贸易操作方式，更以其特有的优势为世界上众多国家及不同行业所接受和使用，其发展已经引起了国际贸易领域的重大变革，成为主导国际贸易发展的重要因素。

第十二章 进出口货物贸易的基本方式

知识结构图

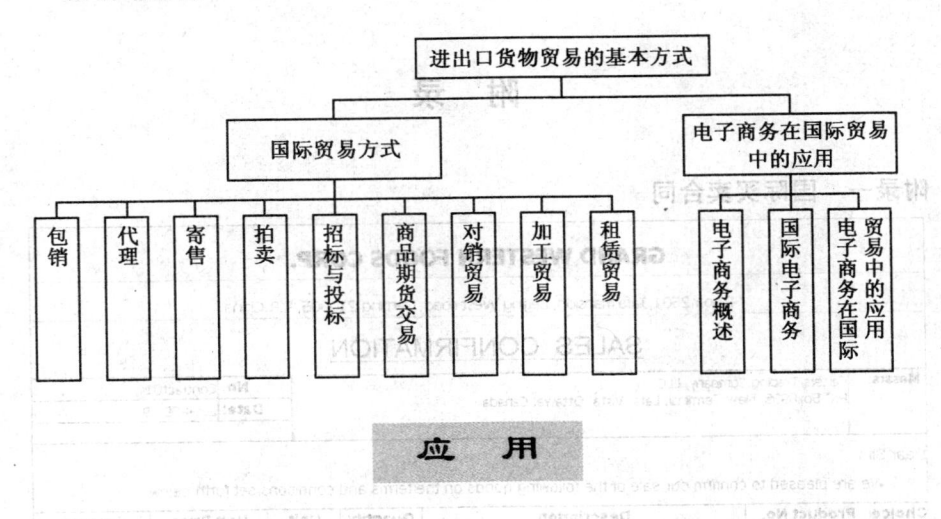

```
                  进出口货物贸易的基本方式
                    ┌───────────┴───────────┐
              国际贸易方式              电子商务在国际贸易
                                            中的应用
  ┌──┬──┬──┬──┬──┬──┬──┐         ┌─────┬─────┬─────┐
  包 代 寄 拍 招 商 对 加 租        电    国    电子商务
  销 理 售 卖 标 品 销 工 赁        子    际    贸易中的
              与 期 贸 贸 贸        商    电    应用在国际
              投 货 易 易 易        务    子
              标 交                 概    商
                 易                 述    务
```

应 用

复习思考题

1. 经销与代理的区别是什么？
2. 何谓寄售？寄售的特点是什么？
3. 简述采用拍卖对卖方的利弊。
4. 拍卖的竞价方式有哪些？
5. 什么是招标与投标？国际上主要的招标方式有哪几种？
6. 什么是加工贸易？比较来料加工和对外加工装配业务的区别。
7. 试分析电子商务在国际贸易中的作用。
8. 美国 A 公司与中国 B 公司签订了一份独家代理协议，指定 B 公司为 A 公司在中国的独家代理。不久，A 公司推出指定产品的改进产品，并指定中国 C 公司为该改进产品的独家代理。请问：A 公司有无权利这样做？
9. 我国某公司与国外一公司订有包销某商品的包销协议，期限为一年。年末临近，因行情变化，包销商"包而未销"，要求退货并索取广告宣传费用。请问：包销商有无权利提出此类要求？为什么？

附 录

附录一　国际买卖合同

GRAND WESTERN FOODS CORP.

Room 2501, Jiafa Mansion, Beijing West road, Nanjing 210005, P.R.China

SALES CONFIRMATION

Messrs:	Carters Trading Company, LLC P.O.Box 8935, New Terminal, Lata. Vista, Ottawa, Canada	No.	Contract01
		Date:	2004-08-19

Dear Sirs,

We are pleased to confirm our sale of the following goods on the terms and conditions set forth below:

Choice	Product No.	Description	Quantity	Unit	Unit Price [CIF] [Toronto]	Amount
C	01005	CANNED SWEET CORN 3 060Gx6TINS/CTN	800	CARTON	USD14	USD11 200
		Total:	800	CARTON		[USD] [11 200]

Say Total:	U.S.DOLLARS ELEVEN THOUSAND TWO HUNDRED ONLY
Payment:	L/C [By 100% irrevocable sight letter of credit in our favor.
packing:	3060Gx6TINS/CTN Each of the carton should be indicated with Item No., Name of the Table, G.W., and C/No.
Port of Shipment:	Nanjing
Port of Destination:	Toronto
Shipment:	All of the goods will be shipped on or before Sep. 20, 2004 subject to L/C reaching the SELLER by the end of August, 2004. Partial shipments and transhipment are not allowed.
Shipping Mark:	CANNED SWEET CORN CANADA C/NO.1-800 MADE IN CHINA
Quality:	As per sample submitted by seller.
Insurance:	The SELLER shall arrange marine insurance covering ICC(A) plus institute War Risks for 110% of CIF value and provide of claim, if any, payable in Canada, with U.S. currency.
Remarks:	The Buyers are requested to sign and return one copy of this Sales Confirmation immediately after receipt of the same.

BUYERS	SELLERS
	GRAND WESTERN FOODS CORP.
	Minghua Liu
(Manager Signature)	(Manager Signature)

附录二 不可撤销信用证开证申请书
IRREVOCABLE DOCUMENTARY CREDIT APPLICATION

TO: THE CHARTERED BANK **DATE:** 040819

- [ ] Issue by airmail   [ ] With brief advice by teletransmission
- [ ] Issue by express delivery
- [x] Issue by teletransmission (which shall be the operative instrument)

Credit NO. STLCA000001

Date and place of expiry 041015 in the beneficiary's country

Applicant
CARTERS TRADING COMPANY, LLC
P.O.BOX8935, NEW TERMINALI, LATA. VISTA,
OTTAWA, CANADA

Beneficiary (Full name and address)
GRAND WESTERN FOODS CORP.
ROOM2501, JIAFA MANSION, BEIJING WEST ROAD,
NANJING 210005, P.R.CHINA

Advising Bank
NANJING COMMERCIAL BANK
NO.19 LANE 32 I SEN RD, NANJING 210014, P.R.CHINA

Amount
[USD] [11 200]
U.S.DOLLARS ELEVEN THOUSAND TWO HUNDRED ONLY

Parital shipments: [ ] allowed [x] not allowed
Transhipment: [ ] allowed [x] not allowed

Credit available with NANJING COMMERCIAL BANK
By: [ ] sight payment [ ] acceptance [x] negotiation
[ ] deferred payment at _____

Loading on board/dispatch/taking in charge at/from NANJING
not later than 040920
For transportation to: TORONTO

[ ] FOB [ ] CFR [x] CIF [ ] or other terms

against the documents detailed herein
[x] and beneficiary's draft(s) for 100 % of invoice value
at **** sight
drawn on ISSUE BANK

Documents required: (marked with X)

1. [x] Signed commercial invoice in 6 copies indicating L/C No. _____ and Contract No. Contract01
2. [x] Full set of clean on board Bills of Lading made out to order and blank endorsed, marked "freight [ ] to collect / [x] prepaid [ ] showing freight amount" notifying THE APPLICANT
   [ ] Airway bills/cargo receipt/copy of railway bills issued by _____ showing "freight [ ] to collect/[ ] prepaid [ ] indicating freight amount" and consigned to _____
3. [x] Insurance Policy/Certificate in 3 copies for 110 % of the invoice value showing claims payable in CANADA in currency of the draft, blank endorsed, covering All Risks and War Risks
4. [x] Packing List/Weight Memo in 3 copies indicating quantity, gross and weights of each package.
5. [ ] Certificate of Quantity/Weight in _____ copies issued by _____
6. [ ] Certificate of Quality in _____ copies issued by [ ] manufacturer/[ ] public recognized surveyor _____
7. [x] Certificate of Origin in 3 copies issued by MANUFACTURER
8. [ ] Beneficiary's certified copy of fax / telex dispatched to the applicant within _____ hours after shipment advising L/C No., name of vessel, date of shipment, name, quantity, weight and value of goods.

Other documents, if any

Description of goods:
01005 CANNED SWEET CORN, 3060Gx6TINS/CTN
QUANTITY: 800 CARTON
PRICE: USD14/CTN

Additional instructions:
1. [x] All banking charges outside the opening bank are for beneficiary's account.
2. [x] Documents must be presented within 21 days after date of issuance of the transport documents but within the validity of this credit.
3. [ ] Third party as shipper is not acceptable, Short Form/Blank B/L is not acceptable.
4. [ ] Both quantity and credit amount _____ % more or less are allowed.
5. [ ] All documents must be forwarded in _____
   [ ] Other terms, if any

附录三 信用证

```
LETTER OF CREDIT
-------- MESSAGE TEXT --------
:27:SEQUENCE OF TOTAL
1/1
:40A:FORM OF DOCUMENTARY CREDIT
IRREVOCABLE
:20:DOCUMENTARY CREDIT NUMBER
STLCN000001
:31C:DATE OF ISSUE
040820
:31D:DATE AND PLACE OF EXPIRY
041015 IN THE BENEFICIARY'S COUNTRY
:51A:APPLICANT BANK
THE CHARTERED BANK

:50:APPLICANT
CARTERS.TRADING COMPANY, LLC
P.O.BOX8935,NEW TERMINALI, LATA. VISTA, OTTAWA, CANADA
:59:BENEFICIARY
GRAND WESTERN FOODS CORP.
ROOM2501,JIAFA MANSION, BEIJING WEST ROAD, NANJING 210005, P.R.CHINA
:32B:CURRENCY CODE, AMOUNT
[USD          ] [11 200               ]
:41D:AVAILABLE WITH BY
NANJING COMMERCIAL BANK BY NEGOTIATION
:42C:DRAFTS AT
SIGHT

:42A:DRAWEE
ISSUE BANK

:43P:PARTIAL SHIPMENTS
NOT ALLOWED
:43T:TRANSHIPMENT
NOT ALLOWED
:44A:ON BOARD/DISP/TAKING CHARGE
NANJING
:44B:FOR TRANSPORTATION TO
TORONTO
:44C:LATEST DATE OF SHIPMENT
040920
:45A:DESCRIPTION OF GOODS AND/OR SERVICES
01005 CANNED SWEET CORN, 3060Gx6TINS/CTN, QUANTITY: 800 CARTON
CIF TORONTO, PRICE: USD14/CTN
:46A:DOCUMENTS REQUIRED
+SIGNED COMMERCIAL INVOICE IN 6 COPIES INDICATING CONTRACT NO. CONTRACT01
+FULL SET OF CLEAN ON BOARD BILLS OF LADING MADE OUT TO ORDER AND BLANK ENDORSED, MARKED "FREIGHT TO PREPAID"
NOTIFYING THE APPLICANT
+INSURANCE POLICY/CERTIFICATE IN 3 COPIES FOR 110 % OF THE INVOIECE VALUE SHOWING CLAIMS PAYABLE IN CANADA IN
CURRENCY OF THE DRAFT, BLANK ENDORSED, COVERING ALL RISKS, WAR RISKS
:47A:ADDITIONAL CONDITIONS


:71B:CHARGES
ALL BANKING CHARGES OUTSIDE THE OPENING BANK ARE FOR BENEFICIARY'S ACCOUNT
:48:PERIOD FOR PRESENTATION
DOCUMENTS MUST BE PRESENTED WITHIN 21 DAYS AFTER DATE OF ISSUANCE OF THE TRANSPORT DOCUMENTS BUT WITHIN
THE VALIDITY OF THIS CREDIT

:49:CONFIRMATION INSTRUCTIONS
WITHOUT
:57D:ADVISE THROUGH BANK
```

附录四　信用证通知书

×× 商业银行
×× Commercial Bank

No.19 Lane 32 I Sen Rd, Nanjing 210014, P.R.China
FAX:86-25-27203335

信 用 证 通 知 书
NOTIFICATION OF DOCUMENTARY CREDIT

日期: 2004-08-22

TO 致:	WHEN CORRESPOND NG	AD94001A40576
GRAND WESTERN FOODS CORP. ROOM2501,JIAFA MANSION, BEIJING WEST ROAD, NANJING 210005, P.R.CHINA	PLEASE QUOTE OUT REF NO.	

ISSUING BANK 开证行	TRANSMITTED TO US THROUGH 转递行
THE CHARTERED BANK P.O.Box99552,Riyadh 22766,KSA	REF NO.

L/C NO.信用证号 STLCN000001	DATED 开证日期 040820	AMOUNT 金额 [USD] [11 200]	EXPIRY PLACE 有效地 CANADA
EXPIRY DATE 有效期 041015	TENOR 期限 SIGHT	CHARGE 未付费用 RMB0.00	CHARGE BY 费用承担人 BENE
RECEIVED VIA 来证方式 SWIFT	AVAILABLE 是否生效 VALID	TEST/SIGN 印押是否相符 YES	CONFIRM 我行是否保兑 NO

DEAR SIRS 敬启者:
WE HAVE PLEASURE IN ADVISING YOU THAT WE HAVE RECEIVED FROM THE A/M BANK A(N) **LETTER OF CREDIT**, CONTENTS OF WHICH ARE AS PER ATTACHED SHEET(S).
THIS ADVICE AND THE ATTACHED SHEET(S) MUST ACCOMPANY THE RELATIVE DOCUMENTS WHEN PRESENTED FOR NEGOTIATION.
兹通知贵公司，我行收到上述银行信用证一份，现随附通知。贵司交单时，请将本通知书及信用证一并提示。

REMARK 备注:
　　PLEASE NOTE THAT THIS ADVICE DOES NOT CONSTITUTE OUR CONFIRMATION OF THE ABOVE L/C NOR DOES IT CONVEY ANY ENGAGEMENT OR OBLIGATION ON OUT PART.

THIS L/C CONSISTS OF SHEET(S), INCLUDING THE COVERING LETTER AND ATTACHMENT(S).
本信用证连同回函及附件共　　件．

IF YOU FIND ANY TERMS AND CONDITIONS IN THE L/C WHICH YOU ARE UNABLE TO COMPLY WITH AND OR ANY ERROR(S), IT IS SUGGESTED THAT YOU CONTACT APPLICANT DIRECTLY FOR NECESSARY AMENDMENT(S) SO AS TO AVOID AND DIFFICULTIES WHICH MAY ARISE WHEN DOCUMENTS ARE PRESENED.
如本信用证中有无法办到的条款及/或错误，请立与开证申请人联系，进行必要的修改，以排除交单时可能发生的问题。

THIS L/C IS ADVISED SUBJECT TO ICC UCP PUBLICATION NO.500.
本信用证之通知系遵循国际商会跟单信用证统一惯例第500号出版物办理。

此证如有任何问题或疑虑，请与结算业务部审证科联络，电话: 86-25-27293344

YOURS FAITHFULL
FOR　　×× Commercial Bank

附录五　商业发票

商业发票
COMMERCIAL INVOICE

ISSUER		
GRAND WESTERN FOODS CORP. Room2501,Jiafa Mansion, Beijing West road, Nanjing 210005, P.R.China		

TO		
Carters Trading Company, LLC P.O.Box8935,New Terminal, Lata. Vista, Ottawa, Canada	NO. STINV000001	DATE 2004-08-20
	S/C NO. Contract01	L/C NO. STLCN000001

TRANSPORT DETAILS	TERMS OF PAYMENT
From Nanjing to Toronto on Sep. 10, 2004 By Vessel.	L/C

Choice	Marks and Numbers	Description of goods	Quantity	Unit Price	Amount
				CIF TORONTO	
C	CANNED SWEET CORN CANADA C/NO.1-800 MADE IN CHINA	CANNED SWEET CORN 3 060G×6TINS/CTN	800CARTON	USD14	USD11 200
		Total: [	800][CARTON]	[USD][	11 200]

SAY TOTAL: U.S.DOLLARS ELEVEN THOUSAND TWO HUNDRED ONLY

(写备注处)

GRAND WESTERN FOODS CORP. (公司名称)

Minghua Liu (法人签名)

附录六 装箱单

ISSUER						
GRAND WESTERN FOODS CORP. Room2501,Jiafa Mansion, Beijing West road, Nanjing 210005, P.R.China				装箱单 PACKING LIST		
TO						
Carters Trading Company, LLC P.O.Box8935,New Terminal, Lata. Vista, Ottawa, Canada				INVOICE NO. STINV000001	DATE 2004-08-20	
Choice	Marks and Numbers	Description of goods	Package	G.W	N.W	Meas.
O	CANNED SWEET CORN CANADA C/NO.1-800 MADE IN CHINA	CANNED SWEET CORN 3 060Gx6TINS/CTN	800CARTON	16 156.8KGS	14 688KGS	20.588 8CBM
		Total:	[800][CARTON]	[16 156.8][KGS]	[14 688][KGS]	[20.588 8][CBM]

SAY TOTAL: EIGHT HUNDRED CARTONS ONLY

(写备注处)

GRAND WESTERN FOODS CORP.(公司名称)
Minghua Liu(法人签名)

附录七 出口货物托运单

货物出运委托书

(出口货物明细单) 日期：2005-09-10

根据《中华人民共和国合同法》与《中华人民共和国海商法》的规定，就出口货物委托运输事宜订立本合同。

合同号	Contract01		运输编号	STINV000001	
银行编号	dst01		信用证号	STLCN000001	
开证银行	THE CHARTERED BANK				
付款方式	L/C				
贸易性质	一般贸易		贸易国别	Canada	
运输方式	海运		消费国别	Canada	
装运期限	2004-09-20		出口口岸	Nanjing	
有效期限	2004-10-15		目的港	Toronto	
可否转运	NO		可否分批	NO	
运费预付	YES		运费到付	NO	

托运人： 宏昌国际股份有限公司
南京市北京西路嘉发大厦2501室

抬头人： To order of Carters Trading Company, LLC

通知人： Carters Trading Company, LLC
P.O.Box8935, New Terminal, Lata. Vista, Ottawa, Canada

选择	标志唛头	货名规格	件数	数量	毛重	净重	单价	总价
○	CANNED SWEET CORN CANADA C/NO.1-800 MADE IN CHINA	CANNED SWEET CORN 3 060Gx6TINS/CTN	800CARTON	800CARTON	16 156.8KGS	14 688KGS	USD14	USD11 200
TOTAL:			[800 [CARTON	[800 [CARTON	[16 156.8]KGS	[14 688]KGS		[USD [11 200

[添加] [修改] [删除]

FOB价	[USD][7 509.58]		
总体积	[20.588 8] [CBM]		
险别	ICC(A) WAR RISKS		
保额	[USD][12 320]		
赔偿地点	CANADA		
海关编号	0000000003		
制单员	刘铭华		

保险单

注意事项：

受托人(即承运人)
名称：_____
电话：_____
传真：_____
委托代理人：_____

委托人(即托运人)
名称：宏昌国际股份有限公司
电话：86-25-23501213
传真：86-25-23500638
委托代理人：刘铭华

附录八 海运提单

海运提单（OCEAN B/L）

Shipper GRAND WESTERN FOODS CORP. ROOM2501, JIAFA MASION, BEIJING W. R. NANJING, 210005, CHINA	**COSCO** B/L NO.： CHINA OCEAN SHIPPING COMPANY CABLE TELEX COSCO SHANGHAI ORIGINAL Combined Transport Bill of Lading
Consignee TO ORDER	
Notify Party CHARTERED TRADING COMPANY, LTD PO BOX 8935, NEW TERMINAL, LATA, VISTA, OTTAWA, CANADA	
Pre carriage By **Place of Receipt**	
Ocean Vessel Voy. **Port of Loading** EAST WIND V. 12345 SHANGHAI	
Port of discharge **Place of delivery** TORONTO, CANADA	

Marks & Nos	Nos. Kinds of Pkgs	Description of Goods	Gross Weight	Measurement
CANNED SWEET CORN CANADA C/NO. 1-800 MADE IN CHINA	800CTNS	CANNED SWEET CORN 3 060G×6TINS/CTN FREIGHT PREPAID	16 156.8KGS SHIPPED ON BOARD SEP. 20, 2004	123.56M³

Total number of Containers or Packages (in words)
SAY EIGHT HUNDRED CARTONS ONLY

Freight & Charges	Revenue Tons	Rate	Per	Prepaid
Prepaid at	Payable at	Place and Date of Issue SHANGHAI, CHINA SEP. 20, 2004		
Total Prepaid	Nos of Original B/L 3/THREE			
Loading on board the vessel Date By		Signed for the Carrier COSCO CONTAINER LINES ××× AS CARRIER		

附录九　货物运输投保单

货物运输保险投保单

投保人：宏昌国际股份有限公司　　　　　　　　　　　　　　　　投保日期：2004-08-25

发票号码	STINV000001		投保条款和险别
被保险人	客户抬头 宏昌国际股份有限公司 过户 Carters Trading Company，LLC		（　）PICC CLAUSE （√）ICC CLAUSE （　）ALL RISKS （　）W. P. A. /W. A. （　）F. P. A （√）WAR RISKS （　）S. R. C. C （　）STRIKE
保险金额	[USD　　][12 320　　　]		（√）ICC CLAUSE A （　）ICC CLAUSE B （　）ICC CLAUSE C
起运港	Nanjing		（　）AIR TPT ALL RISKS
目的港	Toronto		（　）AIR TPT RISKS （　）O/L TPT ALL RISKS
转内陆			（　）O/L TPT RISKS
开航日期	2004-09-10		（　）TRANSHIPMENT RISKS （　）W TO W
船名航次	Zaandam，Dy105-09		（　）T. P. N. D.
赔款地点	Canada		（　）F. R. E. C （　）R. F. W. D.
赔付币别	USD		（　）RISKS OF BREAKAGE
保单份数			（　）I. O. P.
其他特别条款			
以下由保险公司填写			
保单号码		签单日期	

附录十　海运保险单

中国人民保险公司
THE PEOPLE'S INSURANCE COMPANY CHINA

总公司设于北京　　　　一九四九年创立
Head Office：BENJING　　Established in 1949

保 险 单
INSURANCE POLICY

保险单次号次
POLICY No.

中 国 人 民 保 险 公 司 （ 以 下 简 称 本 公 司 ）
THIS POLICY OF INSURANCE WITNESSES THAT PEOPLE'S INSURANCE OF CHINA (HEREINAFTER CALLED. "THE COMPANY ")

根 据
AT THE REQUEST OF　GRAND WESTERN FOODS CORP.
（ 以 下 简 称 被 保 险 人 ） 的 要 求 ， 由 被 保 险 人 向 本 公 司 缴 付 的
(HEREINAFTER CALLED" THE INSURED" AND IN CONSIDERATION OF THE AGREED PREMIUM PAIP TO THE COMPANY BY THE

保 险 费 ， 按 照 本 保 险 单 承 保 险 别 和 背 面 所 载 条 款 与 下 列
INSURED UNDERTAKES TO INSURE THE UNDERMENTIONED GOODS IN TRANSPORTATION SUBJECT TO THE CONDITIONS OF

特 款 承 保 下 述 货 物 运 输 保 险 ， 特 立 本 保 险 单 。
THIS POLICY. AS PER THIS CLAUSES PRINTED OVERLEAF AND OTHER SPECAL CLAUSES ATTACHED HEREON.

标记 MARK & NOS.	包装及数量 QUANTITY	保险货物项目 DESCRIPTION OF GOODS	保险金额 AMOUNT INSURED
AS PER INVOICE NO. STINV000001	800CTNS	CANNED SWEET CORN	USD12 320.00

保险金额：
TOTAL AMOUNT INSURED：SAY U,S,DOLLARS TWELVE THOUSAND THREE HUNDRED AND TWENTY ONLY.

保费　　　　　　　　费率　　　　　　　装载运输工具
PREMIUM AS ARRANGED　RATE AS ARRANGED　PER CONVEYANCE S. S. "EAST WIND"
V. 12345
　　　　　　开航日期　　　　　　　　　　自　　　　　　　　至
SLG. IN OR ABT.　　AS PER B/L　　FROM　　SHANGHAI　　TO TORONTO
承保险别：
CONDITIONS： FOR 110% OF THE INOICE AGAINST ALL RISKS AND WAR RISKS .
所保货物，如遇出险，本公司凭保险单及其他有关证件给付赔
CLAIMS IF ANY PAYABLE ON SURPENDER OF THIS POLICY TO GETETHER WITH OTHER RELEVANT EVANT DOCUMENTS IN THE
偿。所保货物，如果发生本保险单项下负责赔偿的损失或事故，
EVENT OF ACCIDENT WHEREBY LOSS OR DAMAGE MAY RESULT IN A CLAM UNDER THIS POLICY IMMEDIATE

应立即通知本公司下属代理人查勘。
NOTICE APPLY ING FOR SURVEY MUST BE GIVEN TO THE COMPANYS AGENT AS MENTIONED HEREUNDER

中华人民保险公司上海分公司
THE PEOPLE'S INSURANCE SHANGHAI BRANCH

赔偿地点
CLALAM PAYABLE AT/IN TORONTO IN USD

日期
DATE   SEP. 19,2004

地址：中国上海中山东一路23号 TEL 323405 3217466-44 TELEX：33128

General manager ×××

附录十一 普惠制原产地证明书

1. Goods consigned from (Exporter's business name, address, country) GRAND WESTERN FOODS CORP. ROOM2501, JIAFA MASION, BEIJING W. R. NANJING, 210005, CHINA	Reference No.: **Generalize System of Preferences certificate of Origin (COMBINED DECLARATION AND CERTIFICATE) FORM A ISSUED IN THE PEOPLE'S REPUBLIC OF CHINA** (COUNTRY)
2. Goods consigned to (Consignee's name, address, country) CHARTERED TRADING COMPANY, LTD PO BOX 8935, NEW TERMINAL, LATA, VISTA, OTTAWA, CANADA	**SEE NOTES . OVERLEAF**
3. Means of transport and route (as far as known) FROM SHANGHAI TO TORONTO BY SEA	4. For official use

5. Item number 01	6. Marks and numbers of packages CANNED SWEET CORN CANADA C/NO. 1-800 MADE IN CHINA	7. Number and kind of packages; description of goods CANNED SWEET CORN 3 060G×6TINS/CTN PACKED IN 800 (EIGHT HUNDRED) CARTONS	8. Origin criterion (see notes overleaf) "P"	9. Gross weight or other quantity 16 156. 8KGS	10. Number and date of invoices STIN000001 AUG. 20, 2004

11. certification It is hereby certified, on the basis of control carried out, that the declaration by the exporter is correct AQSIQ ……NANJING, SEP. 12, 2004 ×××…… Place and date, signature and stamp of certifying authority	12. declaration by the exporter The undersigned hereby declares that the above details and statements are correct; that all the goods were produced in <u>CHINA</u> (country) and that they comply with the origin requirements specified for those goods in the Generalized System of Preference for goods exported to <u>CANADA</u> (importing country) GRAND WESTERN FOODS CORP. ……NANJING, SEP. 10, 2004 ×××…… Place and date, signature of authorized signatory

附录十二　出境货物报检单

中华人民共和国出入境检验检疫
出境货物报检单

报检单位（加盖公章）：	宏昌国际股份有限公司		*编　号	STEPC000001
报检单位登记号：	0000000000000	联系人：刘铭华	电话：86-25-2350121	报检日期：2004年 8 月 20 日

发货人	（中文）	宏昌国际股份有限公司
	（外文）	GRAND WESTERN FOODS CORP.
收货人	（中文）	
	（外文）	Carters Trading Company, LLC

选择	货物名称（中/外文）	H.S.编码	产地	数/重量	货物总值	包装种类及数量
○	甜玉米罐头 每箱6罐，每罐3 060克 CANNED SWEET CORN 3060G×6TINS/CTN	20058000	China	800CARTON	USD11 200	800CARTON

[添加] [修改] [删除]

运输工具名称号码	Zaandam		贸易方式	一般贸易	货物存放地点	Nanjing CY
合同号	Contract01		信用证号	STLCN000001	用途	
发货日期	2004-09-20	输往国家(地区)	Canada		许可证/审批号	
启运地	Nanjing	到达口岸	Toronto		生产单位注册号	

集装箱规格、数量及号码

合同、信用证订立的检验 检疫条款或特殊要求	标记及号码	随附单据（划"√"或补填）	
	CANNED SWEET CORN CANADA C/NO.1-800 MADE IN CHINA	☑合同 ☑信用证 ☑发票 ☐换证凭单 ☑装箱单 ☐厂检单	☐包装性能结果单 ☐许可/审批文件 ☐_____ ☐_____ ☐_____ ☐_____

需要证单名称（划"√"或补填）		*检验检疫费	
☐品质证书　　　__正__副 ☐重量证书　　　__正__副 ☐数量证书　　　__正__副 ☐兽医卫生证书　__正__副 ☐健康证书　　　__正__副 ☐卫生证书　　　__正__副 ☐动物卫生证书　__正__副	☐植物检疫证书　　__正__副 ☐熏蒸/消毒证书　　__正__副 ☐出境货物换证凭单 ☑通关单 ☐_____ ☐_____ ☐_____	总金额 （人民币元） 计费人 收费人	

报检人郑重声明： 　1. 本人被授权报检。 　2. 上列填写内容正确属实，货物无伪造或冒用他人的厂名、 标志、认证标志，并承担货物质量责任。 　　　　　　　　签名：　刘铭华	领　取　证　单 日　期 签　名

注：有"*"号栏由出入境检验检疫机关填写　　　　　　　　　　　◆国家出入境检验检疫局制
　　　　　　　　　　　　　　　　　　　　　　　　　　　　　　　　[1-2 (2000.1.1)]

附录十三　数量检验证书

中 华 人 民 共 和 国 出 入 境 检 验 检 疫
ENTRY-EXIT INSPECTION AND QUARANTINE OF THE PEOPLE'S REPUBLIC OF DHINA

数 量 检 验 书
QUANTITY CERTIFICATE

编号
No

发货人：
Consignor　GRAND WESTERN FOODS CORP.
ROOM2501, JIAFA MASION, BEIJING W. R.
NANJING, 210005, CHINA

收货人：
Consignee ……CHARTERED TRADING COMPANY, LTD
PO BOX 8935, NEW TERMINAL, LATA, VISTA, OTTAWA, CANADA

品　名：
Description of Goods …

标记及号码
Mark & No.

报验数量/重量：
Quantity Weight Declared　16 156.8KGS

CANNED SWEET CORN
CANADA

包装种类及件数：
Number and Type of Packages　800CTNS …

C/N. 1-800
MADE IN CHINA

运输工具：
Means of Conveyance　… EAST WIND V. 12 345

检验结果：
Results of Inspection

　　3 060G×6TINS/CTN
　　800CTNS
　　16 156.8KGS

　　我们已尽所知和最大能力实施上述检验，不能因我们签发本证书而免除卖方或其他方面根据合同和法律所承担的产品数量责任和其他责任。

　　All inspections are carried out conscientiously to the best of our knowledge and ability. This certificate does not in any respect absolve the seller and other related parties from his contractual and legal obligations especially when product quantity is concerned.

×××

附录十四　出口货物报关单

中华人民共和国海关出口货物报关单

预录入编号：DS9110002　　　　　　　　海关编号：

出口口岸	NANJING PORT		备案号		出口日期 2004-09-10	申报日期 2004-09-10
经营单位	宏昌国际股份有限公司,0000000003		运输方式 江海运输	运输工具名称 Zaandam		提运单号
发货单位	宏昌国际股份有限公司,0000000003		贸易方式 一般贸易	征免性质 一般征税		结汇方式 L/C
许可证号			运抵国（地区） Canada	指运港 Toronto		境内货源地 Nanjing
批准文号			成交方式 CIF	运费 [USD][3582]	保费 [USD][108.4]	杂费 [][]
合同协议号	Contract01		件数 800	包装种类 CARTON	毛重（公斤） 16 156.8	净重（公斤） 14 688
集装箱号	TBXU3605231*1		随附单据 INVOICE, PACKING LIST,			生产厂家

标记唛码及备注
CANNED SWEET CORN
CANADA
C/NO.1-800
MADE IN CHINA

选择	项号	商品编号	商品名称、规格型号	数量及单位	最终目的国（地区）	单价	总价	币制	征免
○	1	01005	甜玉米罐头每箱6罐，每罐3 060克	800CARTON	Canada	14	11 200	USD	一般征税

[添加] [修改] [删除]

税费征收情况

录入员 录入单位	兹声明以上申报无讹并承担法律责任	海关审单批注及放行日期（签章）	
报关员 刘铭华		审单	审价
	申报单位（签章）	征税	统计
单位地址　南京市北京西路嘉发大厦2501室		查验	放行
邮编 210005　　电话 86-25-235012	填制日期 2004-09-10		

附录十五　装船通知

SHIPPING ADVICE

Messrs.　　　　　　　　　　　　　　　　　Invoice No. STINV000001
Carters Trading company，LLC
P. O. box8935，New Terminal，Lata. Vista，Ottawa，Canada　　Date：　2004-09-10

Particulars
1. L/C　No. STLCN000001
2. Purchase order No. Contract01
3. Vessel：　Zaandam
4. Port of Loading：　Nanjing
5. Port of Dischagre：Toronto
6. On Board Date：2004-09-10
7. Estimated Time of Arrival：2004-09-22
8. Container：　　20′×1
9. Freight：〔USD　　〕〔3 582　　〕
10. Description of Goods：
CANNED SWEET CORN
3 060g×6TINS/CTN

11. Quantity：〔800　　　　〕〔CARTON　〕
12. Invoice Total Amount：〔USD　　〕〔11 200　　　〕
Documents enclosed
1. Commercial Invoice：1
2. Packing List：1
3. Bill of Lading：1(Duplicate)
4. Insurance Policy：1(Duplicate) 2 Copies

　　　　　　　　　　　　　Very truly yours，GRAND WESTERN FOODS CORP.
　　　　　　　　　　　　　　　　　Minghua liu

　　　　　　　　　　　　　　　　Manager of Foreign Trade Dept.

附录十六 汇票

BILL OF EXCHANGE

凭　　　　　　　　　　　　　　　　　不可撤销信用证
Drawn under　THE CHARTERED BANK　Irrevocable L/C No.　STLCN000001
Date　AUG. 30, 2004　支取 Payable With interest @ _____ % ___按___ ___息___ 付款
号码　　　　　　汇票金额　　　　　　上海
No.　STINV000001　Exchange for　USD11 200.00　Nangjing, SEP. 22, 2004
见票 _____ 日后(本汇票之副本未付)付交　　金额
_____ AT ×××　　　sight of this　FIRST of Exchange (Second of Exchange being unpaid) Pay to the order of　NANJING COMMERCIAL BANK　the sum of SAY U. S. DOLLARS ELEVEN THOUSAND TWO HUNDRED ONLY

款已收讫
Value received _____

_____

此致：
To　THE CHARTED BANK _____

_____

　　　　　　　　　　　　　　　　　　　　GRAND WESTERN FOODS CORP.
　　　　　　　　　　　　　　　　　　　　　　　×××

附录十七 出口收汇核销单

出口收汇核销单 存根	出口收汇核销单	出口收汇核销单 出口退税专用
（苏）编号：STECA000001	S T E C A 0 0 0 0 0 1 （苏）编号：STECA000001	（苏）编号：STECA000001
出口单位：宏昌国际股份有限公司 单位代码：00000003-8 出口币种总价：[USD] [11 200] 收汇方式：L/C 预计收款日期：2004-10-15 报关日期：2004-09-10 备注： 此单报关有效期截止到	出口单位：宏昌国际股份有限公司 单位代码：00000003-8 类别 | 币种金额 | 日期 | 盖章 [ ] [ ] 银行签注栏 海关签注栏： 外汇局签注栏： 年　月　日（盖章）	出口单位：宏昌国际股份有限公司 单位代码：00000003-8 选择 | 货物名称 | 数量 | 币种总价 ○ | 食品 | 800 Carton | [USD] [11 200] [添加] [修改] [删除] 报关单编号： 外汇局签注栏： 年　月　日（盖章）

参考文献

[1]海关总署报关员考试教材编写委员会编:《报关员资格全国统一考试教材》,中国海关出版社 2007 年版。

[2]吴百福等著:《进出口贸易实务教程》,上海人民出版社 2007 年版。

[3]全国国际商务单证培训认证考试办公室编著:《国际商务单证理论与实务》,中国商务出版社 2007 年版。

[4]黎孝先主编:《国际贸易实务》,对外经济贸易大学出版社 2004 年版。

[5]刘德标、余世明著:《外销员资格考试辅导》,中国商务出版社、暨南大学出版社 2004 年版。

[6]国际商会中国国家委员会编:《UCP600－ICC 跟单信用证统一惯例》,中国民主法制出版社 2006 年版。

[7]中国国际货运代理协会编著:《国际货运代理理论与实务》,中国商务出版社 2007 年版。

[8]陈文培编著:《外贸实务一本通》,中国海关出版社 2006 年版。

[9]全国国际商务专业人员职业资格考试用书编委会著:《国际商务理论与实务》,中国商务出版社 2006 年版。

[10]帅建林编著:《国际贸易惯例案例解析》,对外经济贸易大学出版社 2006 年版。

[11]幸理主编:《国际贸易实务案例与分析》,华中科技大学出版社 2006 年版。

[12]王善论编著:《国际贸易实务解惑 500 题》,对外经济贸易大学出版社 2007 年版。

[13]国际商会中国国家委员会编:《2000 年国际贸易术语解释通则》,中信出版社 2000 年版。

[14]顾寒梅主编:《涉外保险理论与实务》,复旦大学出版社 2005 年版。

[15]吴百福、舒红编著:《国际贸易结算实务》,中国对外经济贸易出版社 2000 年版。

[16]顾民著:《最新信用证操作指南》,对外经济贸易大学出版社2006年版。

[17]曹建明编著:《国际经济法学》,中国政法大学出版社2001年版。

[18]冯大同主编:《国际商法》,对外贸易教育出版社1991年版。

[19]吴弘主编:《新编经济法学》,立信会计出版社2005年版。

[20]中国商业企业管理协会编著:《中国国际商务单证教程》,科学技术文献出版社2006年版。

[21]上海对外贸易协会、上海对外经济贸易培训中心编:《进出口单证实务》,中国对外贸易出版社2003年版。

[22]查尔斯·W.L.希尔著,曹海陵,刘萍译:《当代全球商务》,机械工业出版社2004年版。

参考文献

[18] 陆杰荣等:《存在的超越性探索——马克思哲学新义》,吉林人民出版社 2006 年版。

[19] 韩庆祥等:《中国哲学的现代转型》,中国社会大学出版社 2007 年版。

[20] 欧阳康主编:《回眸与前瞻——对中国哲学发展走向的思考》,1991 年版。

[21] 张文喜:《颠覆形而上学——马克思和海德格尔之论》,中国社会科学出版社 2006 年版。

[22] 吴晓明、陈立新合著:《马克思主义本体论研究》,中国人民出版社 2006 年版。

[23] 杜小真、张宁主编:《德里达中国讲演录》,中央编译出版社 2003 年版。

[24] 吴晓明:《形而上学的没落——马克思与费尔巴哈关系的当代解读》,人民出版社 2006 年版。

[25] 孙正聿、孙利天、王天成、贺来、李大兴、刘福森:《马克思主义哲学基础理论研究》,北京师范大学出版社 2009 年版。